TROTZDEM

ESTRANGEIROS
RESIDENTES

TROTZDEM › Estrangeiros residentes
Stranieri residenti
Donatella Di Cesare
© Editora Âyiné, 2020
© Bollati Boringhieri editore, Torino, 2019
Tradução: Cézar Tridapalli
Preparação: Érika Nogueira
Revisão: Andrea Stahel, Juliana Amato
Projeto gráfico: Luísa Rabello
ISBN: 978-85-92649-65-4

Âyiné Belo Horizonte, Veneza
Direção editorial: Pedro Fonseca
Assistência editorial: Érika Nogueira, Luísa Rabello
Produção editorial: André Bezamat, Rita Davis
Conselho editorial: Simone Cristoforetti, Zuane Fabbris
Praça Carlos Chagas, 49 – 2º andar
30170-140 Belo Horizonte – MG
+55 31 3291-4164
www.ayine.com.br
info@ayine.com.br

ESTRANGEIROS RESIDENTES
Uma filosofia da migração

DONATELLA DI CESARE

Tradução **CÉZAR TRIDAPALLI**

Âyiné

Para Francesco La Torre, anarquista e socialista,
que partiu de Marselha e desembarcou
clandestinamente em Ellis Island em 1925.

SUMÁRIO

13 EM POUCAS PALAVRAS

I. OS MIGRANTES E O ESTADO

19   1. Ellis Island
26   2. Se o migrante desmascara o Estado
28   3. A ordem estadocêntrica
30   4. Uma hostilidade de fundo
33   5. Além da soberania. Uma nota à margem
37   6. Filosofia e migração
43   7. Naufrágio com espectador. Sobre o debate atual
47   8. Pensar a partir da costa
51   9. Migração e modernidade
53   10. Colombo e a imagem do globo
57   11. «Nós, os refugiados». O refugo da terra
67   12. Quais direitos para os sem-Estado?
70   13. A fronteira da democracia
75   14. O soberanismo das fronteiras fechadas
79   15. Aqueles filósofos contrários aos samaritanos
85   16. A primazia dos cidadãos e o dogma da autodeterminação
89   17. Se o Estado for um clube. O liberalismo da exclusão
92   18. A defesa da integridade nacional
95   19. A propriedade da terra: um mito sem fundamento
103 20. Liberdade de deslocamento e privilégio do nascimento

111 21. Migrantes contra pobres? Chauvinismo do bem-estar e justiça global
123 22. Nem êxodo, nem «deportação», nem «tráfico de seres humanos»
124 23. *Jus migrandi*. Pelo direito de migrar
131 24. *Mare liberum*. E a palavra do soberano
134 25. Kant, o direito de visita e a residência negada

II. FIM DA HOSPITALIDADE?

139 1. O continente dos migrantes
144 2. «Nós» e «eles». A gramática do ódio
149 3. Europa, 2015
156 4. Hegel, o Mediterrâneo e o cemitério marinho
159 5. História de Fadoul
166 6. «Refugiados» e «migrantes». As classificações impossíveis
175 7. As metamorfoses do exilado
179 8. Asilo: de direito ambíguo a dispositivo de poder
182 9. «Você não é daqui!», uma negação existencial
185 10. A culpa originária do migrante
189 11. «Clandestinos». A condenação à invisibilidade
193 12. Palavras da dominação: «integração» e «naturalização»
198 13. Se o imigrante permanece emigrante
201 14. O estrangeiro que habita fora, o estrangeiro que habita dentro
211 15. Passagens clandestinas, heterotopias, rotas anárquicas

III. ESTRANGEIROS RESIDENTES

217 1. Sobre o exílio
221 2. Nem desenraizamento, nem errância

222 3. Fenomenologia do habitar
227 4. O que quer dizer migrar?
233 5. A «desorientação mundial»
236 6. «Filhos da terra». Atenas e o mito da autoctonia
247 7. Roma: a cidade sem origem e a cidadania imperial
255 8. O mapa teológico-político do *gher*
263 9. Jerusalém. A Cidade dos estrangeiros
271 10. Sobre o regresso

IV. COABITAR NO TERCEIRO MILÉNIO

277 1. A nova idade dos muros
282 2. Lampedusa: fronteira é o nome de quê?
289 3. A condenação à imobilidade
293 4. O mundo dos campos
298 5. O passaporte. Um documento paradoxal
302 6. «Cada um na sua casa!» Criptorracismo e novo hitlerismo
306 7. Hospitalidade. No impasse entre ética e política
317 8. Para além da cidadania
325 9. Os limites do cosmopolitismo
328 10. Comunidade, imunidade, acolhimento
335 11. Quando a Europa se afogou...
339 12. Abrir espaço para os outros
344 13. O que quer dizer coabitar?
351 14. Estrangeiros residentes

357 **REFERÊNCIAS BIBLIOGRÁFICAS**
379 **ÍNDICE ONOMÁSTICO**

EM POUCAS PALAVRAS

Será impossível encontrar neste livro as assim chamadas «soluções» — por exemplo, como «controlar os fluxos», ou segundo quais critérios «distinguir economicamente entre refugiados e migrantes», ou de que modo «integrá-los». São questões aqui contestadas a fundo. Porque se inscrevem em uma política que pretende ser pragmática, mas que responde apenas à lógica imunitária da exclusão. Por tal via, as soluções nem poderiam ser encontradas. Essa política, que chega a fazer com que a recusa da entrada seja vista como uma forma de favor, a rejeição como uma preocupação com o migrante, não pretende outra coisa exceto defender o território estatal entendido como espaço fechado de uma propriedade coletiva. Mas a nação não pode apelar a nenhum direito de solo para negar a hospitalidade, muito menos a um direito de sangue. Não espanta que no passado recente europeu tenham voltado a surgir estes dois velhos fantasmas, o do solo e o do sangue, desde sempre pilares da discriminação.

O mundo atual é subdividido em uma multiplicidade de Estados que se enfrentam e se apoiam. Para os filhos da nação, que desde o nascimento compartilharam uma visão estadocêntrica, ainda bem persistente e dominante, o Estado surge como entidade natural, quase eterna. A migração é assim um desvio a ser interrompido, uma anomalia a ser abolida. Da margem externa, o migrante lembra o Estado de seu desenvolvimento histórico, fazendo cair por terra a pureza mítica. Eis por que refletir sobre a migração significa também repensar o Estado.

Uma «filosofia da migração» é delineada aqui pela primeira vez. Nem a filosofia reconheceu até agora o direito de cidadania do migrante. Há pouco tempo admitiu-o internamente, mas para mantê-lo sob estreita vigilância, pronta para rejeitá-lo com a primeira ordem de despejo.

No primeiro capítulo foi reconstruído o debate, muito presente no contexto anglo-americano e alemão, entre os partidários das fronteiras fechadas e os promotores das *open borders*. Trata-se de duas posições que fazem parte do liberalismo, mas também revelam seu impasse: uma sustenta a autodeterminação soberana, a outra reivindica uma liberdade de movimento abstrata. De ambas se mantém aqui distância. Não se quer, da margem, contemplar o naufrágio.

Uma filosofia que se move a partir da migração, que faz do acolhimento seu tema primeiro, deixa que o migrar, subtraído da *arché* — do princípio que funda a soberania —, seja ponto de partida, e que o migrante seja protagonista de um novo cenário de desordenação. Será impossível o ponto de vista do migrante não ter efeitos tanto sobre a política quanto sobre a filosofia, não movimentar as duas.

Migrar não é um dado biológico, mas um ato existencial e político, cujo direito ainda deve ser reconhecido. Este livro quer contribuir para pleitear um *jus migrandi* numa época em que o colapso dos direitos humanos é tal que chega a parecer lícito perguntar se o fim da hospitalidade já não foi selado.

Os livros de história, que não apoiam a narração hegemônica, deverão contar que a Europa, pátria dos direitos humanos, negou hospitalidade àqueles que fugiam de guerras, perseguições, abusos, miséria, fome. Na verdade, o hóspede potencial foi estigmatizado a priori como inimigo. Mas quem estava a salvo, protegido pelas fronteiras estatais, daquelas mortes, e daquelas vidas, carregará o peso e a responsabilidade.

Além da terra, tem um espaço importante nestas páginas o mar, entremeio que une e separa, passagem que escapa dos limites, apaga todo traço de apropriação, mantém memória de outra clandestinidade, de oposições, resistências, lutas. Não a clandestinidade de um estigma, mas de uma escolha. A rota do mar indica a revolta da ordem, o desafio do outro lugar e do outro ser.

Por muito tempo a filosofia se valeu do uso edificante da palavra «outro», endossando a ideia de uma hospitalidade entendida como instância absoluta e impossível, subtraída da política, relegada à caridade religiosa ou ao compromisso ético. Isso teve efeitos devastadores. Anacrônico e deslocado, o gesto da hospitalidade, realizado pelos «humanitários», aqueles belos animais que ainda creem na justiça, foi alvo de ridicularização e denúncia. Sobretudo por parte da política, que acredita dever governar obedecendo ao chauvinismo do bem-estar e ao cinismo securitário.

Neste livro, o migrante entra pelas portas da Cidade como *estrangeiro residente*. Para entender qual papel ele pode vir a desempenhar em uma política da hospitalidade, fez-se uma viagem reversa, que não segue, no entanto, um ritmo cronológico. As etapas são Atenas, Roma, Jerusalém. Três tipos de cidade, três tipos de cidadania ainda válidos. Da autoctonia ateniense, que explica muitos mitos políticos de hoje, para a cidadania aberta de Roma até a estranheza que reina soberana na Cidade Santa, onde o pivô da comunidade é o *gher*, o estrangeiro residente. Literalmente, *gher* significa «aquele que habita». Isso contradiz a lógica das cercas fixas que atribuem moradia ao autóctone, ao cidadão. O curto-circuito contido na semântica do *gher*, que liga o estrangeiro à moradia, modifica os dois. Habitar não significa estabelecer-se, instalar-se, fixar-se, constituir um só corpo com a terra. Daí vêm as questões que dizem respeito ao significado de «habitar» e de «migrar» na atual constelação do exílio mundial. Sem recriminar o desenraizamento, mas também sem celebrar a errância, destaca-se a possibilidade de um retorno. A indicar o caminho está o estrangeiro residente, que habita no sulco de separação da terra, reconhecida como inapropriável, e no vínculo com o cidadão que, por sua vez, descobre ser estrangeiro residente. Na Cidade dos estrangeiros, a cidadania coincide com a hospitalidade.

Do período pós-nazista permaneceu a ideia de que é legítimo decidir com quem coabitar. «Cada um na sua casa!» A xenofobia populista encontra aqui seu ponto forte, e o criptorracismo é seu trampolim. Com frequência ignora-se, porém, que essa é uma herança direta do hitlerismo, primeiro projeto de remodelagem biopolítica do mundo que se propunha a estabelecer critérios de coabitação. O gesto discriminatório reivindica de modo exclusivo o lugar para si. Quem realiza tal gesto se alça à condição de sujeito soberano que, ao fantasiar uma suposta identidade de si com aquele lugar, reclama direitos de propriedade. Como se o outro, que justamente naquele lugar já lhe tinha precedido, não tivesse direito algum, não tivesse nem mesmo existido.

Reconhecer a precedência do outro no lugar em que se habita significa abrir-se não apenas para uma ética da proximidade, mas também para uma política da coabitação. O *com-* implicado no coabitar deve ser entendido em seu sentido mais amplo e profundo, que, além da participação, indica também simultaneidade.

Não se trata de um rígido estar um ao lado do outro. De um modo atravessado pela concorrência de tantos exílios, coabitar significa compartilhar a proximidade espacial em uma convergência temporal em que o passado de cada um possa se articular com o presente comum em vista de um futuro também comum.

I. OS MIGRANTES E O ESTADO

> Neste mundo, companheiros de bordo, o Pecado que pagar sua passagem pode viajar tranquilamente e sem passaporte; ao passo que a Virtude, se for pobre, é detida em todas fronteiras.
>
> H. Melville, *Moby Dick*[1]

1. ELLIS ISLAND

Viajavam por semanas em meio às ondas do oceano, no fundo do porão, quase abaixo da linha d'água, abarrotados em dormitórios escuros, amontoados sobre velhas esteiras de palha, homens, mulheres, crianças e 2 mil passageiros. Apenas os de terceira classe desembarcavam em Ellis Island. Quem tinha dinheiro o bastante para se permitir a primeira ou a segunda classe recebia

---

[1] MELVILLE, H. *Moby Dick ou a Baleia*, trad. de Irene Hirsch e Alexandre Barbosa de Sousa. São Paulo: Editora 34, 2019, p. 70. Nos raros casos em que se utilizou uma tradução brasileira já existente, isso é indicado pela explícita menção em nota do nome do tradutor. Quando não diversamente especificado, a tradução das obras citadas teve como referimento as edições italianas. Nas referências bibliográficas, ao final do volume, nos casos existentes, se deu também o referimento à edição brasileira ou portuguesa. (N. E.)

poucas e rápidas inspeções realizadas a bordo por um médico e por um oficial de registro civil.

Orgulhosos barcos a vapor e transatlânticos possantes partiam de Hamburgo e Liverpool, de Nápoles e Marselha, de Riga e da Antuérpia, de Salonica e Copenhague, rumo à única meta: a *Golden Door*, a Porta de Ouro da fabulosa América. Após uma travessia extenuante, quando enfim o navio entrava nas águas do rio Hudson, e à distância se avistava a costa de New Jersey, os passageiros subiam ao convés para ver a Estátua da Liberdade. Eram as boas-vindas com que haviam sonhado. A emoção se sobrepunha ao cansaço, às inquietações, às preocupações. Com tons quase épicos, Kafka descreve a chegada de Karl Roßmann, protagonista de seu romance *America*.

> Quando o jovenzinho Karl Roßmann — que havia sido mandado pelos pobres pais à América porque uma empregada o havia seduzido e tido um filho seu — entrou no porto de Nova York a bordo do navio que já havia desacelerado, viu a estátua da deusa da liberdade, que havia muito observava, rodeada por uma luz solar que se fez de repente mais intensa. O braço com a espada erguia-se como se tivesse acabado de ser levantado e os ventos sopravam livres em torno da figura.[2]

A Estátua da Liberdade tem uma história singular. Levada ao Novo Continente como doação francesa, garantia de valores europeus, tornou-se com o tempo símbolo de acolhimento para os condenados do Velho Continente, explorados e subservientes,

---

[2] KAFKA, F. *America o Il disperso* (1927), trad. it. de U. Gandini. Milão: Feltrinelli, 2008, p. 31.

consumidos pela vida dispendiosa, guerras, miséria, vítimas do ódio. Foi chamada de «Mãe dos exilados» pela poeta judia Emma Lazarus no soneto, escrito em 1883, gravado no pedestal da Estátua:

> «Guarda para ti, velho mundo, a tua pompa vã», grita com lábios mudos. «Dá-me as tuas massas cansadas, pobres e oprimidas, ansiosas por respirar livres, dá-me o miserável refugo de tuas margens abarrotadas. Manda a mim estes sem-teto, arremessados pelas tempestades, e eu levantarei o meu farol junto à porta dourada.»

O ingresso em solo americano, onde os degredados poderiam encontrar redenção, tornando-se pioneiros de uma terra virgem, edificadores de uma sociedade justa, cidadãos do Novo Mundo, esteve aberto até pouco antes de 1875. Naqueles primeiros momentos, o Castle Garden, velho forte no Battery Park, ao sul de Manhattan, foi usado como posto de triagem. Depois começaram a ser aplicadas medidas restritivas até que, em 1º de janeiro de 1892, foi inaugurado o centro de Ellis Island. A imigração, antes sem restrição, foi institucionalizada. No entanto, o grande fluxo não foi impedido e, entre 1892 e 1924, mais de 16 milhões de pessoas passaram por Ellis Island. Entre 5 mil e 10 mil a cada dia. Poucos eram barrados, cerca de 2% — quase nada comparado aos números atuais. Mesmo assim, eram 250 mil pessoas. Os suicídios foram mais de 3 mil.

Ellis Island emergia, entre o nevoeiro, detrás da Estátua da Liberdade. Nova York, a terra prometida, estava bem ali, a pequena distância do mar. Mas os passageiros da terceira classe sabiam que sua viagem não havia terminado. Do Novo Mundo os separava ainda aquela pequena ilha, quase uma reminiscência do Velho, um lugar de trânsito, onde tudo ainda estava em jogo, aonde quem tinha partido não tinha ainda chegado, onde quem tinha deixado tudo não tinha ainda encontrado nada.

Os índios mohegan haviam-na chamado Ilha do Gavião, os holandeses a tinham rebatizado de Ilha das Conchas, até que o mercador Samuel Ellis, adquirindo-a, impôs seu nome como marca de posse daquele estreito banco de areia no Hudson. O nome ficou, enquanto a propriedade passou para a cidade de Nova York, que aos poucos aumentou a ilha graças a um aterro criado com o lastro dos navios e com a terra extraída dos túneis do metrô.[3] Para os migrantes foi simplesmente a Ilha das Lágrimas — em todas as línguas dos povos que a atravessaram: *island of tears, île des larmes, isla de las lágrimas, ostrov slez* etc. Quem tinha sorte ficava poucas horas no Federal Bureau of Immigration. O tempo de ser submetido a um exame médico. Por ordem alfabética, eram assinalados os sintomas de possíveis doenças ou as partes do corpo que inspiravam cuidados: *C* para a tuberculose, *E* para os olhos, *F* para o rosto, *H* para o coração, *K* para a hérnia, *L* para a claudicação, *SC* para o couro cabeludo, *TC* para o tracoma, *X* para a «enfermidade mental». Rapidamente, com o giz, os oficiais de saúde riscavam uma letra no ombro daqueles passageiros que, submetidos a exames médicos mais aprofundados, eram mantidos na ilha por dias, semanas, meses. Quando se detectava uma doença contagiosa, tuberculose, tracoma, infecção cutânea, ou «enfermidade mental», a repatriação era providenciada de imediato.

3 Para a história de Ellis Island, cf. CANNATO, V. J. *American Passage: The History of Ellis Island*. Nova York-Londres: Harper, 2010.

Nos testemunhos deixados, os passageiros contam as longas e angustiantes esperas, a barulheira babélica, a espasmódica incerteza, a vergonha por causa da marca no ombro. Quem tinha conseguido superar o exame médico entrava na fila para o *legal desk*, diante do qual devia responder, com a ajuda de um intérprete, às 29 perguntas feitas à queima-roupa pelo inspetor de plantão. «Qual é o seu nome? De onde vem? Por que veio para os Estados Unidos? Tem algum dinheiro? Onde? Mostre. Quem pagou sua travessia? Tem parentes aqui? Família? Amigos? Quem pode comprovar isso? Tem algum contrato de trabalho? Qual é a sua profissão? Por acaso você é anarquista?» Se o inspetor se dava por satisfeito, carimbava então o visto e felicitava o novo imigrante: *Welcome to America!*. Caso contrário, atendo-se ao ponto que despertava dúvida, escrevia sobre uma folha duas letras, SI, que significavam *Special Inquiry*, Inquérito Especial. O passageiro era mandado para uma comissão formada por três inspetores, um estenógrafo e um intérprete. O interrogatório recomeçava, mais duro e detalhado.

Quem transpunha todas as inspeções e todas as perguntas corria até o transporte que levava a Nova York. Assim, em poucas horas, uns tantos exames e umas tantas vacinas depois, um judeu lituano, um siciliano, um irlandês tornavam-se americanos. Para eles abria-se a Porta de Ouro. O Eldorado da modernidade. Cada um poderia recomeçar do início, deixando o passado atrás de si, sua história e a de seus antepassados, o país em que nascera, mas que lhe havia negado a vida. Logo, porém, muitos teriam de reconsiderar. A América não era a terra livre com que tinham sonhado, nem as estradas eram pavimentadas com ouro. Os que chegavam primeiro apropriavam-se de tudo e sobrava bem pouco para compartilhar, a não ser uns postos de trabalho nas fábricas do Brooklyn e do Lower East Side, onde trabalhavam quinze horas por dia. Quanto às estradas, elas ainda estavam em grande parte por serem construídas, junto com as ferrovias e os arranha-céus.

Aqueles que haviam entrado nos Estados Unidos no início do século XX deviam, contudo, considerar-se privilegiados. Foram os anos em que se atingiu o pico em quantidade de migrantes. Só em 1907 passaram pela Ellis Island 1.004.756. A Primeira Guerra Mundial contribuiu para reduzir o grande fluxo. Mas o que freou a imigração foram sobretudo as medidas restritivas tomadas pelo governo federal. Chineses e asiáticos em geral já haviam sido banidos a partir de 1870. Todavia a proibição foi oficializada somente em 1917, com o *Immigration Act* — ou ainda *Asiatic Zone Act* —, que colava o rótulo de «indesejáveis» em anarquistas, homossexuais, doentes mentais etc. Chamava-se também *Literacy Act* porque previa que os imigrantes, além de provar que sabiam ler e escrever na própria língua, fossem submetidos a testes de inteligência. Alguns anos mais tarde, o número de ingressos foi ainda mais reduzido, primeiro com o *Emergency Quota Act* de 1921, depois com o *National Origin Act* de 1924, que impôs um limite anual de 150 mil pessoas. Este último, em particular, foi uma ação manifestamente racista, pois tinha como objetivo barrar a imigração dos países da Europa meridional e oriental. Os italianos, antes um quarto do total, tiveram sua cota restrita a 4%. Não é de admirar que, nos anos 1930, essas leis inspirassem a política nazista.[4]

Ellis Island, onde haviam sido construídos um hospital psiquiátrico e uma prisão, acabou por se tornar um centro de

---

4   Cf. WHITMAN, J. Q. *Hitler's American Model. The United States and the Making of Nazi Race Law*. Princeton-Oxford: Princeton University Press, 2017, pp. 34 ss., 59 ss.

detenção para imigrantes irregulares e, entre as duas guerras, transformou-se em prisão para suspeitos de ativismo antiamericano. Em 1954, o governo fechou a estação de triagem.[5] A ilha e seu nome permaneceram inscritos na autobiografia de muitos filhos e netos daquela grande migração. Pelo menos 40% dos atuais cidadãos americanos têm um antepassado que desembarcou em Ellis Island. Os Estados Unidos, que, no decorrer de pouco mais de um século, haviam multiplicado a população, passando de 188 milhões para 458 milhões de habitantes, em grande parte de origem europeia, sem muitos escrúpulos decidiram mais tarde reduzir drasticamente o ingresso e fechar as fronteiras.

Como era possível conciliar, porém, as leis de imigração com os ideais da Constituição americana que se pretendiam universais? Por que alguns podiam ser rejeitados como «indesejáveis», se para a Declaração de Independência todos deveriam ser iguais?

Esse conflito está no coração de Ellis Island, brecha de esperança, mas também centro de discriminação. Entre luzes e sombras, aquele não lugar tão singular do exílio reflete a contradição de toda a política americana. À abertura inicial das fronteiras, apoiada por amplo consenso, seguiu-se a introdução de critérios restritivos quando os primeiros *native Americans*, nascidos no chão do Novo Continente, imaginaram ter adquirido, com aquele nascimento, o direito de decidir a quem conceder o título de cidadão americano. Não todos, no mundo, pareciam adequados — a despeito das palavras de acolhimento, cravadas aos pés da Estátua da

---

5   Em 2001, foi inaugurado na ilha o American Family Immigration History Center. Sobre Ellis Island vale lembrar o filme de Emanuele Crialese, *Novo Mundo*, de 2006.

Liberdade, que Emma Lazarus havia dirigido àqueles sem importância, aos rejeitados. Foi então que aquela nação, surgida da Ellis Island, esquecendo o exílio, preferiu exercer a própria soberania. Vigiar as fronteiras tornou-se a chave para fortalecer e consolidar a unidade homogênea do Estado-nação. Ellis Island é por isso o símbolo contraditório da migração moderna.

2. SE O MIGRANTE DESMASCARA O ESTADO

Na chegada o migrante tem diante de si o Estado, que se mostra em toda a sua supremacia. São esses os dois atores principais, os dois protagonistas. Os direitos do migrante, a começar pela sua liberdade de ir e vir, se chocam com a soberania nacional e o domínio territorial. É o conflito entre os direitos humanos universais e a divisão do mundo em Estados-nação.

Aos olhos do Estado, o migrante constitui uma anomalia intolerável, uma anomia no espaço interno e internacional, um desafio à sua soberania. Não é apenas um intruso, nem somente um fora da lei, um ilegal. Sua existência infringe o princípio orientador em torno do qual o Estado foi erigido, mina aquele nexo precário entre nação, solo e monopólio do poder estatal, que está na base da ordem mundial. O migrante acena para a possibilidade de um mundo configurado de outro modo, representa a desterritorialização, a fluidez da passagem, a travessia autônoma, a hibridação da identidade.

Com a intenção de reafirmar o poder soberano, o Estado barra o migrante na fronteira, lugar iminente de confronto. Pode admiti-lo no espaço em que governa, depois dos controles previstos, ou rejeitá-lo. Para tal, está disposto a violar flagrantemente os direitos humanos. A fronteira torna-se, assim, não apenas a rocha

contra a qual muitas vidas naufragam, mas também o obstáculo
construído contra todo o direito de migrar.

Essa contradição é ainda mais evidente no caso das democracias que, se por um lado surgiram historicamente proclamando os Direitos do homem e do cidadão, de outro fundamentam a soberania sobre três princípios: a ideia de que o povo se autodetermine, seja autor e destinatário das leis; o critério de uma homogeneidade nacional; a premissa do pertencimento territorial. São particularmente os dois últimos princípios que se opõem à mobilidade.

Assim, as migrações trazem à luz um dilema constitutivo que compromete profundamente as democracias liberais. O dilema filosófico leva a uma tensão política aberta entre a soberania do Estado e a adesão aos direitos humanos. Nos nós dessa restrição mútua debate-se a democracia cujas raízes estão nos limites do Estado-nação. A impermeabilidade entre direitos humanos e soberania estatal aflora paradoxalmente também nas convenções universais e nos documentos jurídicos internacionais. Vem daí, infelizmente, sua impotência.

A migração, nas formas e modos como se manifesta no novo milênio, é fenômeno da modernidade. Porque tem ligação estreita com o Estado moderno. Com a intenção de vigiar as próprias fronteiras, cuidar do território, controlar a população, os Estados-nação é que discriminam, marcam a barreira entre os cidadãos e os estrangeiros. Isso não quer dizer que impérios, monarquias, repúblicas do passado não defendessem os próprios limites, bem mais frouxos e incertos, porém, do que estes juridicamente estabelecidos e militarmente vigiados pelo Estado moderno.

Desse modo, o conflito entre o migrante e o Estado vai além dos protagonistas. Compreende-se então por que refletir sobre a migração significa também repensar o Estado. Sem aquela discriminação, operada a priori, o Estado não existiria. As fronteiras assumem um valor quase sagrado, remetem a uma origem semimítica, porque são o êxito e a prova de sua tarefa diacrítica, de sua missão delimitadora. É graças a esse definir e discriminar que a formação estatal pode se constituir, pode permanecer estabilizada e sólida, pode, na verdade, «estar», ser Estado. O exato oposto da mobilidade. Quanto mais imperativa é essa tarefa, como no Estado-nação, tanto mais firme se revela a aspiração à homogeneidade e à integridade. Para os filhos da nação, que desde o nascimento compartilharam essa ótica interna, o Estado tem uma urgência óbvia, é um dado eterno, exibe uma indiscutível naturalidade.

O migrante desmascara o Estado. Da margem externa interroga seu fundamento, aponta o dedo contra a discriminação, relembra o Estado de sua constituição histórica, descrê de sua pureza mítica. E por isso obriga-o a repensar-se. Nesse sentido, a migração traz consigo uma carga subversiva.

3. A ORDEM ESTADOCÊNTRICA

O mundo atual é subdividido em uma multiplicidade de Estados-nação limítrofes que ao mesmo tempo se confrontam e apoiam. Essa ordem estadocêntrica é tomada como norma. Tudo o que acontece é pensado e julgado nos limites de uma perspectiva estatal. No interior do Estado, do seu âmbito territorial, também há migração, considerada um fenômeno circunstancial e marginal. Se o Estado é o centro fundamental da estrutura política, a migração é o acidente.

Essa ordem mundial começou a ser profundamente abalada pela recente migração sazonal. A ótica estadocêntrica, no entanto, permanece firme e dominante. Eis por que, quando nos debates públicos discutem-se os temas da «crise migratória», tacitamente se assume sempre o ponto de vista de quem pertence a um Estado e olha para fora, a partir dessa posição interna, entrincheirado atrás de barricadas e divisas. Não por acaso as questões giram somente em torno dos modos de governar e regular os «fluxos». As diferenças estão, no máximo, entre aquele que vê no imigrante uma possibilidade útil, uma oportunidade, e aquele que denuncia seu perigo. A visão estadocêntrica também é sempre normativa. Aos cidadãos, pertencentes ao Estado, é reconhecida a priori a liberdade de decidir, a prerrogativa de acolher ou excluir o estrangeiro que bate à sua porta.

O poder soberano de dizer «não» surge inequívoco e incontestável. Os Estados-nação reivindicam a escolha de estabelecer quem pode entrar em seus limites e quem, ao contrário, é parado na fronteira. Em uma ordem global estadocêntrica, ameaçada pela migração, o direito à exclusão torna-se assim a contraprova e a marca da soberania estatal. Porque desse modo o Estado se afirma e mede sua força. Os Estados-nação exigem o poder de dispor dos próprios limites territoriais e políticos recorrendo também à força. Quem os ultrapassa corre o risco de ser detido, aguardando ser expulso. Caso seja aceito, caberia novamente à autoridade estatal decidir reconhecê-lo como novo membro da comunidade ou rejeitá-lo.

O direito internacional, com suas normas, não faz mais do que dar suporte e validar as exigências dos Estados. É possível sair do território nacional, assim como é possível deslocar-se em seu interior.[6] Não é, porém, possível deslocar-se livremente de um Estado a outro, acessar o interior de um Estado ou mesmo se estabelecer ali permanentemente. O princípio de *non-refoulement* é a exceção que confirma a regra: estabelece que quem pede asilo não pode ser expulso para aqueles países onde «a sua vida ou a sua liberdade sejam ameaçadas em virtude da sua raça, religião, nacionalidade, filiação a certo grupo social ou opiniões políticas».[7] Trata-se, porém, de um princípio muito limitado, que além disso se aplica somente a quem já se encontra no território do país que deveria oferecer asilo ou que está sob o seu controle.

A política de fronteiras é domínio reservado aos Estados soberanos. Ciosos dos próprios poderes, determinados a não ceder, fortalecidos pela legislação internacional, reivindicam o direito de impedir o ingresso em território nacional. Mas esse direito, se é legal, pode se dizer legítimo? Podem os Estados impedir ou limitar a imigração?

4. UMA HOSTILIDADE DE FUNDO

Não é difícil intuir por que, em tal contexto estadocêntrico, as condições restritivas e limitadoras da hospitalidade são ditadas por uma implícita hostilidade de fundo. O migrante que chega à fronteira é tomado acima de tudo como um estrangeiro perigoso,

---

[6] Cf. art. 13 da Declaração Universal dos Direitos Humanos, assinada em 10 de dezembro de 1948, e o art. 12 do Pacto Internacional dos Direitos Civis e Políticos de Nova York, de 16 de dezembro de 1966.

[7] Art. 33 da Convenção de Genebra sobre o status dos refugiados, de 28 de julho de 1951.

um inimigo oculto e clandestino, um selvagem invasor, um potencial terrorista — certamente não um hóspede.

No discurso político-midiático, em que as palavras são com frequência esvaziadas de seu conteúdo, se não distorcidas a ponto de designar o contrário, a «hospitalidade» faz sentido somente na moral privada ou na fé religiosa. Subtraído seu valor político, torna-se sintoma de uma ingênua bondade. Deixa emergir assim aquela denominação rival que a habita desde sempre: a hostilidade.

A «política do acolhimento» é a expressão distorcida que designa o oposto, ou seja, uma política da exclusão e do repúdio, um tratamento policialesco dos fluxos migratórios, um controle das fronteiras que orienta a vigilância interna da cidadania. Se a abertura é acusada de ser ingênua e ridícula, o acolhimento, transformado em tabu e proibido em seu sentido efetivo, é desfigurado e reduzido a fornecer um disfarce hipócrita, uma correção farsesca para o cinismo securitário.

A ditar leis está o princípio de soberania do Estado que faz da nação a norma e da migração o desvio e a irregularidade. Esse princípio se articula em uma gramática de posse em torno da qual se concentra o consenso político. É a gramática do «nós» e do «nosso», do próprio e da propriedade, do pertencimento e da identidade. Contabilização, controle, seleção viram critérios óbvios. Assim como o fechamento é um ideal praticamente incontestável.

A soberania como princípio se coaduna com a hostilidade de fundo, porque se exerce sobre o território, o «*nosso* país», de que os cidadãos se veem como legítimos proprietários, autorizados por isso a negar ou limitar seu acesso aos estrangeiros, segundo as condições que podem soberanamente estabelecer.

Ao direito de propriedade do território unem-se o privilégio do pertencimento à comunidade e a prerrogativa sobre as fronteiras. Tudo isso surge como absolutamente natural. Portanto, nenhum cidadão pode deixar de se sentir na obrigação de responder com firmeza, defender o fechamento das fronteiras para garantir as exigências de uma «sociedade aberta». O paradoxo dessa posição permanece bem escondido.

Com o pretexto do realismo pragmático e da impotência política, a xenofobia de Estado, com um forte senso de propriedade e de um chauvinismo do bem-estar, pode lançar sombras sobre o acolhimento, lido sempre no horizonte de uma iminente ameaça, em que se vende a ideia do estrangeiro como um intruso, da sua chegada como uma invasão. Na mesma linha dessas confusões indevidas, desse deslocamento desonesto, para quem a cidadania equivaleria à posse da terra, à garantia de bens exclusivos, em nome de uma justiça social limitada às fronteiras nacionais, a hospitalidade mostra sua perturbadora conexão com a hostilidade.

Mesmo onde se oferece algum indício de tolerância, a comunidade soberana não poderia deixar de ser primordialmente hostil. Assim os cidadãos são chamados a serem árbitros indiscutíveis, juízes supremos, a quem compete excluir ou admitir os recém-chegados com base nas provas oferecidas: as perseguições e os abusos para os que querem o exílio, a utilidade para os migrantes econômicos, a vontade de se integrar para todos os outros. Os direitos humanos dos estrangeiros são suspensos pela contabilidade administrativa, enquanto são fortemente mantidos todos os privilégios, as vantagens, a imunidade dos cidadãos.

5. ALÉM DA SOBERANIA. UMA NOTA À MARGEM

O obstáculo que não permite sequer pensar a migração é o Estado, ou melhor, a soberania estatal, que, na modernidade, foi o epicentro da política, desenhando-lhe o mapa, traçando-lhe os limites e assim separando a esfera interna, submetida ao poder soberano, da externa, entregue à anarquia. Nessa dicotomia, prevalecendo em seu valor positivo, a soberania venceu.

O poder soberano é exercido exclusivamente por meio de uma única autoridade dentro de um espaço territorial definido. Por definição, não pode reconhecer poderes superiores. Instituído para superar o caos da natureza que, segundo a feliz descrição de Hobbes, poderia continuamente desencadear um conflito civil, o poder soberano seria fruto de um pacto partilhado, de uma submissão comum. Hobbes chega a fazer do Estado uma «pessoa», uma figura quase antropomórfica cuja soberania interna, absoluta e indiscutível, corresponde a uma soberania externa que só encontra freio na soberania de outros Estados soberanos.[8] Assim, com um movimento destinado a ter efeitos profundos e duradouros, Hobbes projeta para além dos limites o Leviatã, animal do caos primevo, escolhido como símbolo do poder estatal. Reprimido internamente, o desregramento selvagem se reproduz nas relações internacionais. Se as pessoas de carne e osso encontram um modo pacífico de conviver, graças ao contrato que as vinculou à soberania, fora disso desencadeia-se a guerra virtual permanente entre as pessoas artificiais, os

---

[8] Cf. HOBBES, Thomas. *De Cive. Elementi filosofici sul cittadino* (1642), trad. it. de T. Magri. Roma: Editori Riuniti, 2014, v. 9, pp. 127-8.

lobos estatais, os Leviatãs soberanos.[9] Não espanta, portanto, que Hobbes dedique poucas páginas à cena internacional, concentrando em vez disso a atenção sobre o poder que o Estado exerce dentro dos próprios limites.

A partir de diferentes formas e concepções, a dicotomia entre interno e externo, soberania e anarquia, atravessa todo o pensamento moderno e até hoje impõe uma hierarquia para os problemas, prescreve soluções, justifica princípios — sobretudo o da obediência ao poder soberano. É uma dicotomia constitutiva, porque delineia também os limites da filosofia política que mais se encaixa no pressuposto do Estado soberano.

Essa visão dicotômica introduz, de modo mais ou menos explícito, a distinção entre civilidade, aquela interna, e incivilidade, aquela externa, bem como demarca a linha entre a regra e a desregulação, entre a ordem e o caos. Desnecessário ressaltar o juízo de valor atribuído a cada um dos termos: se o princípio da soberania é positivo, a anarquia tem, ao contrário, uma chancela negativa.

A palavra de origem grega «anarquia», da negação *an-* e de *arché*, princípio, início, mas também comando, autoridade, governo, é tomada seja em seu significado pontual — como forma política que renega princípio e comando —, seja na acepção derivada e depreciativa de «ausência de governo», e, por isso, desordem. É também a dicotomia que empurra a palavra «anarquia» na direção dessa acepção semântica. A intenção é evidente: legitimar assim a soberania como a única condição da ordem, a única

---

9 Cf. Id., *Leviatano* (1651), trad. it. de M. Vinciguerra. Roma/Bari: Laterza, 1974, XIII, p. 111, XXI, p. 189.

alternativa para a ausência de governo.[10] A anarquia torna-se outro modo de indicar a confusão selvagem que assola o mundo externo, para além das fronteiras da soberania estatal.

Assim se separam de um lado o espaço interno, aquele em que se pode investir no bem viver, onde se afirma o progresso com seus resultados e êxitos, a justiça, a democracia, os direitos humanos, e de outro lado o espaço externo, em que se oferece no máximo sobrevivência, onde parecem possíveis apenas os vagos projetos cosmopolitas de uma confederação de povos, quando não a reproposição do modelo estatal em uma república mundial.

A globalização vem para mudar a paisagem e minar profundamente a dicotomia soberania/ anarquia. Apenas porque expande fortemente a perspectiva do mundo para o ilimitado, colocando em evidência todos os limites de uma política ancorada nas fronteiras tradicionais. A velocidade com que os *bytes* viajam pelas redes de informação, abolindo distâncias antes insuperáveis, torna-se o símbolo dos fluxos que ultrapassam as fronteiras, burlam os controles, extinguem relações de espaço, comprometem toda a estrutura, e que parecem, por isso, cair equivocadamente em uma «nova desordem global». Promotor da globalização, o Estado-nação é irreparavelmente prejudicado por ela, pois perde o controle sobre o território e sobre o corpo político dos cidadãos dos quais havia retirado sua força, com os quais havia governado durante séculos. Soberano não é quem

---

10 Cf. ASHLEY, R. «The Powers of Anarchy. Theory, Sovereignty, and the Domestication of Global life». In: DERIAN, J. D. (org.), *International Theory: Critical Investigations*. Londres: Macmillan, 1995, pp. 94-128.

comanda *no* território, mas sim quem pode cruzá-lo mais rapidamente. A velocidade é o novo poder.[11]

A desterritorialização da soberania assinala a crise da política na sua versão moderna. Por outro lado, a partir principalmente do segundo pós-guerra, parece cada vez mais discutível aplicar o modelo estatal às relações internacionais. Só quem está inserido na práxis acerca desse tema adquire uma perspectiva diferente. Emerge com clareza que o cenário, lá fora, que extravasa os limites da nação, vai sendo povoado por outros protagonistas, além dos Estados, e são eles instituições internacionais, órgãos supranacionais, organizações humanitárias, enquanto o poder se apresenta multiforme, cindido, muitas vezes fugidio, raramente compartilhado.

A paisagem política se complica como nunca, pois, embora os Estados-nação, na sua soberania, continuem a desempenhar o papel principal, fornecendo o quadro normativo dos acontecimentos, eles já não constituem um sistema homogêneo, e os espaços reais e virtuais que se abrem entre uma fronteira e outra estão cada dia mais amplos. Isso leva a uma fuga daquela dicotomia anacrônica para ver melhor o que acontece fora, para assumir uma perspectiva externa, e considerar a partir daí também os problemas internos.

Para entrar em uma paisagem desconhecida, seriam necessários novos mapas que, no entanto, não existem hoje. Se o sistema dos Estados-nação não está concluído, as novas formas políticas,

---

11 Cf. HARVEY, D. *La crisi della modernità* (1989), trad. it. de M. Viezzi. Milão: il Saggiatore, 1993; HABERMAS, J. *La costellazione postnazionale. Mercato globale, nazioni e democrazia* (1998), trad. it. e org. de L. Ceppa. Milão: Feltrinelli, 1999.

que apenas despontam no horizonte, vislumbram-se ainda com muita dificuldade.

A migração ajuda a enxergar isso porque vai além da soberania, coloca-se nessa abertura desde sempre atribuída à anarquia.

Posta em questão aqui está a filosofia, cuja tarefa é desconstruir a obviedade, fazer implodir o que pretende ser normativo e que recorre à força do direito para cobrir-se de legitimidade. A questão filosófica aparece fora dos limites, além do domínio da soberania. Têm os Estados o direito de impedir ou limitar, com seus próprios critérios, a entrada em seu território?

6. FILOSOFIA E MIGRAÇÃO

Ainda não existe uma filosofia da migração. Faltam tanto uma reflexão sobre o migrar quanto um pensamento em torno da figura do migrante. O inventário da filosofia não abrange ainda a migração. Procuram-se em vão traços seus nas enciclopédias e nos dicionários filosóficos, que deveriam dar ao termo um reconhecimento histórico-conceitual.[12] Seja por desinteresse, descuido ou amnésia, a filosofia não reconheceu o direito de cidadania do migrante.

É um destino similar ao do estrangeiro, relegado desde sempre às margens, confinado nos subúrbios da metafísica. O migrante também é átopos, sem lugar, fora de lugar, tanto

---

12 Mesmo nos poucos casos em que aparece, o lema assume no máximo colorações sociológicas. Cf. «Migrazioni», vários autores, *Enciclopedia filosofica*, VIII, Milão: Bompiani, 2006, pp. 7436-7. Não há nenhuma menção em RITTER, J. (org.). *Historisches Wörterbuch der Philosophie*. Basileia: Schwabe, 1971-2007, 13 vols.

quanto o estrangeiro, ou mais que o estrangeiro. Porque o migrante situa-se na fronteira, na tentativa de atravessá-la. Não é nem cidadão, nem estrangeiro. Em todo lugar ele está sobrando, é um intruso que pula o muro, anula os limites, desperta constrangimento. Reside aqui a dificuldade de pensar nele. A menos que se questionem os limites convencionais do mundo, revejam-se os fundamentos seculares da cidade e da cidadania, alterem-se os pilares consolidados do Estado, da soberania, da nação. Indefinível, porque inapreensível, no seu ameaçador «fora de lugar», o migrante mantém-se como um impensado na filosofia, já que esta preferiu ficar em silêncio, reforçando as omissões da visão oficial.

A filosofia escolheu a estabilidade, legitimou-a, compartilhou sua perspectiva. Por isso apoiou as cercas e reforçou barreiras, sempre sublinhou o limite entre dentro e fora, em busca de uma centralização, na tentativa de delinear uma ordem concêntrica. Vista sob tal aspecto, a transversalidade do migrar não tinha como não surgir como algo menor e suspeito. Para defender o próprio sistema conceitual, a filosofia rejeitou o acolhimento, negou a hospitalidade. Mesmo quando se concedeu o ambíguo privilégio da margem, foi só para ganhar uma visão geral da borda, devido a um desejo nunca adormecido pelo exótico ou para reconsiderar o próprio centro metafísico. Não realizou o salto da margem para a emarginação, não se lançou para aquele além-fronteiras habitado pelo migrante que, para a filosofia, permanece como terra incógnita.

Não que «migrar» e «migração» sejam termos de todo ausentes do léxico filosófico. Basta recordar seu uso nos textos de Cícero, onde o latim *migrare* tem grande amplitude semântica e indica diversas formas de deslocamento: da mudança de domicílio (do grego *metoíkesis*) à expatriação, da travessia de um limite à transgressão de uma regra — *communa iura migrare*.¹³ Até a extrema passagem da morte, como escreve Cícero: *migrare ex hac vita*.¹⁴

Trata-se, todavia, de recorrências superficiais, que ficam em segundo plano e não dão substrato para a elaboração de um conceito. Conforme o significado de migrar vai se tornando mais preciso, até designar a relação do estrangeiro com a cidadania — seu movimento de saída, *emigrar*, ou de entrada, *imigrar* —, o tema desaparece do horizonte filosófico. Se os filósofos, no limiar da modernidade, tomam a palavra, é para sustentar o direito de propriedade, zelar pela apropriação da terra, legitimar a divisão do mundo em Estados-nação. Apenas Kant se preocupa, em um mundo cada vez mais limitado, em garantir ao menos alguma «hospitalidade». Sua contribuição permanece como um ponto de referência para o direito de asilo. Mas, apesar de seu cosmopolitismo, até mesmo Kant se mantém eurocêntrico, dentro daquele enquadramento da filosofia que exclui e estigmatiza a priori todo movimento migratório, todo nomadismo. Certamente Kant não está sendo benévolo e tolerante em relação à «razão vagabunda» dos «ciganos».¹⁵

Somente entre as duas guerras mundiais, quando as migrações já são um fenômeno de massa, quem vai dar voz aos apátridas, aos desterrados, aos judeus fugindo do nazismo, que

---

13   CICERO, M. T. *De divinatione*. In: Id., *Opere filosofiche*, org. N. Marinone. Turim: UTET, 2016, I, 8, p. 125.

14   Id., *De re publica*. In: Id., *Opere filosofiche*, op. cit., VI, 9, p. 323. De *apoikía*, migração no sentido metafísico e teológico, fala também Fílon de Alexandria.

15   Cf. RÖTTGERS, K. «Kants Zigeuner», *Kant-Studien*, v. LXXXVIII, 1997, pp. 60-86.

não parecem mais encontrar lugar no mundo, é uma refugiada excepcional: Hannah Arendt. Seu breve ensaio de 1943, *Nós, os refugiados*, marca um antes e um depois no pensamento sobre a migração. Mas suas ideias pioneiras, desenvolvidas em obras posteriores, não foram efetivamente retomadas e elaboradas em uma filosofia geral da migração.

Na segunda metade do século XX, o tema volta a ser ignorado. A filosofia não antecipa os tempos. Chega atrasada, quando na urgência já se estava constituindo uma opinião pública, quando uma moralidade definida já ia inspirando e guiando convenções e acordos internacionais. Essa moralidade, muitas vezes acrítica e irrefletida, resultado de acordos, de uma visão estadocêntrica, acaba por se estabelecer como um pressuposto tácito e não discutido. A filosofia não a desestabiliza. Depois de ter chegado atrasada, continua a expulsar a migração para fora de seu inventário, negando ao tema um estatuto filosófico, ou ajusta-se àquela moralidade difusa. Discute os princípios da justiça política e social, discorre sobre os direitos humanos, sem jamais falar dos direitos dos migrantes, sem jamais abordar a questão do acolhimento. O silêncio reticente parece quase óbvio. John Rawls, considerado o mais famoso teórico da justiça, raramente evoca o tema. Mas chega a teorizar sobre a exclusão: em uma sociedade de povos liberais, «o problema da imigração não é simplesmente desdenhado, mas eliminado como um problema grave».[16] O migrante é visto como o estrangeiro que pode prejudicar, se não dissolver, uma solidariedade já consolidada. Eis por que, na ideia

---

16 RAWLS, J. *La legge dei popoli*. In: SHUTE, S. e HURLEY, S. (orgs.), *I diritti umani. Oxford Amnesty Lectures* (1993), trad. it. di S. Lauzi. Milão: Garzanti, 1994, p. 61.

liberal de um universo bem organizado por Estados, a tarefa da filosofia se torna no máximo a de governar e disciplinar os movimentos migratórios.

Da moralidade subjacente aos tratados internacionais, vem então se formando, entre o fim do século XX e o início do XXI, uma ética da migração, de dicção anglo-saxônica, que tem atitude pragmática e vocação fortemente normativa. Os filósofos são colocados à prova. O que fazer dos imigrantes? Acolhê-los? Não os acolher? E como defini-los? Como distinguir entre o migrante e o refugiado? Assim, «migração» ganha para si em 2010 um lugar na *Stanford Encyclopedia of Philosophy*.[17] Mas o debate se reduz aos argumentos a favor ou contra, dentro de um liberalismo democrático que tenta abordar como pode, não sem contradições óbvias, o incômodo problema dos migrantes. O acolhimento é eventualmente previsto somente conforme os ditames de uma pretensa «ética» que deveria mitigar ou suavizar as durezas de uma política que se prepara para erguer muros.

A migração, privada de sua dimensão política, se impôs como questão ética no debate público alemão logo após setembro de 2015, diante do *Flüchtlingsdrama*, do grande «drama dos refugiados», iniciado com a guerra síria, depois de a Alemanha ter aberto as fronteiras. Na polêmica acesa por aquela decisão, os filósofos foram consultados, interpelados.[18] Mas a questão se reduziu aos termos «morais» com que se pretenderam

---

17 Cf. «Immigration» (2015). In: *Stanford Encyclopedia of Philosophy*. Disponível em: <https://plato.stanford.edu/entries/immigration/>.

18 Cf. CASSEE, A., HOESCH, M. e OBERPRANTACHER, A. «Das Flüchtlingsdrama und die Philosophie», *Information Philosophie*, n. 3, 2016, pp. 52-9. Oferece um quadro interessante o volume com vários autores

estabelecer critérios quantitativos e qualitativos para acolher ou recusar. No final de 2015, a «Gesellschaft für analytische Philosophie» abriu um concurso com premiação para a seguinte pergunta: «Quais e quantos refugiados devemos acolher?».[19] A discussão desencadeada daí, que ainda ecoa, move-se segundo a exigência de individualizar os critérios de seleção e de exclusão. Em tal contexto, exige-se uma «ética aplicada» e aponta-se o dedo para os limites abstratos da teoria.[20]

De outra parte, nas diversas correntes da filosofia continental, de Derrida a Balibar, de Agamben a Esposito, vêm-se delineando, às vezes de modo mais claro, outras de modo mais implícito, as coordenadas para uma política da hospitalidade, sem que, no entanto, o tema passe da periferia para o centro da reflexão. Como se os pressupostos sobre os quais foi se constituindo ao longo dos séculos a filosofia política fossem colocados em risco pelo acolhimento dos migrantes. Uma filosofia da migração seria então uma filosofia que se volta contra si mesma e contra seus fundamentos por muito tempo considerados incontestáveis.

---

organizado por CASSEE, A. e GOPPEL, A. *Migration und Ethik*. Münster: Mentis, 2014.

19 Os artigos premiados estão publicados em GRUNDMANN, T. e STEPHAN, A. (orgs.). «*Welche und wie viele Flüchtlinge sollen wir aufnehmen?*» *Philosophische Essays*. Stuttgart: Reclam, 2016.

20 Cf. SCHRAMME, T. «Wenn Philosophen aus der Hüfte schießen», *Zeitschrift für Praktische Philosophie*, v. II, n. 2, 2015, pp. 377-84.

7. NAUFRÁGIO COM ESPECTADOR. SOBRE O DEBATE ATUAL

Talvez em nenhum outro caso como este da migração seja determinante a perspectiva hermenêutica que se assume e que deveria por isso ser imediatamente explicitada. Quem reflete, de fato, está na costa e vê chegarem os migrantes. No entanto, se a reflexão sempre exige uma parada, uma suspensão, pode-se ficar na praia de muitas maneiras, até mesmo opostas.

Pode-se considerar o que acontece identificando-se no «nós» daqueles que já há muito tempo — séculos, décadas, anos — instalaram-se na costa, reivindicando sua propriedade, isto é, pode-se olhar na direção do mar de dentro de uma comunidade nacional, dos seus limites estabelecidos. Mais ou menos orgulhosos por estarem dentro, satisfeitos de pertencerem à cidade, à cidadela, à fortaleza, pode-se reagir à chegada enumerando os migrantes desembarcados, perguntando-se quantos deles será lícito acolher, tentando, com esse fim, introduzir critérios para distinguir, com a máxima imparcialidade possível, quem merece ser admitido e quem deve ser excluído. Para isso bastaria verificar sua proveniência e as causas que os levaram àquela viagem arriscada, inoportuna, portadora de ruína para si e para os outros. Quem está na costa balança a cabeça em sinal de desaprovação e intolerância para os recém-chegados, que não ouvem um «bem-vindo», *welcome*, afinal causarão problemas à comunidade, ao menos provisoriamente obrigada a hospedá-los, quando não a integrá-los.

Essa foi a perspectiva assumida até agora pela filosofia e pelos filósofos que enfrentaram abertamente o tema da migração. Claro que não faltam diferenças: entre os que fazem valer mais as exigências da comunidade e os que defendem o direito dos indivíduos à liberdade de ir e vir, entre os assim chamados comunitaristas e os pretensamente libertários, entre os neocontratualistas e os utilitaristas — para lembrar apenas alguns dos múltiplos rótulos sob os quais se apresenta a filosofia política de estilo anglo-saxão. Se olhamos bem, no entanto, as afinidades são maiores e mais profundas do que se imagina. Todos observam a partir da costa. Discutem se as fronteiras devem ficar fechadas, se podem ser abertas — talvez não escancaradas, mas de um jeito que pareçam ao menos «porosas». Discutem se e em que medida o contrato político pode ser estendido aos recém-chegados, sem prejuízo ao Estado social. Criam hipóteses acerca de medidas e procedimentos mais ou menos restritivos para regular a inclusão e salvaguardar a segurança e a ordem pública.

Nesse debate que, após ter se desenvolvido nas universidades americanas, foi retomado recentemente nas academias europeias, sobretudo nas alemãs, surpreendem não apenas a obviedade com que se pressupõe tudo aquilo que deveria ser questionado, a começar pela ordem estadocêntrica do mundo, pelos conceitos de cidadania, pertencimento, território, mas também o caráter um tanto veladamente normativo das contribuições, a busca por uma certa «objetividade», tanto nas análises como nos resultados. Por um lado, os filósofos parecem juntar-se às ciências sociais, seguindo seus métodos e investigações; por outro, acabam por ecoar o bom e velho senso comum. Como se a filosofia não fosse, em vez disso, convocada para desconstruir hábitos consolidados do pensamento, para criticar uma ação que simula legitimidade.

O debate parece tão monótono e tedioso por não conseguir ultrapassar as portas da academia, tão estéril e ineficaz por suscitar bem pouco interesse e ter um reduzidíssimo impacto político, a ponto de, caso se trate de *governance*, de administrar e regular os fluxos migratórios, valer mais confiar a questão aos especialistas e aos políticos profissionais. Para que serviriam os filósofos? Por trás dos intrincados pormenores, das observações minuciosas, das sutis argumentações, em que o próprio fenômeno do migrar parece desaparecer de vista, percebem-se uma indiferença emotiva, uma fria imperturbabilidade, um distanciamento impassível, que contrastam de forma irritante com o drama dos migrantes. Quem admitir? Como e por quê? Abrir ou não abrir as fronteiras? A impressão é a de que o debate nada mais é do que um dissenso contido, uma troca moderada de ideias entre seres abastados e bem-pensantes, unidos tanto pela intenção de resolver o problema quanto pela perspectiva, sempre interna, de onde observam o que acontece lá fora. Como se, do seu convencional sedentarismo, o migrar não lhes dissesse respeito.

Para ilustrar mais claramente essa perspectiva interna, pode-se recorrer à célebre imagem que abre o segundo livro *De rerum natura*, de Lucrécio: a do espectador que, da terra firme, contempla o naufrágio do outro. «Doce é observar de tão seguro porto...».[21] A parábola, que em múltiplas variações atravessa o pensamento ocidental, foi delineada por Hans Blumenberg.[22] Já no início da modernidade, Pascal recorda que a terra não parece nem parada, nem segura, mas incerta e vacilante como o mar. Por isso é inútil eleger-se espectador dos males do mundo

---

21   LUCRÉCIO, T. C. *Della natura delle cose*, trad. it. de A. Marchetti. Turim: Einaudi, 1975, II, I, p. 47.
22   Cf. BLUMEMBERG, Hans. *Naufragio con spettatore. Paradigma di una metáfora dell'esistenza* (1979), trad. it. de F. Rigotti. Bolonha: il Mulino, 1985.

buscando ordens estáveis, pontos de vista privilegiados.[23] O espectador está sempre envolvido, porque as ondas, em que vê os outros afundarem, não são uma ameaça superada para sempre e poderiam de repente fazer submergir também o seu rochedo. Melhor, então, reconhecer o dever de agir. Quem sabe apenas estendendo uma mão.

Considerar o migrante a partir da terra firme, mesmo que para sustentar seu direito liberal de movimento, equivale a reforçar a barreira entre «nós» e «eles», o limite entre residentes e estrangeiros. Significa sobretudo não se colocar no lugar, não se colocar na pele do migrante, não assumir seu ponto de vista. Daí a aridez humana de uma filosofia que se esgota em normas e definições, sem deixar vir à tona a nudez existencial de quem chega depois de ter escapado das ondas, depois de ter vivido uma situação extrema, no limite da morte. Não poderia ser mais gritante o contraste entre esse limite e a fronteira burocrática de que um pensamento formatado pela perspectiva interna acaba por se fazer um vigilante autoritário.

Pode-se adivinhar por que, para uma filosofia que se move a partir da migração, e que faz do acolhimento o seu tema inaugural, seja decisivo aquilo que acontece fora. Permitir que o migrar seja ponto de partida significa fugir da *arché*, do princípio que funda a soberania, em torno da qual o corpo político é imunizado. O que implica não apenas acolher o migrante que chega sem ser esperado, com sua nudez existencial, sua bagagem de sofrimento, desespero, mal-estar, mas também fazer sim que ele seja protagonista de um novo cenário anárquico. O ponto de vista do migrante

---

23   PASCAL, B. *Pensieri* (1669), trad. it. de P. Serini. Turim: Einaudi, 1974, n. 223, pp. 102-3.

não pode não ter efeito, seja sobre a política, seja sobre a filosofia. Não pode senão mexer com ambas.

8. PENSAR A PARTIR DA COSTA

Uma filosofia da migração é acima de tudo uma *filosofia do migrante*. O genitivo aqui é eminentemente subjetivo. O porquê já foi dito: o migrante é o protagonista, o ator e o intérprete do drama sazonal. Quem contará, porém, o drama, quem colherá dele o significado histórico, quem saberá julgá-lo?

O migrante precisa de um outro na costa, que não apenas lhe estenda a mão, mas a partir da costa olhe, considere, testemunhe, antes que tudo vá pelo ralo, caia no abismo ou no esquecimento de uma história não escrita. Em seu drama, o migrante confia em um «espectador». Mas qual espectador? Certamente não aquele que hasteia na fronteira a bandeira do pertencimento, desfralda o estandarte da própria comunidade, ostenta a posição de força derivada desse estar dentro dos limites, que ele reafirma sublinhando o dentro e o fora. É a dicotomia metafísica entre interno e externo, fundamento da separação política, que deve ser posta em questão.

Uma filosofia do migrante requer um espectador que saiba passar do interno ao externo e vice-versa, que esteja em condições não somente de resgatar do naufrágio e saber narrá-lo, mas também de avaliá-lo. Quem oferece sugestões importantes para reconsiderarmos a figura do espectador é Hannah Arendt. Suas ideias estão contidas na obra póstuma *A vida do espírito*, que ficou incompleta. Arendt morreu antes de ter terminado de unir a primeira e a segunda parte, «O pensar» e «O querer», à terceira parte conclusiva, «O julgar». Esse coroamento lhe foi negado.

No entanto, restam alguns textos que indicam a direção da sua pesquisa: um *Postscriptum* e as *Lectures*, as aulas sobre a filosofia política de Kant, realizadas na New School, em 1970.

A conexão entre pensar e agir é o tema que, nos últimos anos, ocupa a reflexão de Arendt, sempre mais inquieta por querer sublinhar a vocação política da filosofia. Não espanta que ecoe sobretudo a grande questão de Heidegger: *O que significa pensar?* Se o senso comum situa os indivíduos no mundo, onde se estabelecem serenamente em uma casa, o pensamento, ao contrário, provoca uma desorientação. Quem pensa já não se sente em casa no lugar em que habita. A ligação com o senso comum é comprometida. Pensar é «retirar-se do mundo».[24] Daí a solidão do filósofo, que aparece para os outros com suas singularidades e suas estranhezas. Não poderia ser diferente: pensar estranha, torna estrangeiro. Já desde Aristóteles, na *Política*, há referências ao filósofo que, longe de toda participação ativa, dedica-se somente a pensar. Ele fala de *bíos xenikós*, «vida que se estranha», vida de estrangeiro.[25] Embora não seja nunca completa e definitiva, a demissão do filósofo da vida é radical: abandona seus semelhantes, descola-se das opiniões incertas deles, separa-se do irritante senso comum, que seria um impedimento ao seu descentramento, ao seu estranhar-se, para então poder emigrar em direção a um exterior a partir do qual tenta revirar a ordem posta. Assim, diz Arendt, «pensar é sempre ‹fora da ordem›».[26]

---

24 ARENDT, H. *La vita della mente* (1978), trad. it. de G. Zanetti; org. de A. Dal Lago. Bolonha: il Mulino, 1987, p. 128.
25 ARISTÓTELES. *Política*, 1324a 16. Cf. ARENDT, H. *La vita della mente*, op. cit., p. 136.
26 ARENDT, H. *La vita della mente*, op. cit., p. 291.

Mas e quanto à política? E ao nexo entre filosofia e política, um dos nós que Heidegger havia deixado sem resolver? A resposta está no «julgar», essa faculdade política por excelência que, mesmo sendo afim ao pensar, pelo menos no início, e ao retirar-se do mundo, segue por outro caminho, em direção a outra meta. Destaca-se, então, nas páginas de Arendt, a figura do espectador, termo que traduz o grego *theatés*, de que deriva em seguida a palavra «teoria». Testemunha e ouvinte, o *theatés* assiste a um drama. Seu papel é diferente do papel do ator, que interpreta a sua parte. Nem de todo ausente — como quem simplesmente não está ali — nem de todo presente — como quem é envolvido na ação —, o espectador tem na plateia uma posição peculiar: está distante do palco o suficiente para ter dele um olhar de conjunto. O que não quer dizer que ocupe um lugar superior, de onde poderia contemplar *a* verdade inacessível ao senso comum. O lugar do espectador está no teatro do mundo; o que o diferencia é a condição externa a partir da qual, justamente porque não age de forma direta, pode buscar a compreensão do significado do drama e fazer dele um juízo.

Em resumo: o espectador se aproxima do filósofo assim como o julgar se aproxima do pensar. As diferenças são pelo menos duas: ao contrário do filósofo, o espectador se retira apenas temporariamente — e por meio de um envolvimento ativo — para assumir uma posição privilegiada de onde avaliar o conjunto. Por isso, não é um solitário, faz parte de um público. Basta imaginar os espectadores nas escadarias dos teatros e dos estádios. Compreende-se por que o espectador se torna, na reflexão de Arendt, a figura-chave para esclarecer a relação entre filosofia e política, para delinear uma nova filosofia política. A palavra passa para Kant, «o primeiro e também o último dos grandes filósofos» a ter tratado o tema do julgamento.[27] Mas, segundo Arendt, o mérito de Kant também reside em não ter negligenciado a pluralidade dos espectadores.

A estranheza que o espectador provoca não é aquela profunda e abissal do filósofo; é antes uma estranheza horizontal, que impõe uma pausa para olhar o mundo de fora, mas ainda permanecendo dentro. Nem todo fora, nem todo dentro, o lugar do espectador é marginal, como o do estrangeiro, sem, no entanto, sancionar uma exclusão ou ser exclusivo. Ao contrário, é um lugar compartilhado. A catarse do pensar abre caminho para a faculdade de julgar. A plateia é o lugar do horizonte público em que o espectador, que não se engana ao colher *a* verdade além das aparências, pode confrontar o próprio ponto de vista com o dos outros, pode assumir novas perspetivas, formular juízos comuns. É na dimensão «comum», em que se articula a prática pública do pensamento, que Arendt insiste nas *Lectures*. A ligação com os outros não deve ser, porém, mal-entendida, não pode ser interpretada como uma «empatia dilatada», como se cada um fosse capaz de saber o que passa na cabeça do vizinho. Trata-se acima de tudo de ampliar o pensamento em direções diversas, como acontece quando se viaja, visitando — também graças à imaginação que supera limites e barreiras — os pontos de vista do outro. Isso já acontece quando, quase inadvertidamente, o espectador acaba por considerar os acontecimentos a partir do ponto de vista do ator, de quem age. Essa passagem para outras formas de presença no mundo é o

---

27 Ibid., p. 181.

que caracteriza o *Weltbetrachter* de Kant.[28] Cada um é chamado para ser «espectador do mundo» nos dois sentidos que essa figura parece ter na filosofia política de Arendt. Principalmente porque apenas com o julgamento do espectador é que os eventos do mundo assumem significado e o próprio mundo se faz história. O que seria da Revolução Francesa se tivessem existido apenas os atores e não os espectadores? Mas o *Weltbetrachter* é também quem aceita a desorientação, quem se deixa guiar por uma vocação política, ou melhor, cosmopolítica, e, assumindo as perspetivas do outro, é capaz de articular juízos que não têm como não serem comuns.

Aqui o espectador é o cidadão que sabe fazer-se estrangeiro, abandonando a fixidez, abrindo-se para o descentramento que permite ser lá onde realmente não se é, naquela passagem do dentro para o fora, e vice-versa, que tem por efeito já não se sentir na própria casa mesmo estando em terra firme.

9. MIGRAÇÃO E MODERNIDADE

Por mais que sejamos tentados a traçar uma história das migrações, não há dúvida de que os cortes marcam profundamente a continuidade e de que as diferenças prevalecem a ponto de nos questionarmos sobre a homogeneidade do fenômeno. Não é de fato suficiente citar um deslocamento genérico para que se possa falar de «migração». Tanto os parâmetros estatístico-quantitativos quanto os cânones socioeconômicos são enganosos, têm

---

28 ARENDT, H. *Teoria del giudizio politico. Lezioni sulla filosofia politica di Kant* (1982), trad. it. de P. P. Portinaro, C. Cicogna e M. Vento, org. de R. Beiner. Gênova: il melangolo, 1990, p. 70.

ambos a ambição de serem «objetivos», mas acabam por se revelar inadequados à complexidade dos eventos históricos. A perspectiva político-existencial é, ao contrário, decisiva.

Se os movimentos migratórios remontam aos primórdios da história humana, o que distingue a época mais antiga das recentes não é simplesmente a intensidade, a frequência, a multiplicidade. Vista sob um ponto de vista filosófico, a migração, como entendida hoje, aparece para todos os efeitos inscrita na modernidade. É lícito, portanto, diferenciar a migração dos antigos e a dos modernos, conforme um critério já consagrado, mas que encontra aqui indícios e argumentos ulteriores.

Não faltam no passado formas diversas de deslocamento, do nomadismo às conquistas militares, das invasões às viagens audazes e aventureiras, até os primeiros estabelecimentos de colônias de fato. Em todas essas formas domina a coletividade: quem se desloca é o grupo que pretende estabelecer ou ampliar o domínio sobre um território. O individual compõe um agir coletivo, não necessariamente unânime, mas cuja meta é a mesma dos outros, é pelo menos a mesma de um reconhecido chefe político ou militar. O modelo metonímico é a colônia grega concebida, segundo as altas exigências de Platão em *As leis*, como uma *pólis* de segundo grau, resultado de uma expulsão, de um distanciamento dos rejeitados e indesejados, por meio da qual, contudo, dada a sua ligação com a pátria-mãe, cumprem-se requisitos de coesão, organicidade, compactação.[29]

Como explicar então as grandes figuras dos exilados políticos, banidos da cidade, a começar por Alcebíades? Trata-se de personagens extraordinários que, como no caso exemplar de Sócrates,

---

29   Cf. PLATÃO. *Leggi*, 735e-736c. Sobre isso cf. também *infra*, cap. 3, § 6.

já fazem um prelúdio à modernidade.[30] Isso vale também para o viajante heroico que encontra em Ulisses sua expressão eminente. São, portanto, antecipações aristocráticas da condição moderna.

O migrar antigo, que não conhece ainda nem nostalgia, nem separação, restaura em outra paragem a forma de vida anterior, sem que a mudança de lugar tenha efeitos sobre o eu e sobre sua vida interior. Eis por que o caráter coletivo se impõe mesmo quando o indivíduo é quem se desloca, porque permanece em todo caso protegido, não exposto à espacialidade vertiginosa da migração moderna.

Em tal sentido, antigo e moderno não constituem somente critério para uma marcação cronológica, mas representam também dois paradigmas diferentes do migrar, que podem às vezes até se apresentar em configurações híbridas e mistas.

10. COLOMBO E A IMAGEM DO GLOBO

A migração moderna é inaugurada por uma nova visão do espaço, por uma inesperada imagem da Terra. Por isso pode-se indicar com precisão uma data: 1492. Pensa-se logo — e com razão — na primeira viagem de Cristóvão Colombo, que zarpa do porto de Palos de la Frontera. Mas é de 1492 também o primeiro mapa-múndi, um tanto fantástico, criado pelo navegador e cartógrafo alemão Martin Behaim. Qual é a grande descoberta a que se junta a primeira circum-navegação do globo? Que a Terra é um planeta redondo, longe de ser acolhedor, seja porque não está protegido por uma abóbada sólida nos céus, seja porque já não parece oferecer esconderijos, cavidades, espaços interiores em que se pode

---

30   Sobre a figura do exilado, cf. *infra*, cap. 2, § 8.

habitar com segurança. O globo terrestre — a bem da verdade prevalentemente aquático —, onde as grandes extensões de água separam, muito mais do que se imaginava, os assim chamados «continentes», já não contém, já não acolhe, já não protege. O dentro é de repente substituído pelo fora. O que tem inestimáveis efeitos na localização do eu. A catástrofe afeta não somente o centro, mas também a periferia do mundo. Vem à luz a ideia de que os confins extremos não são confins, que lá fora se abre um espaço ilimitado e arrepiante. Enquanto a imensidão do céu se escancara, abre-se o abismo celeste, de uma exterioridade absoluta. O mundo já não é uma casa. Expostos, sem abrigo, os seres humanos se dão conta de que conduzem a própria existência no lado de fora da superfície redonda do planeta, sobre um ponto do astro errante, perdido no universo, onde o olhar se perde na fria exterioridade interminável.

É a época da «imagem do mundo», dirá Heidegger para designar a modernidade.[31] O mapa-múndi serve de ícone para a nova época. Impossível preservar a interioridade imemorial dos lugares de origem, dos abrigos históricos, dos refúgios remotos. Navegações, explorações, descobertas dão início à globalização que marca ainda uma nova modalidade de estar no mundo, porque coincide com a ruína das ontologias locais. Um depois do outro caem os invólucros imaginários da vida autóctone. A globalização orienta progressivamente para o externo o sentido do

---

31 Cf. HEIDEGGER, M. «L'epoca dell'immagine del mondo» (1938). In: Id., *Sentieri interrotti* (1950), trad. it. de P. Chiodi. Florença: La Nuova Italia, 1985, pp. 71-101.

espaço e é, sob esse aspecto, a história de uma exteriorização.[32] O abalo sísmico que afeta a localização humana tradicional teria tido reflexos decisivos sobre o migrar e sobre a migração.

De novo uma data e um lugar: 1522, Sevilha. No porto da cidade, Sanlúcar de Barrameda, desembarcaram os dezoito marinheiros sobreviventes da viagem de Fernão de Magalhães, iniciada em 1519. Eram os primeiros a circum-navegar o globo, depois de terem superado a extremidade sudoeste da América e penetrado naquela enorme extensão oceânica que batizaram de *mar pacífico*, porque «não se verificou sequer uma tempestade».[33] O seu retorno não foi aquele de Ulisses a Ítaca. A terra natal de outrora estava transformada pelo olhar de quem não somente voltava dos polos, mas tinha agora outro sentido do espaço, o da idade moderna. Sevilha não era mais Sevilha. Não era mais o centro ao redor do qual o mundo se dispunha — era em vez disso um ponto sobre a superfície do globo, visto de fora. A circum-navegação da Terra havia provocado um desencanto destinado a marcar tanto o modo de ver o lugar quanto o de enxergar a si. Os navegadores que regressavam não podiam reencontrar a si mesmos, porque se percebiam agora situados de um jeito diferente no mundo.

Em seu regresso, as primeiras testemunhas oculares da esfericidade do planeta traziam uma notícia boa e uma ruim: existiam regiões desconhecidas, continentes inexplorados a ocupar, mas a Terra era finita. A boa nova teria encorajado conquistadores, geógrafos, comerciantes, missionários, colonizadores, garimpeiros e

---

32   Cf. SLOTERDIJK, P. *Sfere*, II: *Globi* (1999), trad. it. de S. Rodeschini, org. de G. Bonaiuti. Milão: Cortina, 2014, pp. 757 ss.

33   PIGAFETTA, A. *Il primo viaggio intorno al mondo* [1536], *con il Trattato della sfera*, org. de M. Pozzi. Vicenza: Neri Pozza, 1994, p. 126.

aventureiros a seguir o rastro dos circum-navegadores, abrindo o grande capítulo das migrações modernas. Seria, no entanto, a má notícia aquela que teria repercussões não só sobre a imagem do mundo, mas também sobre a possibilidade de habitá-lo, se realmente era um globo, uma extensão circular e circunscrita. Foi Kant quem levantou a questão. Cada vez mais comprimidos, cada vez mais perdidos: esta teria sido a paradoxal condição político-existencial dos habitantes do planeta.

Uma vez desfeito o mito das Colunas de Hércules, que impediam lançar o olhar para além daqueles mágicos obstáculos, as viagens de Colombo produziram e ao mesmo tempo consagraram a *des*-orientação europeia, a partir da qual surgiu o Novo Mundo, o duplo continente americano. Ao dar as costas para o Oriente, por engano, Colombo traçou a rota para o Oeste, inaugurando a modernidade que foi ocidental. A própria Europa se ocidentalizou. A lenda do *West* distante permaneceu durante séculos como o horizonte de uma nova configuração do espaço mundial. Embora ainda em sua quarta viagem, entre 1502 e 1504, não quisesse admitir ter encontrado por engano aquilo que não procurava, Colombo estava certo de ter sido investido de uma missão de profeta do apocalipse, como admitiu abertamente em seu *Livro das profecias*, e se mostrou cada vez mais convencido do valor quase messiânico que tinha tido aquele salto sobre os abismos dos oceanos.

O mapa-múndi que, estudado e examinado, oferecia a todos a possibilidade de precisar de tempos em tempos a localização geográfica individual, tornou-se instrumento da expansão de uma época. A despedida das noções antigas de lugar de origem foi definitiva. Mesmo para quem não partia. O fora fez saltar em toda parte aquilo que permanecia restrito ao espaço interno. Não havia ponto no globo que não fosse ligado a outros. O caminho em direção ao externo tornou-se por isso também uma alienação e um descentramento. A menos que se quisessem fechar os olhos a todo custo, ninguém podia mais se sentir no centro do mundo. Mas a alienação é também uma libertação. O salto oceânico abre um novo caminho de salvação, antes impensado. Para os desesperados, frustrados, desiludidos, loucos, vagabundos, rejeitados, perseguidos, o mar vira a alternativa para a morte. O sonho de uma vida melhor projetou-se no mundo do além-mar, em um lado de lá que não era celeste, mas bem terreno, só que era o lugar de outra terra.

Eis o caráter utópico da migração que, na modernidade, foi desde o início sinônimo de emancipação. O socialismo visto a partir do mar. Inquietos e irrequietos embarcavam na esperança de romper as próprias correntes e ter acesso finalmente a possibilidades de outro modo fechadas. E embarcavam também todos aqueles que, na vida, não estavam dispostos a mudar de rota.

11. «NÓS, OS REFUGIADOS». O REFUGO DA TERRA

Quem primeiro se pôs a refletir sobre a migração como fenômeno global foi Hannah Arendt, que viu no refugiado uma figura de exceção, fora de lugar na ordem territorial dos Estados-nação, por isso em condições de antecipar, em sua irredutível atopia, uma futura configuração mundial, o surgimento de uma nova comunidade. Sob uma perspectiva externa, isto é, a partir da margem de onde o refugiado enfrenta a soberania estatal, Arendt levantou a questão dos direitos dos sem-Estado, dos apátridas, apontando a apatridia como o grande tema político do século XX. Sua profecia se confirmou sobretudo neste século.

Por isso, não há como não se surpreender com o fato de que, no debate atual sobre a «ética da migração», Arendt esteja praticamente ausente e que suas ideias não tenham sido reelaboradas para desenvolver, como seria necessário, uma filosofia política do acolhimento. Mesmo onde, como no livro de Seyla Benhabib, consta uma referência, seu pensamento, acusado de não oferecer soluções, é julgado sob um viés normativo, muito distante da aspiração crítica que Arendt tem para a filosofia.[34] Diferente, na verdade oposto, é o caso de Agamben, que retomou a figura do refugiado em seu *Homo sacer*, uma reflexão posterior e abrangente sobre a «vida nua» diante do poder soberano, em que, no entanto, a razão do migrar se dilui e se perde.[35] Não são tanto as ideias centrais de Arendt, as suas intuições premonitórias, retomadas aqui e ali, que não têm encontrado ressonância, mas sua postura político-existencial.

Em janeiro de 1943, surge o breve ensaio, de caráter declaradamente autobiográfico, «We Refugees» («Nós, os refugiados»), publicado na revista judaica de língua inglesa *The Menorah Journal*. Esse ensaio marca um ponto de virada na filosofia da migração. Recém-chegada aos Estados Unidos, depois de ter fugido da Alemanha em 1933 e percorrido um longo exílio, primeiro em Praga e em Genebra, depois durante anos em Paris, Arendt fala de si, em primeira pessoa, e fala também no plural, incluindo-se em um incômodo *we*, «nós», daqueles que — contra sua vontade — são

---

34 Cf. BENHABIB, S. *I diritti degli altri. Stranieri, residenti, cittadini*. Milão: Cortina, 2006, pp. 39 ss.

35 Cf. AGAMBEN, Giorgio. *Homo sacer. Il potere sovrano e la nuda vita*. Turim: Einaudi, 1995, pp. 79 ss.

chamados *refugees*, «refugiados».[36] A fenomenologia dessa figura inédita, desenhada muitas vezes com tons históricos, tem pelo menos três características que a distinguem. Desde o início, reconhecendo-se como refugiada, Arendt olha para a questão do lado dos fora do Estado, a partir do limite externo do direito. Envolvida emocionalmente, evita as amarras da autocomiseração, toma distância, separa-se então do «nós», para poder refletir sobre a condição existencial partilhada, que investiga recorrendo à bagagem da filosofia europeia: quem escreve é a aluna de Heidegger que não esqueceu a desorientação fundadora da existência humana na era da técnica planetária. É, enfim, uma ironia amarga e pungente que marca o núcleo político do ensaio, quando Arendt, reinserindo-se no «nós» narrativo, liga-se à «tradição oculta» do judaísmo, de Rahel Varnhagen a Heinrich Heine, de Bernard Lazare a Franz Kafka, vendo irromper o «pária consciente», o refugiado que não recusa seu exílio, sua atopia, sua marginalidade, mas em vez disso se assume, vê-se encarregado, reivindicando abertamente o estatuto do apátrida, do fora da lei, do sem-pátria. Vale a pena sublinhar que Arendt, estranhamente, até por sua visão asquenazi e centro-europeia, não vê nos marranos, colocados talvez na mesma categoria de refugiados religiosos, o início da «tradição oculta», os primeiros exilados capazes de subverter o próprio sentido do confinamento e da exclusão. São poucos, *few refugees* — escreve Arendt — os que, *driven from country to country*, caçados de país em país, têm consciência de que representam uma vanguarda: não apenas a do povo judeu, mas de todos os povos. A essa vanguarda

---

36 ARENDT, H. «Noi profughi» (1943). In: Id., *Ebraismo e modernità*, trad. it. e org. de G. Bettini. Milão: Feltrinelli, 1986, p. 35.

Arendt sente pertencer; é em seu nome que toma a palavra. Daí o tom de denúncia e o teor fortemente político do breve ensaio.

A condição do refugiado é uma vergonha. Assim a sentem os judeus europeus que encontraram salvação além-mar. Prefeririam ser chamados simplesmente de «imigrantes». Mas como se explica o mal-estar diante do rótulo: «refugiados»? O termo, «conosco» — observa Arendt —, mudou de sentido. Antes designava quem, por ter realizado determinada ação ou sustentado certas ideias políticas, era obrigado a fugir e a pedir asilo. Isso não vale para os judeus, que não sabem dizer, nem a si mesmos nem aos outros, quais foram as culpas pelas quais deveriam responder, que não sabem explicar por que perderam de repente tudo o que tinham, a casa, o trabalho, a língua, nem mesmo por que precisaram deixar amigos e parentes nos guetos ou nos campos de concentração. Claro, eles foram salvos. Então recomeçaram a viver esquecendo rapidamente o passado, imaginando que toda a sua existência precedente não fora outra coisa além de um longo exílio, convencendo-se de que somente no novo país poderiam finalmente se sentir em casa. Mas tem algo errado com esses «curiosos otimistas», que «abrem o gás ou fazem uso de um edifício de um jeito totalmente inesperado».[37] Curioso é que, entre os que foram salvos, cresça o número de suicídios, não só em Berlim ou em Viena, mas também em Nova York e Los Angeles, em Montevidéu e Buenos Aires. Esses judeus europeus, que não cometeram crime algum, nem nunca sequer sonharam — pelo menos grande parte deles — ter uma opinião radical, não conseguem superar a condição de excluídos, o que os torna estranhos e suspeitos até mesmo nas «comunidades de judeus nativos»

---

[37] Ibid., p. 38.

aonde acabavam de chegar, fugindo da perseguição nazista. O termo inglês que Arendt usa é *outlawing*, «banido». Expulsos porque indesejados e indesejados porque judeus. Pedem um refúgio, sem poder justificá-lo. A vergonha de se sentir apartado de todos os laços, de já não ter um lugar no mundo, é para muitos insuportável.

Arendt tem como alvo a assimilação, aquele processo incessante de adaptação exemplarmente retratado por Mister Cohn, o judeu berlinense, o «superpatriota alemão» que, depois de 1933, tornou-se um 150% praguense, e depois um 150% vienense, até, enfim, virar um autêntico francês.[38] Mister Cohn é aquele «imigrante ideal» que, para onde quer que o destino o tenha mandado, «vê e ama as montanhas do lugar».[39] Mesmo com todos os esforços para apagar seu judaísmo, aos olhos dos outros continua um judeu. Sua figura resume a história dramática da assimilação que implodiu o judaísmo alemão. Mister Cohn se ilude de poder encontrar saída sozinho e está por isso sempre disposto a se apresentar com uma nova identidade nacional. Debate-se grotescamente entre o otimismo da assimilação e um confuso desespero suicida. Como outros imigrantes, está convencido de que seu destino não tem nada a ver com os acontecimentos políticos.

A situação dos refugiados judeus assume contornos mais precisos quando, à sombra da Shoah, Arendt escreve talvez as páginas mais lidas e discutidas de sua obra, *Origens do totalitarismo*, de 1951, dedicadas aos refugiados de todo o mundo. Cria para eles uma imagem inesquecível. Desde quando os Estados-nação repartiram o planeta, foi se produzindo, entre um limite e outro, um

---

38   Ibid., p. 44.
39   Ibid., p. 46.

«refugo da terra», que pode ser impunemente pisoteado e que, apesar disso, não para de vir à tona e de crescer.[40] O refugo é o que sobra da terra dividida, são os sem-pátria, os sem-cidade, os refugiados, presos entre as fronteiras nacionais, que aparecem como rejeitos incômodos, corpos estranhos, seres indesejáveis. Para eles não está previsto nenhum lugar na ordem mundial. Eis que emerge um novo gênero humano: os «supérfluos».

Arendt foi a primeira a ver, em sua complexidade, o surgimento dos refugiados como fenômeno de massa. Reconstruiu as coordenadas históricas, mostrou os nós filosóficos, levantou as questões políticas decisivas. É por causa do cenário desenhado por suas páginas que hoje, enquanto ainda não se consumou o declínio do Estado-nação, torna-se possível refletir sobre o tema sazonal da migração.

Tudo teve início com a Primeira Guerra Mundial, quando se desfizeram os grandes impérios que, em seu interior, mantinham unidas diversas nações: o império austro-húngaro, o russo e o otomano. A configuração demográfica e territorial da Europa centro-oriental foi perturbada; pelos tratados de paz vem à luz uma nova ordem constituída por Estados-nação que careciam de homogeneidade e que, por isso, precisavam fortemente se impor. Deslocaram-se então, em pouco tempo, enormes massas: 1,5 milhão de russos brancos, 1 milhão de gregos, 700 mil armênios, 500 mil búlgaros, centenas de milhares de húngaros, romenos, alemães. Mas as complicações imprevistas foram as assim chamadas «minorias nacionais», que não puderam se organizar dentro da nova ordem. Revelaram-se ineficazes os *minority treaties* que

---

40 Id. *Le origini del totalitarismo* (1951), trad. it. de A. Guadagnin. Turim: Edizioni di Comunità, 1999, p. 372.

deveriam tê-las protegido. Esse foi o indicador de um problema que se aguçaria ao longo dos anos e das décadas, sobretudo no período entre os dois conflitos mundiais, quando o nazismo na Alemanha e a guerra civil na Espanha contribuíram para aumentar as filas de refugiados.

A tentativa de adequar as fronteiras dos Estados europeus às nações fez emergir uma profunda contradição: a impossibilidade de assegurar direitos a quem não era cidadão de uma nação. O que era paradoxal, dado que quem estava condenado a ser apátrida, privado dos direitos garantidos pela cidadania, era quem mais teria necessidade de defesa e proteção.

Provocada e ao mesmo tempo rejeitada pelo Estado-nação, a apatridia torna-se para Arendt a grande questão política da modernidade. Como, aliás, sugere a origem da palavra, composta da negação *a-* e da palavra pátria, para designar quem não tem cidadania.[41] Isso não quer dizer que o apátrida seja uma figura nova. Ao contrário, é bem destacada desde pelo menos os trágicos gregos. Inúmeros seriam os ilustres exemplos a relembrar. Mas trata-se de casos individuais e elitistas que, depois do exílio, se resolviam com a entrada em uma outra *pólis*, em uma terra, contudo, que parecia ainda aberta e sem barreiras. Arendt fala, ao contrário, da apatridia de massa que, em um mundo subdividido em Estados-nação, corria o risco de não ser uma fase transitória, mas uma condição bastante definitiva e irremediável. Tanto é que a cada guerra, a cada revolução, a cada acontecimento político

---

41 Em italiano, o termo é *apolidia* (*a* + *pólis*, cidade), o que confere uma lógica mais simples de ser deduzida para que se vá do conceito dos *sem cidade* (*apolide*) para o de *sem cidadania*. (N. T.)

somavam-se outros apátridas, impedindo que o fenômeno se resolvesse definitivamente.

Se antes, nos sistemas imperiais, os *Heimatlosen* podiam até ser tolerados, em seguida, com a organização da humanidade em famílias de nações, aquela figura, envolvida ainda em uma aura romântica, cede lugar ao apátrida, ao sem-Estado, ao *stateless*, que também é *rightless*, privado de direitos. O apátrida não é *national*, não pertence por nascimento à nação — duas palavras que remetem uma à outra, dado que *natio*, conforme seu sentido etimológico, quer dizer nascimento.[42]

Quando os Estados nacionais se impõem, aproveitando a homogeneidade da população e a fixação na terra — dois critérios estáticos e restritivos —, a nação passa a ter supremacia sobre o direito, faz do Estado o próprio instrumento. Em meio a essa ficção, em que o nascimento vira fundamento da soberania, Arendt percebe corretamente o declínio inexorável do Estado-nação. A desestabilizá-lo estão justamente aquelas anomalias que desde o início vêm se constituindo: as minorias e os apátridas. Sem Estado só até certo ponto, dado que juridicamente pertencem ao organismo estatal, as minorias são confiadas à indulgência dos governos e entregues ao ódio da maioria. Enquanto os tratados que deveriam protegê-las continuam sendo letra morta, mais que serem incorporadas, tornam-se instituição burocrática permanente.

Ainda mais agudo é o problema dos apátridas. Vértice da anomalia, figura do desvio, preso na rede do Estado-nação tecida em torno da questão da terra, o apátrida descobre que, não tendo

---

42 AGAMBEN, G. «Al di là dei diritti dell'uomo». In: Id., *Mezzi senza fine. Note sulla politica*. Turim: Bollati Boringhieri, 1996, p. 24.

proteção estatal, perdeu também os direitos humanos considerados antes inalienáveis. Fora de lugar na ordem política, é tolerado somente até que sua condição pareça provisória: espera-se dele uma repatriação ou uma naturalização. Quando, porém, livrar-se dele é muito mais difícil do que se imaginava, o apátrida — que, na sua nudez humana, não coberta por uma bandeira nacional, busca refúgio sem encontrá-lo — parece desafiar critérios e normas do Estado, que não consegue mais normalizá-lo. Sua posição se agrava, torna-se pior que a do inimigo estrangeiro, defendido e socorrido por seu governo. Descobre-se que o apátrida é «inexilável», porque ninguém o acolhe, ninguém lhe garante estadia.[43] É o *indesejável* por excelência. A ponto de comprometer até o direito de exílio, único resquício de direitos humanos nas relações internacionais.

Longe de ser transitória, a condição do apátrida revela-se duradoura e extensiva. A apatridia se espalha. O refugo parece nascer de uma reserva inesgotável que acaba por diluir as diferenças claras entre cidadãos naturalizados, refugiados sem Estado, exilados, migrantes. Os expulsos da «velha trindade Estado-povo-território» dão vida a um movimento crescente.[44]

> O que é sem precedentes não é a perda de uma pátria, mas a impossibilidade de encontrar uma nova. De repente não houve mais nenhum lugar sobre a Terra para onde os emigrantes pudessem ir sem as restrições mais severas, nenhum país onde pudessem ser assimilados, nenhum território onde pudessem fundar uma comunidade. Isso não tinha nenhuma relação com

---

43 ARENDT, H. *Le origini del totalitarismo*, op. cit., p. 384.
44 Ibid.

problemas materiais de superpopulação; não era um problema de espaço, mas de organização política. Ninguém percebia que a humanidade, por tanto tempo considerada uma família de nações, tinha nesse momento alcançado o estágio em que qualquer um que fosse excluído por uma dessas comunidades fechadas, rigidamente organizadas, encontrava-se também excluído de toda a família das nações, da humanidade.[45]

A novidade não é ser expulso, mas já não encontrar abrigo no mundo. Arendt joga luz sobre a nudez do refugiado que necessitaria de proteção complementar e que, em vez disso, é motivo de um ultraje inadmissível. O Estado exerce sua soberania sobre o refugiado, e em nenhum outro caso ela é mais intransigente do que quando se trata de emigração e expulsão. Isso fica mais evidente quando quem intervém é o Estado totalitário, que à repatriação e à naturalização prefere a política da desnacionalização e da deportação. Mas Arendt adverte que, entre o Estado totalitário e o democrático, a diferença se dá aqui apenas no grau de intensidade. Produção e recusa dos indesejáveis não é característica do totalitarismo, mas do Estado-nação que objetiva normalizar o desvio. E, quando não consegue, entrega os párias da humanidade às zonas de trânsito e aos campos de concentração, a única «imitação de pátria» que o mundo ainda tem a oferecer aos refugiados.[46]

Os sem-Estado, relegados à condição de banidos, nas periferias dos grandes Estados e das metrópoles, são ilegais, «fora da lei» por definição. Reassentar sobre um território sem autorização vira um crime. É a prova de que a lei do Estado tem raízes mais

---

45 Ibid., p. 407
46 Ibid., p. 394.

profundas do que a dos direitos humanos. Quando entra em contato com a apatridia, com a ilegalidade que é apenas falta de proteção, a política atinge seu limite externo e o Estado entrega os refugiados à ação da polícia, dotada de uma soberania excepcional. Arendt levanta a questão do acolhimento: como abrir espaço, como dar direito àqueles que, em uma humanidade global, cada vez mais organizada, são deixados à margem, privados da possibilidade de participar do mundo comum?

12. QUAIS DIREITOS PARA OS SEM-ESTADO?

É assumindo o ponto de vista dos apátridas, dos refugiados, dos sem-Estado que Arendt pode apontar o paradoxo que a Revolução Francesa deixou como herança para os séculos vindouros: os Direitos do homem e do cidadão. Conquanto devessem reconhecer o acolhimento, são os próprios direitos a impedi-lo. Para Arendt, marcam também os limites da política. Os revolucionários que os formularam pensavam em si mesmos como cidadãos. Por isso, os direitos acordados para o homem não são mais do que privilégios do cidadão. Quem não tem cidadania, quem não pode exibir documentos que a atestem, não tem a proteção da lei, nem pertence a alguma comunidade. Quem, em resumo, não tem nada mais além da própria humanidade não pode gozar de tais direitos. O homem pressupõe o cidadão. Aqueles direitos inalienáveis e irredutíveis, que não derivaram de nenhuma autoridade, são naturais apenas pela via da naturalização que a cidadania comporta. Quem se torna cidadão de fato «se naturaliza». Em ação está sempre o elo pernicioso entre nascimento e nação. Novamente é o Estado soberano quem dita as regras, reconhecendo direitos civis somente aos membros da nação, aos cidadãos.

Quando, ao longo do século XX, irrompem nos cenários da história as massas de «estrangeiros», privados de cidadania e de proteção jurídica, o paradoxo aflora em toda a sua gravidade e a questão explode. Os Estados-nação olham para aquelas massas com preocupação, convencidos, contudo, de poder assimilá-las. Tudo entraria na ordem estadocêntrica. Mas os eventos históricos desmentiram tal esperança. As massas de «estrangeiros» se tornariam sempre mais numerosas.

Arendt tem uma experiência direta, a que dá voz em seu pensamento. Ela viu naufragar uma humanidade nua, que não podia se valer de outra coisa que não fosse a própria humanidade. Sem mais nação de origem, aqueles estrangeiros não encontravam outra que lhes oferecesse refúgio. Assim, até mesmo os seres humanos mais indefesos eram deixados sem defesa alguma. É o direito que deve ser protegido, não a humanidade. Mas o direito só vai até a fronteira das nações. E fora? Falta um direito cosmopolítico que assegure os direitos humanos. Escreve Arendt em uma de suas passagens mais célebres:

> Apercebemo-nos da existência de um direito de ter direitos (e isso significa viver em uma estrutura em que se é julgado pelas próprias ações e opiniões) somente quando surgiram milhões de indivíduos que o perderam e não podiam reconquistá-lo devido à nova organização global do mundo. Esse infortúnio não derivava dos males conhecidos da falta de civilização, do retrocesso e da tirania; e não se podia remediar a situação porque não havia mais sobre a terra lugares a «civilizar», porque, querendo ou não, todos viviam doravante em um «único mundo». Somente porque a humanidade estava completamente organizada, a

perda da pátria e do estatuto político poderia ser identificada com a expulsão da própria humanidade.[47]

Na falta de um «direito de ter direitos», e recebido o estigma da superfluidade, aqueles que mais deveriam ser protegidos são entregues às polícias de todo o mundo para serem expulsos, deportados, presos. Sua condição é pior até do que a de quem cometeu um crime. Porque a este último, que goza de um estatuto jurídico, ninguém pode negar um processo. Ao contrário, o estrangeiro pode ser arbitrariamente detido e preso, pode ser «confinado em um campo de concentração» sem que lhe seja lícito apelar para algum direito.[48] Basta apenas que coloque os pés no território de um Estado soberano. Como se isso configurasse um crime.

Arendt denuncia a irritante ingenuidade dos liberais que acreditaram e acreditam nos direitos do indivíduo particular e proclamam altissonantes a sua abstrata liberdade. A desgraça dos apátridas, dos sem-Estado, dos estrangeiros, não está na falta de liberdade, ou na desigualdade diante da lei, mas na ausência de uma comunidade. Privados de uma comunidade, estão privados também de todo direito. O direito ao pertencimento é decisivo. Quem foi expulso para os perigosos limites externos — as temíveis zonas dos banidos, onde se produz a subumanidade — pede para ser acolhido, pede lugar em uma comunidade. Mas para Arendt comunidade não quer dizer nação. Assim, a questão implícita é se existem comunidades políticas que não sejam delimitadas por fronteiras nacionais, se é possível abrir espaço para o estrangeiro

---

47 Ibid., pp. 410-1.
48 Ibid., p. 397.

em uma política do acolhimento em que o comum não seja reduzido à imunidade nacional.

O «direito de ter direitos» ou, caso se prefira, o direito ao pertencimento é o dilema que Arendt deixa de herança, cética sobre a possibilidade de garanti-lo na ordem estadocêntrica do mundo. E o dilema permaneceu, enquanto o paradoxo dos direitos humanos revelou-se o próprio paradoxo da democracia.

13. A FRONTEIRA DA DEMOCRACIA

Embora o consenso pareça circundá-la, a democracia é um conceito muito problemático, debatido, contestado. Seus contornos são fluidos, a essência fugidia, o fundamento vago, e a definição remete a uma controvérsia jamais pacificada. O que é a democracia? Para responder é preciso enfrentar contradições lógicas, atravessar antinomias políticas e dilemas éticos. Chantal Mouffe falou justamente de «paradoxo democrático».[49] Para além de sua origem semimítica na *agorá* grega, a democracia goza de legitimidade a partir de duas diferentes fontes filosóficas.[50]

Daí a tensão inscrita no cerne da democracia liberal que repercute violentamente na questão da fronteira. É a migração que faz essa tensão vir à tona. Pode-se dizer, aliás, que a fronteira é o lugar por excelência do paradoxo democrático: de um lado delimita o

---

49 Cf. MOUFFE, Chantal. *Il conflitto democrático* (2005), trad. it. de D. Tarizzo. Milão-Udine: Mimesis, 2015.
50 Talvez, no entanto, a democracia tenha sido inaugurada em outro lugar, como já havia indicado Espinosa. Sobre isso, remeto a DI CESARE, D. «*De Republica Hebraeorum*. Spinoza e la teocrazia», *Teoria*, XXXII, 2, 2012, pp. 213-28.

território sobre o qual se exerce a soberania democrática, de outro separa os cidadãos, membros da comunidade, dos estrangeiros que tentam entrar; de um lado protege o *démos* e o seu poder, de outro discrimina e exclui, violando todo princípio de igualdade. A fronteira — como observou Étienne Balibar — é a «condição absolutamente não democrática» da democracia.[51] Linha divisória, que contribui de modo decisivo para a construção de um corpo político, parece ser a condição necessária e não menos inquietante da soberania democrática que nem diante de si mesma nem diante dos excluídos é capaz de justificar teoricamente o gesto discriminatório do fechamento. Esse silêncio constrangedor é, contudo, eloquente. Quase com um eufemismo, esse ponto cego da teoria democrática é chamado em inglês de *boundary problem*.[52] Em última análise, o paradoxo aparece como um verdadeiro círculo vicioso, porque toda decisão sobre a fronteira pressupõe uma comunidade circunscrita cuja existência se torna possível graças a uma demarcação que se assemelha em tudo a uma fronteira. Move-se, portanto, a partir de um pressuposto que deveria ser colocado à prova. Em termos mais concretos: a situação de fato precede a situação de direito. Os migrantes que chegam ao limiar intransponível da fronteira, além da culpa originária por terem sido expulsos, carregam aos olhos dos cidadãos o erro imperdoável de trazerem à luz o paradoxo democrático, isto é, o dilema constitutivo entre reivindicação da soberania e reconhecimento dos direitos humanos. A fronteira da democracia

---

51   BALIBAR, É. *Noi cittadini d'Europa? Le frontiere, lo Stato, il popolo* (2001), trad. it. de A. Simone e B. Foglio. Roma: Manifestolibri, 2004, p. 197.

52   Cf. WHELAN, F. G. «Democratic Theory and the Boundary Problem». In: PENNOCK, J. R. e CHAPMAN, J. W. (orgs.), *Liberal Democracy*. Nova York: New York University Press, 1983, pp. 13-47.

não está então em sua imprescindível delimitação externa, mas sobretudo em seu devastador limite interno.

As duas fontes filosóficas diferentes, em certos aspectos opostas, de que nasce a democracia foram com o tempo misturando suas águas, a ponto de confundi-las quase totalmente. Por isso é necessário refazer rapidamente seu caminho. O cenário é o da Revolução Francesa. A primeira fonte, que havia começado a brotar já antes, graças a Jean-Jacques Rousseau, precursor eminente, é a da autolegislação, da soberania do povo, ou ainda — segundo a célebre formulação — da «vontade geral».[53] O povo é elevado ao posto de legislador: essa é a democracia. Na linha de Rousseau, também Kant a compreende de modo análogo: a soberania popular é a transformação do poder, que se torna autolegislativo. Ao contrário do que geralmente se imagina, para ambos não se trata nem de uma inversão da soberania real, nem do resultado de uma partilha, de um pacto, de um acordo. O «contrato social», por mais que a expressão possa induzir a erro, é antes o modelo de um poder político que se legitima na autolegislação democrática. Esclarece-o bem Kant quando escreve que pode legislar «somente a vontade coletiva e acordada por todos, uma vez que cada um decide o mesmo para todos e todos decidem para cada um».[54] Do poder soberano do povo provêm «todos os direitos». Quando se toma uma decisão política que diz respeito aos outros, o risco

---

53 Cf. ROUSSEAU, J.-J. *Il contratto sociale* (1762), trad. it. de G. Petricone. Milão: Mursia, 1971, p. 39. [Ed. bras.: *Do contrato social*. São Paulo: Penguin-Companhia das Letras, 2011.]

54 KANT, I. *Metafisica dei costumi* (1797), trad. it. e org. de G. Vidari. Roma/Bari: Laterza, 2001, § 46, A 166/B 196, pp. 142-3. [Ed. bras.: *Metafísica dos costumes*. São Paulo: Vozes, 2013.]

da injustiça — assim argumenta Kant — está sempre à espreita; tal risco deixa de existir se a decisão diz respeito diretamente a quem decide. Autolegislação significa que o povo é ao mesmo tempo sujeito e objeto de suas leis.

Nas palavras de Kant já se pode entrever um sinal de alarme, o aviso de uma preocupação. O que será dos direitos individuais? Poderão ser conciliados com a vontade coletiva? Ainda mais que esta última deve prescindir de interesses particulares se pretende fazer valer leis universais. O mesmo exercício da soberania popular, que assegura os direitos, poderia acabar por atropelá-los. Por sua vez, Rousseau havia contornado o problema vislumbrando na constituição do povo soberano quase um ato político-existencial com o qual indivíduos divididos se transformavam em cidadãos solidários, dando vida a um corpo coletivo, um *moi commun*, um «eu comum», um novo sujeito pronto para uma práxis legislativa sem precedentes, fortalecida por uma virtude moral entronizada e livre de todo interesse privado.[55] A vontade coletiva teria gozado de soberania absoluta. Conhecedor das ameaças que recaíam sobre a vontade, exposta a forças corrosivas e a influências nocivas, Rousseau tinha previsto mecanismos de defesa, entre os quais, sobretudo, estava a participação política rigorosamente igualitária.

Logo, no entanto, vem à luz aquela inflexão fatal que no século XX se transformaria na vertente autoritária da maioria, mostrando todos os defeitos de uma democracia assim concebida. A vontade geral: uma ficção que se afirma reprimindo as vontades individuais heterogêneas. E a pretensa autonomia deixa florescer traços evidentes de heteronomia.

---

55 ROUSSEAU, J.-J. *Il contratto sociale*, op. cit., p. 31.

A segunda fonte é a do liberalismo em suas múltiplas peculiaridades. O acento está posto sobre os direitos individuais, enquanto a soberania popular é interpretada como um princípio que requer restrições. Em tal contexto, é oportuno retomar a imagem do contrato. Terreno de disputa contratual, em que cada um faz valer os próprios direitos e defende os interesses privados, a democracia esvazia-se até se tornar um instrumento que vai parecer tanto mais legítimo quanto mais se mostrar neutro. A ponto de se reduzir às condições que tornam possível a coexistência pacífica entre uma pluralidade de diversos projetos de vida, a fim de criar um consenso alcançável por meio da razão. Na livre negociação — uma ficção não menor do que a da vontade geral —, dificilmente prevalecem os mais fracos ou as minorias. Nessa variedade do conceito de democracia, os direitos individuais, que deveriam ter sido defendidos pela racionalidade universal, justamente porque constituem um impedimento, um potencial antinômico, são jogados para fora da política em uma moral incerta.[56]

A democracia liberal não elimina o paradoxo, mas acentua-o. O discurso sobre os direitos humanos acaba por parecer um contrassenso paroxístico a partir do momento em que está sendo negada acima de tudo a liberdade de deslocamento, desde sempre tida como um direito primordial. A liberdade é controlada dentro, não fora. O mesmo se pode dizer da igualdade.[57] Não há

---

56 Cf. LEFORT, C. «Droits de l'homme et politique». In: Id., *L'invention démocratique*. Paris: Fayard, 1981, pp. 45-83.
57 Cf. ABIZADEH, A. «Democratic Theory and Borden Coercition. No Right to Unilaterally Control Your Own Borders», *Political Theory*, XXXVI, I, 2008, pp. 37-65; Id., «Closed Borders, Human Rights, and Democratic Legitimation». In: HOLLENBACH, D. (org.), *Driven from Home. Protecting*

ideia universal que ultrapasse os limites. Sem que isso possa ser democraticamente justificado.

Seja radical ou liberal, a democracia bate na fronteira e se volta, como uma onda, contra si mesma. Para se afirmar, autonega-se.[58] A inclusão democrática se revela simultaneamente uma exclusão não democrática. Os limites que separam os cidadãos dos estrangeiros podem ser modificados somente pelos cidadãos, devendo assim ser respeitados pelos estrangeiros. Parece difícil então legitimar democraticamente uma práxis política que sujeita os indivíduos discriminados e excluídos tratando-os como não cidadãos. O controle unilateral da fronteira é o exercício de um poder coercitivo nas mãos do soberano democrático que se utiliza disso para circunscrever territorialmente o sistema de representação. Todas as tentativas voltadas para motivar e justificar o fechamento das fronteiras, em vez de assumir o caso-limite da fronteira como uma injunção permanente para refletir criticamente sobre a democracia e seus limites, retomam e relançam, de modo mais ou menos ingênuo, mais ou menos intencional, o paradoxo democrático e são por isso, desde o início, duvidosas e sem validade.

14. O SOBERANISMO DAS FRONTEIRAS FECHADAS

Quem definiu pela primeira vez com clareza a exigência e o dever da comunidade de se defender da imigração, resistindo

---

the Rights of Forced Migrants. Washington: Georgetown University Press, 2010, pp. 147-65.

[58] É o que Negri observou a propósito do poder constituinte que não existe senão para desaparecer. Cf. NEGRI, A. *O poder constituinte. Ensaios sobre as alternativas da modernidade*. Rio de Janeiro: Lamparina, 2015.

a quem vem de fora e traçando uma linha clara entre cidadãos e estrangeiros, foi Michael Walzer. Expoente da heterogênea corrente chamada, talvez indevidamente, de «comunitarismo», porque reage às teorias centradas no indivíduo e nas suas liberdades, Walzer se move, a seu modo, no rastro de uma política liberal e normativa. Só que escolhe o caleidoscópio da comunidade para considerar as diversas questões — da justiça, da igualdade, da democracia. As páginas dedicadas ao tema da imigração estão compreendidas em seu belo livro *Esferas da justiça*, publicado em 1983.[59] Mesmo datadas, pois remontam ao período da globalização incipiente, quando os movimentos migratórios não tinham ainda as dimensões atuais, constituem um imprescindível marco de referência, seja do ponto de vista teórico, porque oferecem uma justificada e completa perspectiva soberanista, seja de um ponto de vista pragmático, porque indicam, muitas vezes tacitamente, as linhas mestras da atual política de exclusão. Desde então Walzer voltou outras vezes a esse tema para reiterar suas teses iniciais.[60]

Em suas reflexões chama atenção a inexplicável ausência de qualquer referência a Arendt. Especialmente porque Walzer

---

59 WALZER, M. *Sfere di giustizia* (1983), trad. it. de G. Rigamonti. Roma/Bari: Laterza, 2008, pp. 41-71. [Ed. bras.: *Esferas da justiça: uma defesa do pluralismo e da igualdade*. São Paulo: Martins Fontes, 2003.]

60 Cf. Id., «The Distribution of Membership». In: POGGE, T. e MOELLENDORF, D. (orgs.), *Global Justice. Seminal Essays*. St. Paul: Paragon House, 1995, pp. 159-62; Id., «Universalism, Equality and Immigration. Interview with H. Pauer-Studer». In: PAUER-STUDER, H. (org.), *Constructions of Practical Reason. Interviews on Moral and Political Philosophy*. Stanford: Stanford University Press, 2003, pp. 194-210. Sobre o debate em âmbito anglo-americano, cf. GREBLO, E. *Etica dell'immigrazione. Una introduzione*. Milão-Udine: Mimesis, 2015.

parece retomar a crítica feita por ela ao conceito abstrato e simplista de igualdade, que negligencia as condições históricas concretas. Arendt tinha alertado para o fato de que os direitos humanos estavam destinados a ficar só no papel, se válidos apenas para o indivíduo isolado, fora da comunidade. Que sentido teria invocar o direito de ir e vir, ou de fugir, se antes não se reivindica o pertencimento? O nó da imigração é o pertencimento à comunidade. Mas, para desatá-lo, Walzer toma o caminho contrário àquele sugerido por Arendt.

Seu ponto de partida é a comunidade política entendida como o mundo dividido em língua, história e cultura, de onde surgem também modos análogos de sentir e de pensar. A comunidade não é, porém, um mero contexto; é antes um bem, ou melhor, é o bem mais importante. O pertencimento à comunidade é o fundamento da própria vida, pois é a condição de qualquer outro bem distribuído. Quem fica de fora da comunidade está condenado a não ter nada, enquanto quem está dentro, quem é membro, pode usufruir da justiça distributiva. Walzer descreve um cenário marcado pela presença da comunidade, fora da qual se abre um vazio político. Aqui ronda o espectro de um governo mundial que, resultado de um acordo universal fictício, centralizaria o poder, acabando por se revelar uma tirania burocrática.

«Dentro» e «fora» estabelecem uma irreparável separação político-ontológica de que Walzer, mesmo depois, não recua. Pilar constitutivo da comunidade, o pertencimento, *membership*, é um bem precioso, cuja concessão não pode esperar por uma instância externa e deve ser, em vez disso, o veredito ponderado de uma decisão vinda de dentro. De tal decisão dependem o futuro e a manutenção da comunidade. Então, como se pode distribuir equitativamente esse bem? Eis a questão crucial levantada por Walzer.

Assim o tema da imigração é inserido corretamente no quadro mais amplo da justiça distributiva.

Mas o movimento posterior já marca um frustrante fechamento: a ideia de justiça distributiva pressupõe um mundo delimitado. Quem está dentro usufrui dela, quem está fora pode fazer parte do negócio — principalmente aquele do mercado —, mas permanece, em sua vulnerabilidade, excluído de todos os bens que a comunidade distribui. Aqueles que não têm um «lugar assegurado», que estão fora, são os sem-Estado. «Ser um sem-Estado», comenta amigavelmente Walzer, «é realmente uma condição muito perigosa.»[61]

Isso não o leva a colocar de fato o problema dos sem-Estado, banidos para fora dos limites. Ao contrário, vem à tona a questão dos migrantes, daqueles que se deslocam de países pobres e autoritários em direção aos mais prósperos e livres, tentando mudar de casa e cidadania. Embora compreensível, o fenômeno é implicitamente condenado, sem que a disparidade seja fonte de questionamentos. O gesto, para Walzer ordinário e necessário, é o absoluto da soberania, contra o qual Arendt havia apontado.

A comunidade política é chamada a decidir. Walzer se alça a porta-voz do país de elite, para onde todos queriam se transferir, fala como cidadão da comunidade americana, onde todos queriam ser admitidos, passa para a primeira pessoa do plural, reivindica a escolha do «nós». E afirma: «somos nós, os já membros, que fazemos a escolha, com base no que significa para nós pertencer à comunidade e à comunidade que queremos».[62] Somente o «nós» soberano dos cidadãos pode decidir quem admitir ou quem excluir

---

61 WALZER, M. *Sfere di giustizia*, op. cit., p. 42
62 Ibid.

segundo critérios próprios. Os outros, os «estrangeiros», aqueles que são «como nós, mas não são dos nossos», não têm nenhum direito de intervir, nenhuma influência, senão para apoiar a própria admissão. Ele recorre à perturbadora expressão «candidatos». Os migrantes são como aqueles candidatos que gostariam de entrar nas universidades de elite nas quais, como é sabido, há um número limitado de vagas. A comparação, desconcertante e inoportuna, está destinada a ter repercussões profundas. Passa a ideia de que a imigração envolve uma espécie de exame em que se pode ser aprovado ou reprovado. Mas tornam-se óbvios também outros pressupostos que, se olhamos bem, não têm nenhuma obviedade: que os cidadãos devem exercer o poder soberano da escolha; que é constituída deliberadamente a formação da própria comunidade; que, enfim, se pode decidir com quem habitar. Afirmam-se a perspectiva interna e a ótica soberanista. Depois de Walzer, a democracia se torna compatível com a política de exclusão.

15. AQUELES FILÓSOFOS CONTRÁRIOS AOS SAMARITANOS

A linha divisória entre cidadãos e estrangeiros não pode ser superada. Exceção feita aos cidadãos naquele caso excepcional de «ajuda recíproca», a cujas condições está reduzida a hospitalidade. Com os devidos cuidados, Walzer relembra a parábola do Bom Samaritano e o encontro casual, no mar, no deserto, ou na beira da estrada, com um estranho que precisa ser socorrido. Se isso não traz riscos, a ajuda é necessária. É a «nossa moralidade» que impõe a obrigação de salvar o estrangeiro ferido ou em perigo de vida. Essa obrigação não é apenas individual; vale também para um grupo. Em tal caso, porém, justamente porque assume um tom político, o socorro torna-se bem definido: a hospitalidade e o cuidado são elementos temporários. Não é necessário conectar-se ao hóspede ferido, pois a própria vida não pode ser determinada por encontros casuais. Com um deslocamento do indivíduo para a comunidade, e vice-versa, apresenta-se mais uma vez a pretensão de estabelecer a coabitação.

No fundo, não é difícil ler o tema clássico do direito de asilo, assim como formulado por Kant, para quem é lícita a hospitalidade, entendida como visita temporária, mas o qual não concorda com a residência permanente. O socorro não equivale, portanto, ao acolhimento. Interpretá-lo assim significaria destacar o limite entre interno e externo. O encontro com o estrangeiro necessitado vem até o limite, na borda do vazio global; a partir dali ocorre imediatamente um recuo, para não colocar em risco a comunidade que, se quiser continuar a ser como tal, exige uma política de admissão. O pertencimento não pode ser distribuído de braços abertos.

Talvez um dia todos possam fazer parte de um Estado global, que Walzer imagina como um totalitarismo socialista, ou — e seria essa a hipótese inversa, a do libertarismo — o mundo seria lugar de errância feito de estrangeiros cujas raízes se perderam. Em um caso, o pertencimento seria mais «igualmente» nivelado, no outro não haveria nada a distribuir. Enquanto, porém, o mundo for dividido em comunidades políticas, a imigração deverá ser regulada.

Walzer defende abertamente o Estado soberano cujos muros preservam a «coesão» e a existência da comunidade. Derrubar esses muros significaria criar muitas pequenas fortalezas. A fim de garantir que *démos* e *éthnos* coincidam, que a soberania democrática seja unificada à «comunidade política de destino», modelada conforme uma verdadeira salvaguarda ecológica da nação, o Estado tem a autoridade para controlar a política de admissão e para «frear o fluxo imigratório».[63] Não espanta que, nessa visão estadocêntrica, Walzer apoie e reviva o paradoxo inscrito no direito internacional para o qual, enquanto a emigração deve ser livre, a imigração é, ao contrário, limitada ou proibida. O direito de saída e o direito de entrada seriam «moralmente» assimétricos, porque um é puramente individual enquanto o outro entra em conflito com a autodeterminação da comunidade, que é incontornável.

Diferente da vizinhança, espaço indiferente a quem vem e vai, principalmente para quem decide ali viver, a comunidade seria mais como um clube cujos sócios fundadores podem «selecionar» os aspirantes a membros. A comparação bizarra, sugerida já pelo termo *member*, como se o status de cidadão pudesse ser equiparado ao de um sócio ou de um membro, serve para ressaltar não tanto a exigência do fechamento quanto a necessidade da «admissão». Walzer sabe do perigo que esconde essa posição: o perigo do racismo. Como esquecer Ellis Island? E as leis introduzidas para garantir a homogeneidade de um país que deveria ter sido branco e anglo-saxão? Apresenta, porém, só uma questão de critério, enquanto mantém intocada a ideia de que é lícito selecionar. O Estado tem um poder soberano e exerce-o na escolha política — talvez fosse preciso dizer biopolítica — dos recém-chegados, que são admitidos quando respondem às condições e às características do país que os hospeda.

Se isso é justo «no campo dos direitos», pode não ser sob o ponto de vista moral. Ocorre com certa frequência que os cidadãos se sintam «moralmente obrigados» a abrir as portas do próprio

---

63 Ibid., p. 49.

país a um grupo «nacional ou etnicamente ‹afim›».[64] Então o Estado, mais que a um círculo, parece assemelhar-se a uma família cujos membros sentem-se ligados não àqueles que foram escolhidos, mas àqueles que, mesmo vivendo longe, são, contudo, parentes. Aqui vale o nexo da «consanguinidade». Walzer sublinha a utilidade e o fundamento disso, seja no chamado reagrupamento, quando se reconhece a um trabalhador o direito de reaver os parentes, seja também no caso em que o Estado se torna um refúgio para os membros da nação que, deixados de fora pelos limites jurídicos, por vicissitudes históricas, voltam-se para a «madre-pátria» com expectativas legítimas. Expressão política de uma vida comunitária, que ultrapassa os limites territoriais, o Estado-nação é como uma grande família e recolhe os próprios filhos segundo os critérios de nascimento, sangue e descendência.

O exemplo é aquele do início do século XX, dos gregos expulsos da Turquia e dos turcos expulsos da Grécia, aos quais foi concedido voltar às respectivas famílias nacionais. O tratado assinado em Lausanne, em 1923, no qual os governos grego e turco se empenhavam na troca das respectivas minorias, é reevocado também por Carl Schmitt na sua *Doutrina da constituição*, que vê, naquele instrumento, ocasião para restaurar a integridade cultural dos territórios. Para o controle da imigração, é necessário recorrer a «métodos modernos», como a expatriação e a desnaturalização, a recusa de «elementos indesejados», até a eliminação de «corpos estranhos».[65] Se pensarmos nos efeitos produzidos por essas teorias de Schmitt sobre a população judia na Alemanha nazista,

---

64 Ibid., p. 51.
65 Cf. SCHMITT, C. *Dottrina dela Costituzione* (1928), trad. it. de A. Caracciolo. Milão: Giuffrè, 1984, pp. 369-75.

poderemos intuir o perigo de comparações assim, entre Estado e família, que Walzer propõe com um imprudente esquecimento do passado recente.

Só que não é apenas o sangue, mas também o solo, que vai encontrar nova legitimidade nas suas páginas, onde se afirma enfaticamente que o Estado-nação é formado com base no território. O pertencimento é uma relação estável, estabelecida. O «nós» da comunidade política está instalado e tem raízes. Walzer defende a jurisdição territorial do Estado retomando o argumento clássico de Hobbes, para quem cada um tem o direito individual a «um lugar para viver». Tal direito é conservado também após o contrato social e, portanto, poderia ser usado contra o Estado. No entanto, é justamente para proteger o lugar em que cada indivíduo habita que o Estado reivindica um domínio sobre o solo. Assim, o direito territorial tem uma conformação tanto individual quanto coletiva, mesmo que esta última seja derivada da primeira e por isso legítima apenas como proteção. Embora admitindo que o lugar em que se habita não possa ser determinado — é um lugar qualquer sobre a terra —, Walzer não hesita em indicá-lo: é o lugar em que os habitantes viveram desde sempre. E para quem mudou de lugar? A norma é o sedentarismo, o deslocamento um imprevisto forçado. Donde «a ligação entre as pessoas e a terra ser uma característica da identidade nacional», sustenta Walzer, criticando asperamente os projetos políticos, como o do socialista austríaco Otto Bauer, voltados para desterritorializar as comunidades políticas.[66] Abdicar do Estado territorial significaria renunciar a toda real autodeterminação.

---

66 WALZER, M. Sfere di giustizia, op. cit., p. 53.

Este é o ponto crucial para enfrentar o tema dos estrangeiros imigrantes. Quem decide a política de admissão? Não há dúvida: «aqueles que já se encontram no lugar». Seria ratificada a primazia de quem chegou primeiro, não fosse o fato de que — e é bem o caso dos Estados Unidos — os índios da América são considerados os «habitantes originais da terra». Mas o problema é facilmente resolvido por Walzer, pois basta governá-los pacificamente. Nas entrelinhas, no não dito, lê-se o velho adágio de que nada pode um povo a quem não se tenha dado uma forma estatal.

É o «nós» da comunidade quem gere a política de imigração por meio de uma escolha que é política. Podem ser admitidos indigentes, sem-Estado, esfomeados, necessitados, apenas porque estrangeiros? Certamente não. O soberano povo democrático pode expulsar de suas fronteiras qualquer um que queira entrar em seu território. Até mesmo os refugiados, vítimas de perseguição. Ótimo que o número deles seja pequeno. Se aumentasse, arriscariam ser submersos. Não se pode fazer valer o direito de habitar em qualquer lugar contra o Estado anfitrião. Por isso, podem ser admitidos somente aqueles poucos que demonstrem afinidade com o «nós» da comunidade, que não prejudiquem sua coesão e não estraguem sua homogeneidade étnico-cultural. É preciso, portanto, desejar muita sorte aos refugiados no exame de ingresso. Essa é a democracia liberal, com todos os seus limites humanitários, que não tem nenhuma obrigação para com a miséria do outro. Nobres e generosas as palavras de Emma Lazarus: «Dá-me as tuas massas cansadas, pobres e oprimidas, ansiosas por respirar livres...». Walzer cita-as apenas para sublinhar que a política realista da imigração é outra bem diferente e para advertir que os samaritanos de cada época são, se não um perigo, ao menos uma grande chatice. Por isso, a ajuda recíproca não pode de forma alguma extrapolar a autodeterminação soberana.

Os membros de uma comunidade têm o direito de «modelar a população residente». O critério da homogeneidade prevê que o estranho seja progressivamente naturalizado. Em tal sentido, Walzer faz uma distinção entre admissão e acolhimento. Ser admitido não significa ainda pertencer, isto é, ser reconhecido como cidadão. A condição de estrangeiro residente não pode ser mais que temporária. A residência traz consigo a cidadania. Isso deveria evitar que dentro da comunidade se formasse uma classe como a dos metecos na antiga Atenas, privados de direitos políticos, ou uma massa de hóspedes trabalhadores expostos a todo tipo de exploração.

Esses propósitos de equidade social-democrática, que tiveram grande peso e ainda hoje são proclamados com sucesso, baseiam-se em um pertencimento não exportável e em uma justiça territorial que defende só os interesses de quem tem o privilégio de estar dentro, condenando ao isolamento e à miséria quem está fora, sob as intempéries globais.

16. A PRIMAZIA DOS CIDADÃOS E O DOGMA DA AUTODETERMINAÇÃO

As páginas pioneiras de Walzer contêm *in nuce* motivos, aspectos, temas que serão em seguida retomados para justificar o fechamento das fronteiras. O eixo em torno do qual gira sua tese é o direito à autodeterminação, que concede a uma comunidade, sediada sobre um território estatal, o direito de expulsar os migrantes. Isso não significa o fechamento e o impedimento sistemáticos, mas sim o poder de controlar o ingresso e governar a casa.

A gama de posicionamentos é ampla e vai dos mais «humanitários», dispostos a introduzir de vez em quando critérios flexíveis, aos mais extremamente rígidos, que visam a defender somente os próprios cidadãos e a excluir os estrangeiros em qualquer circunstância. Comunitaristas, nacionalistas, liberais e cosmopolitas moderados, mesmo com argumentações diversas, convergem para a soberania que Walzer já havia levantado: «a um certo nível de organização política deve-se unir algo similar a um Estado soberano que se arrogue a autoridade de criar uma política própria de admissão».[67] Apesar dos acentos diversos e das distintas nuances teóricas, podemos identificar, no posicionamento daqueles que sustentam a expulsão, três argumentos principais: a autodeterminação, a integridade identitária, a propriedade do território. São argumentos estreitamente ligados, que remetem um ao outro. Reclama a autodeterminação só quem pode ostentar um território e apresentar uma identidade a ser preservada. Sem ignorar tais ligações, é importante levar em consideração cada argumento individualmente.

A autodeterminação nada mais é do que a variante moderna e pragmática da «autolegislação», sustentada por Rousseau e Kant, que se funda sobre o princípio da soberania. O Estado faz valer o direito de defender, inclusive com a força, as suas fronteiras, apelando à soberania imperativa, mesmo que isso afete a liberdade de deslocamento, concedida com todas as letras pela Constituição francesa em 1791, que também originou a vontade geral. Mesmo que a autodeterminação seja declamada de muitos modos, o argumento soberanista é teoricamente muito frágil e, não obstante todos os malabarismos retóricos, não pode esconder

---

67 Ibid., p. 49.

um movimento tautológico cuja resposta apenas repete as premissas. Não consegue de nenhum modo justificar por que razão deveriam prevalecer os direitos daqueles que pertencem a uma comunidade estatal em detrimento dos direitos universais reconhecidos pela política dos jacobinos.[68] Nesse sentido, a pretensa autodeterminação é mais o gesto soberano performativo com que se delimita, ou melhor, se re-delimita e se realça a ordem estado-cêntrica, com seus limites históricos e arbitrários, mas anunciados como naturais. «Silêncio se delimita!», assim poderia ser resumido esse gesto discriminatório.

Em função do modo como é interpretada, a autodeterminação significa ou determinação autônoma, liberdade de escolha, autonomia deliberativa — no sentido liberal — ou determinação coletiva do próprio eu, possibilidade de definir, moldar e preservar o eu identitário no presente e no futuro — no sentido comunitarista. Com frequência os dois sentidos se misturam e se confundem. Inútil dizer que, principalmente no último, a autodeterminação torna-se apoio para a integridade, para a unidade.

Ao retomar os temas de Walzer, com tons inclusive mais conservadores, um nacionalista liberal como David Miller explica em seu livro, emblematicamente chamado *Strangers in Our Midst*, que a autodeterminação é o controle exercido pela comunidade política para evitar que, com o tempo, modifique-se o seu «eu» e a presença dos imigrantes possa influenciar na «composição do corpo cívico». A *self-determination* implica a existência de um grupo, cristalizado em um *self*, «coeso o bastante» para partilhar valores e ter

---

68 Cf. a esse respeito também HABERMAS, J. «Cittadinanza politica e identità nazionale». In: Id., *Morale, diritto, politica*, trad. it. e org. L. Ceppa. Turim: Einaudi, 2007, p. 129.

objetivos comuns, a ponto de os membros daquele todo unitário e harmônico poderem «manter sob controle o próprio destino».[69] Quanto mais coeso, mais o eu é capaz de se determinar, impondo, na sua soberania democrática, um regime migratório que — negligente com os direitos humanos e com toda e qualquer consideração ético-política — limite o ingresso no território de modo condizente com a identidade da nação, com a história, com a cultura, com os interesses, com as intenções dos «nativos».[70]

Apresentada novamente nesta última década, ainda que de formas diversas, a tese que liga autodeterminação a comunidade de destino, decretando a prioridade indiscutível dos cidadãos sobre os imigrantes, gozou de enorme prestígio, tornando-se o dogma das recentes políticas migratórias. O fechamento das fronteiras em grande parte conduz a essa tese que sanciona o banimento do não cidadão. Não vigora, então, a tentativa de cobrir de moralidade o gesto discriminatório, denunciando o uso de critérios seletivos, como sexo, cor da pele, religião. Trata-se, enfim, de uma exclusão etnocêntrica incompatível com os princípios de uma democracia. Ninguém sabe, nem pode dizer por que as razões de Estado deveriam levar a melhor sobre os direitos dos sem-Estado, por que a fixidez dos cidadãos deveria prevalecer sobre a mobilidade dos migrantes.

Com o mesmo objetivo estratégico, o de reforçar as barreiras e fechar as divisas, a autodeterminação é interpretada pelos liberais como autonomia deliberativa. Conferindo autoridade a isso

---

[69] MILLER, D. *Strangers in Our Midst. The Political Philosophy of Immigration.* Cambridge (Massachusetts): Harvard University Press, 2016, pp. 63 e 69.
[70] Cf. MEILAENDER, P. C. *Towards a Theory of Immigration.* Basingstoke: Palgrave, 2001, p. 163.

está novamente Walzer, com sua comparação entre um Estado e um clube privado: seria a liberdade de associação a legitimar o poder de incluir ou excluir. Se, por vezes, depois de tê-la incluído com cuidado, Walzer abandona a comparação, olhando mais para a analogia com a família, por outras, ao contrário, enfatiza-a, compreendendo-a em seu sentido mais estrito. O Estado é como um clube, ou melhor, o Estado é um clube, que autonomamente pode aceitar seus membros ou refutá-los. Aqui não é necessário nem mesmo o pretexto de um eu identitário e harmônico para motivar a recusa. Nem há, na verdade, uma motivação precisa; não há nada oculto, misterioso e complicado no direito de escolha. Segundo o modelo do liberalismo clássico, a soberania é exercida no contrato. Pode até evocar certa racionalidade universal e exibir questões moderadamente cosmopolíticas. O que, aliás, demonstra que os princípios liberais de universalidade, ao contrário do que geralmente se acredita, não impedem de modo algum a discriminação.

17. SE O ESTADO FOR UM CLUBE. O LIBERALISMO DA EXCLUSÃO

Tudo isso emerge com fria evidência no contratualismo puro e extremo, como o sustentado por Christopher H. Wellman. Dado que um Estado funciona como um clube, os cidadãos podem admitir ou expulsar os imigrantes que pedem para entrar, assim como um clube não aceita aspirantes a sócios. Em ambos os casos, o princípio é o da liberdade de associação.[71] Os membros de um

---

71 Cf. WELLMAN, C. H. «Freedom of Association and the Right to Exclude». In: COLE, P. e WELLMAN, C. H. (orgs.), *Debating the Ethics of Immigration. Is There a Right to Exclude?*. Oxford: Oxford University Press, 2011,

clube não precisam explicar sua escolha, esclarecer por que os aspirantes parecem estranhos demais, distantes demais culturalmente. É o clube *deles* — isso lhes dá o direito de autodeterminação. «Os Estados legítimos podem escolher não se associar aos estrangeiros, inclusive aos candidatos à imigração, da forma que acharem mais oportuna.»[72] Caso contrário, estaria sendo violado um direito que vale para os indivíduos. O exemplo é o do casamento: cada mulher deve ser livre para recusar a proposta de um pretendente com quem não quer dividir a própria vida. Até a liberdade conjugal retorna ao tema da autodeterminação. O mesmo se pode dizer da liberdade religiosa. Trata-se, para Wellman, de *self-regarding affairs*, em que cada um deve gozar de escolha autônoma. O que implica também a recusa. O argumento é, portanto, projetado do indivíduo para a coletividade: «como cada pessoa pode decidir com quem se casar (e se vai casar), assim um grupo de compatriotas pode decidir quem acolher na própria comunidade política (e se vai acolher)».[73] Wellman, distanciando-se da doutrina clássica da soberania, vai restringir essa prerrogativa somente aos Estados legítimos, mas isso não muda a essência do discurso.[74] Em suma, o direito de excluir os recém-chegados é legítimo, porque, em sua autonomia, os cidadãos — sem fazer

---

pp. 11-155; para uma primeira formulação, cf. Id., «Immigration and Freedom of Association», *Ethics*, CXIX, I, 2008, pp. 109-41.

72   Id., «Freedom of Association and the Right to Exclude», op. cit., p. 13.
73   Ibid., p. 110.
74   O Terceiro Reich é, para o passado, um exemplo de Estado não legítimo devido aos crimes cometidos; mas no presente também abundam Estados ilegítimos.

referência a premissas culturais — estão livres para determinar e controlar o próprio «eu», livres para escolher com quem conviver.

Os absurdos desse tipo de argumentação são inúmeros: as indevidas flutuações entre indivíduo e comunidade, a equiparação entre a recusa de uma intimidade conjugal e a negação da residência, a grotesca analogia entre Estado e clube, que reduz a política do acolhimento à possibilidade de participar de uma partida de golfe. Imagens que contrastam de modo agudo com aquelas de quem é expulso à força para as fronteiras, de quem foge das perseguições políticas, de quem se evade de condições econômicas desastrosas. Não há aqui a livre escolha do pretendente da noiva ou do aspirante a sócio, mas sim o pedido de ajuda de quem é obrigado a arriscar a vida. Inútil, pois, sublinhar que a analogia entre Estado e clube não se sustenta, apenas porque os cidadãos não entram e saem assinando uma carteirinha — nem aos recém-nascidos é negada a cidadania, como seria lícito para os filhos dos sócios. A lista das incongruências poderia prosseguir. E tudo por causa dessa insistência exasperada na liberdade individual, que, porém, não vale para os estrangeiros, dado que o Estado cumpre suas obrigações impedindo a refugiados e perseguidos o acesso; basta a assistência humanitária nos lugares de origem.[75]

Mais que notar os absurdos, é preciso fazer vir à tona o núcleo desse argumento alinhado à tradição liberal: a ficção do contrato. Estariam todos livres para se associar ou se desassociar, para admitir ou expulsar, como na assinatura de um pacto, no estabelecimento de um acordo. A própria reivindicação à

---

75 Cf. WELLMAN, C. H. «Freedom of Association and the Right to Exclude», op. cit., p. 123.

autodeterminação, à escolha autônoma do eu, funda-se sobre essa ficção. Quando se nasce, não se costuma escolher um Estado ao qual pertencer, nem se é questionado por isso. Como promove a autonomia do eu — legislador orgulhoso, pronto para ditar leis a si mesmo —, assim esse patético liberalismo concebe a sociedade como um aglomerado de muitos eus autônomos, lobos que se farejam e se delimitam reciprocamente, circunscrevendo o próprio raio de ação, de modo que a luta de todos contra todos se torne a troca e o comércio. Aqui vigora a livre aceitação — até mesmo da responsabilidade. Como se a obrigação para com o outro não fosse anterior a todo contrato. Dessa poderosa ficção política, desse beco sem saída da ética, derivam consequências devastadoras. Principalmente a ideia de que seja lícito escolher com quem conviver.

18. A DEFESA DA INTEGRIDADE NACIONAL

O pretexto adicional adotado para justificar o direito de exclusão é a integridade identitária. No discurso dos comunitaristas, esse segundo argumento assume papel preponderante. Invoca-se a autodeterminação para proteger a comunidade, as suas tradições, a sua cultura. O que legitimaria uma seleção dos imigrantes a partir das fronteiras, quando não um fechamento total delas. Apesar das diferentes abordagens, porém, as prescrições normativas de comunitaristas, liberais e nacionalistas acabam em grande parte por coincidir.

Esse segundo argumento goza de grande popularidade e exerce uma influência profunda e perniciosa. Alimenta, sobretudo, a convicção de que o migrante representa uma ameaça à identidade de um povo, aos seus próprios princípios democráticos. Vêm daqui todas as metáforas ligadas à «contaminação», o preconceito da incompatibilidade de valores, a exigência de defender a cultura nacional, mesmo às custas de negar acesso ao território a migrantes que escaparam de guerras, conflitos, violações, abusos. Os cidadãos são chamados a levantar muros para defender sua pretensa homogeneidade étnico-cultural. É na verdade a ideia da «comunidade histórica do destino», cuja continuidade deve ser protegida, a fim de permitir aos cidadãos serem reconhecidos dentro daquele eu coletivo, estável, unitário e bem identificável. Dessa defesa dos limites para a expulsão de elementos estranhos, impuros, infectados, o passo é curto. Basta pensar nas exigências propostas por Schmitt para restaurar a integridade cultural dos territórios realizando, por exemplo, uma troca de minorias. A eliminação dos «corpos estranhos» é sua próxima sugestão, acolhida, como sabemos, pela política nazista.

A força desse argumento, que aprova de modo prepotente a primazia dos cidadãos, está na sobreposição de *démos* a *éthnos*. Os limites da comunidade são nacionais. Com o surgimento da nação no cenário da soberania, já não são simplesmente os cidadãos que decidem sobre política do acolhimento, mas também os membros da nação. Habermas explicou com clareza o deslocamento da cidadania política para a identidade nacional, que entra em cena a partir da Revolução Francesa. Estrutura pré-política marcada pela identidade étnica, ou ao menos linguística, histórica e cultural, a nação oferece uma base sólida para a democracia, que, em troca, recebe a legitimação de uma soberania estatal. A nação, capaz de criar um vínculo de solidariedade entre indivíduos estranhos entre si, acaba representando a identidade política, a ponto de o pertencimento tornar-se sinônimo de cidadania.[76] A crítica de Habermas endereça a Walzer e a Miller pode ser dirigida a todos aqueles que defendem a identidade da sua própria cultura, a integridade da sua própria forma de vida. A identidade política pode e deve ser desvinculada da identidade nacional, ou seja, da atribuição do nascimento, das leis do solo e do sangue. Quem aspira à cidadania não é obrigado por isso a se fazer membro de uma comunidade nacional — que, aliás, é em grande parte fictícia — construída em torno de mitos e sacralizada. Eis por que a identidade cultural não passa de um pretexto. Ao novo cidadão imigrante não se impõe uma integração que o faça abraçar a cultura nacional do país hóspede, renunciando à forma própria de vida. Mantê-la seria, em vez disso, um enriquecimento para todos, a possibilidade de ampliar e multiplicar as perspectivas, regenerar a própria cultura no diálogo com uma outra. Além disso, a cultura não é monolítica, não está livre de discordâncias e fissuras, nem é um legado rígido e inerte. O que o novo cidadão está pedindo é a partilha da *cultura política* democrática. Salvaguardar esta última não quer dizer impor uma forma própria de vida.[77] O Estado já não é uma comunidade étnico-nacional homogênea. Nem se pode entender a cultura como propriedade identitária.

---

76 Cf. HABERMAS, J. *L'inclusione dell'altro. Studi di teoria politica* (1996), trad. it. e org. de L. Ceppa. Milão: Feltrinelli, 2008, pp. 119-40. [Ed. bras.: *A inclusão do outro: estudos de teoria política*. São Paulo: Ed. Unesp, 2019.]

77 Cf. HABERMAS, J. «Cittadinanza politica e identità nazionale», op. cit., pp. 134-46.

19. A PROPRIEDADE DA TERRA: UM MITO SEM FUNDAMENTO

«Esta é a nossa terra!» Soa assim o argumento último, decisivo, que poderia ainda sustentar a fronteira instável, protegê-la, defendê-la do imigrante pronto para entrar. «Esta é a nossa terra. Nós a herdamos dos nossos pais, das nossas mães, que residiam aqui. E a parte que não herdamos acabou virando nossa propriedade, porque a irrigamos com o suor da nosso rosto, nós a cultivamos, compartilhando seus frutos e, com nosso trabalho, fizemos dela o que ela é hoje.» Na base desse argumento esconde-se a ideia de que expulsar o estrangeiro é não apenas legal, mas também legítimo, porque os cidadãos, como tais, são proprietários, possuem o solo delimitado pelas divisas estatais. Em síntese: o território do Estado seria propriedade privada dos cidadãos que ali residem. Como se a todos coubesse uma parte daquela posse coletiva. Consideradas em conjunto, as partes constituiriam aquele fundo territorial, aquele fundamento, que justifica o direito do Estado de excluir quem vem de fora. Tratar-se-ia de um direito à autodeterminação não apenas nacional, mas também estatal.

A ligação estreita, que não deve se perder, é aquela entre soberania estatal e propriedade privada. Esta última é, por excelência, a posse da terra. Tal ligação percorre toda a tradição liberal na modernidade. Na verdade, vai ainda além e encontra paradigma na antiga Atenas.[78] Recentemente, o assunto da propriedade territorial ressurgiu, de modos diversos, menos ou mais explícitos, no debate sobre migração. Quem o retomou foi Ryan Pevnick, para combater a tese de abertura das fronteiras. Atrás dele existe, sobretudo no contexto americano, uma longa lista de

---

78 Cf. *infra*, cap. 3, § 6.

filósofos e cientistas políticos que de vez em quando reafirmam e reforçam essa ligação.[79] É significativo que Pevnick se refira diretamente a Locke, que pode ser considerado o fundador, o inaugurador dessa tradição liberal.[80]

Vale a pena desfazer rapidamente um mito: o da propriedade privada da terra. Por mais que haja tantos esforços, não há prova que consiga justificá-lo. A propriedade privada da terra não tem fundamento. Daí advém o fato de que infundada também é a soberania do Estado que, ao longo dos séculos, constituiu-se e legitimou-se sobre a propriedade. Se é assim, se não pode ser demonstrável um direito de propriedade exclusiva da terra, então todo direito de excluir o outro também pode ser desacreditado, desmentido, demolido. Dado que não posso, com base em minha cidadania, provar que o lugar do território estatal em que ponho os pés seja meu, de minha propriedade, que me pertence, não posso nem pretender tirar dele quem gostaria de residir naquele local, no meu lugar.

«Mas originariamente ninguém tem mais direito do que outro de estar em um lugar da terra.» Assim escreve Kant no terceiro artigo do seu célebre ensaio *À paz perpétua*, de 1795.[81] Importante é que Kant use os termos *Ort*, lugar, e *Recht*, direito. Ninguém tem direito a um lugar mais do que tem um outro.

---

79 Cf., por exemplo, BECKER, L. C. *Property Rights. Philosophic Foundation.* Londres: Routledge & Kegan Paul, 1977.

80 Cf. PEVNICK, R. *Immigration and the Constraints of Justice. Between Open Borders and Absolute Sovereignty.* Cambridge: Cambridge University Press, 2011, pp. 28-30.

81 KANT, I. *Per la pace perpetua* (1795), trad. it. de R. Bordiga. Milão: Feltrinelli, 2003, AB 41, p. 65. [Ed. bras.: *À paz perpétua*. Porto Alegre: L&PM, 2008.]

A observação é decisiva e interrompe em parte uma linha coesa de tentativas voltadas para consolidar, no pensamento político de Bodin a Rousseau, o nexo inseparável entre soberania e posse. O soberano é o proprietário. Inversamente, o proprietário é soberano. Dado que a soberania do Estado se funda sobre a propriedade, é finalidade suprema do Estado defendê-la. A ponto de excluir da sociedade civil quem se revelar incapaz de possuir uma propriedade. O motivo principal, que teria levado os seres humanos a se separarem do direito natural e a estipularem um contrato, unindo-se em um ordenamento estatal, seria a conservação da propriedade. Este seria, porém, também o objetivo de todo governo político. Rousseau chega a dizer que o direito de propriedade é o mais sagrado dos direitos civis.[82] De diferentes formas, com acentos menos ou mais pragmáticos, os filósofos do liberalismo moderno tentam mostrar: que foi possível tomar posse da terra; que tal posse foi sancionada por um acordo contratual; que a história daquele início não pode não ser atravessada de lutas por apropriação.

É o poder soberano que impõe o meu, o seu, o dele, que concede a cada um a terra. E, enquanto constitui a propriedade, por sua vez se autoconstitui. Assim se resume a tese de Hobbes em uma passagem clássica do *Leviatã*, em que o estado natural — quando qualquer um podia reivindicar o direito de qualquer coisa — é pintado com as tintas foscas da guerra. A propriedade revela-se então um «ato do poder soberano para a paz pública».[83] Diferente é a trajetória seguida por Locke, que visa a justificar os

---

82   Cf. ROUSSEAU, J.-J. *Oeuvres complètes*, org. de B. Gagnebin e M. Raymond, III: *Du contrat social — Écrits politiques*. Paris: Gallimard, 1964, pp. 262 ss.
83   HOBBES, T. *Leviatano*, op. cit., XVII, p. 158.

direitos individuais. Em um cenário mítico, surgem de um lado o soberano de Hobbes, que reparte a propriedade exercendo seu poder, e de outro lado a imagem bíblica da comunhão inapropriável da terra, louvada pelo Salmo de David.[84] Assim Locke pergunta como se chegou à propriedade privada — não para revogá-la, mas sim para avaliá-la com argumentos filosóficos. Não é por acaso que esses argumentos continuam sendo ponto de referência daqueles tantos que, levando vantagem com a propriedade, defendem o direito do Estado de expulsar os migrantes.

No segundo dos *Dois tratados do governo civil*, publicados pela primeira vez anonimamente em 1690, Locke escreve que Deus teria dado um mundo comum a todos, mas para que fizessem dele o uso mais proveitoso. São muitos os frutos e os produtos que a natureza oferece espontaneamente. Todo mundo é livre para pegá-los. Deve existir, porém, um meio de se apropriar deles individualmente. Para Locke, esse meio é o trabalho. Feito com o próprio corpo, com as próprias mãos, cuja propriedade ninguém colocaria em dúvida, é graças ao trabalho que cada ser humano obtém as coisas, retirando-as daquele pertencimento comum em que a natureza as coloca. É graças ao trabalho que alguém se apropria delas. O gesto de colher o fruto, de retirar a água da fonte, é decisivo. Nenhum roubo! Mesmo sem o consentimento do outro, o gesto não é predatório. Pelo contrário. Quem o realiza consegue suas coisas trabalhando. Isso legitima o gesto que, retirando as coisas do estado comum da natureza, dá origem à propriedade privada. Extraído da natureza, com essa adição de trabalho, o produto recebe o selo de propriedade, torna-se seu. Ninguém pode tirá-lo de quem trabalhou, pois isso seria injusto. Em resumo:

---

84 Cf. *Tehillîm*/ Salmos 115:16.

Locke justifica o direito à apropriação. Mesmo dentro de certos limites, que são os limites do consumo. Isso deveria evitar — acredita Locke — que a apropriação degenerasse em acúmulo. O que vale para os frutos da terra vale também para a terra, que é a propriedade por excelência. Claro que é lícito apropriar-se por meio do trabalho. Quem ara, semeia e recupera, acaba «cercando» a terra, substituindo a propriedade comum pela privada.[85] Quando deu a todos um mundo comum, Deus não teria talvez ordenado que se trabalhasse a terra? Terra *cultivada* é terra *apropriada*. É quase inútil acrescentar que essa equação serve para Locke a um duplo propósito. Acima de tudo, para fazer a passagem da propriedade privada do indivíduo para a propriedade privada de um país, por exemplo a Inglaterra, da cerca individual para a cerca estatal. Embora a área seja nesse último caso bem mais vasta, e admita dentro dela cercas individuais, o princípio político e ético, que gira em torno do cultivo, é o mesmo. Isso também autoriza a apropriação de terras não cultivadas, abandonadas, como as da América.[86]

Talvez não seja por acaso que a palavra latina *colonia* venha do verbo *colere*, cultivar, colher, nem que «cultura» e «colonização» tenham a mesma etimologia. Se seguimos Locke, é irrelevante o consenso, inútil um acordo. Apropriação e instalação são lícitas e seguem na esteira do cultivo e na marca da aculturação. Os territórios de além-mar eram despovoados e em grande parte ermos, desolados. Não importa que houvesse outros habitantes. Quem chegava por lá — os futuros colonos — era autorizado pelo seu trabalho, que levaria bem-estar e lucro, a se apropriar daquele

---

85 LOCKE, J. *Due trattati sul governo* (1690), trad. it. e org. de L. Pareyson. Turim: UTET, 2010, II, 5, 32, p. 252.
86 Ibid., II, 5, 35-36, pp. 235-55.

solo. Além disso, a ideologia da colonização tinha precedentes. No segundo livro de *Utopia*, publicado em 1516, Thomas More havia elogiado a fundação da «colônia». Com o trabalho e seus métodos, os cidadãos «fazem com que a terra, que antes parecia aos índios pobre e estéril, seja suficiente para ambos». E consideram «justíssima causa de guerra» se os primeiros habitantes resistissem.[87] Contra essa «lei da conquista» levantaram-se bem poucas vozes.[88]

Kant não compartilha a tese de Locke. Sua reflexão remonta à esfericidade do globo. O tema aparece tanto no tratado *À paz perpétua* quanto na doutrina do direito contida na célebre *Metafísica dos costumes*. Cada um tem originariamente a posse legal do solo em que se encontra. E isso por causa da propriedade comum da terra, que Kant também reconhece. Não haveria nenhum problema se «a Terra fosse uma planície infinita».[89] Todos então poderiam se dispersar, sem risco de encontros, ou melhor, de desencontros. Mas a Terra é esférica. Por isso nesse espaço limitado é preciso suportar-se mutuamente.[90] Daí surge a necessidade do direito cosmopolítico evocado tanto para administrar as relações entre os povos, que a natureza despoticamente encerrou entre os limites do globo, quanto para regular o recíproco

---

87 MORE, T. *Utopia o la migliore forma di reppublica* (1516), trad. it. e org. de T. Fiore. Roma/Bari: Laterza, 1993, p. 102.
88 Cf. FINLEY, M. I. «Le colonie: un tentativo di tipologia». In: Id. e LEPORE, E., *Le colonie degli antichi e dei moderni*. Roma: Donzelli, 2000, p. 17.
89 KANT, I. *Metafisica dei costumi*, op. cit., § 13 AB 83, p. 77.
90 Cf. Id., *Per la pace perpetua*, op. cit., § 7 AB 68, p. 65; § 10, AB 77, p. 73.

«comércio», a necessidade de uma troca contínua entre estrangeiros, que não deve acabar em guerra entre inimigos.[91]

É assim que Kant já entrevê os problemas da globalização. Em tal contexto, em que infringir um direito numa parte do mundo reverbera em todas as partes, não é lícito tomar posse da terra. A não ser que aqueles que já a habitam se mostrem de acordo. Com forte inquietação, Kant examina os atos praticados pelos senhores europeus durante a colonização, que abusam do direito de visita para submeter os outros povos, para saqueá-los e escravizá-los. Por isso não pode reiterar o argumento de Locke: a propriedade não é legitimada pelo trabalho na terra. Trata-se de uma velha ideia baseada na ilusão «de personificar as coisas e de imaginar um direito *imediato*».[92] Existem outros modos de imprimir o selo de posse. Kant de fato não renuncia à propriedade e à tentativa de justificá-la. O que é então a propriedade? O *meu* é aquilo «a que sou assim ligado, que me prejudicaria se outro pudesse fazer uso dele sem consenso».[93] A propriedade legítima é, por assim dizer, aquela legitimada por um acordo.

Para Kant, a comunhão «primitiva» da terra é uma «lenda». Talvez até perigosa, porque sancionaria uma espécie de comunismo. Uma comunidade assim poderia ser estabelecida se todos transferissem sua propriedade privada para a comum. Kant fala no condicional. E acrescenta, não sem certo sarcasmo: «mas disso a história deveria nos fornecer uma prova».[94] A comunhão «original» da terra é diferente, e pode ser resumida no direito

---

91   Id., *Metafisica dei costumi*, op. cit., § 62, A 230/ B 260, p. 189.
92   Ibid., § 17, AB 93, p. 84.
93   Ibid., § 1, AB 55, p. 56.
94   Ibid., § 6, AB 55, p. 62.

de todos terem um lugar no globo. No entanto, esse direito ao lugar também diz respeito a uma apropriação. Kant admite uma tomada de posse originária, a apropriação de uma parte do solo que ainda está livre. O que ocorre somente graças à vantagem da «prioridade temporal». É a razão que chega primeiro. Por isso Kant pode dizer «abençoados os proprietários». Trata-se de uma arbitrariedade que, todavia, define uma posse legítima, ainda que provisória. Para ser «peremptória», certa e indiscutível, precisa ser ratificada pelo livre acordo entre todos, o que se exprime em um ato jurídico. O que era então uma simples apropriação vira, para todos os efeitos, uma ocupação. Cumpre-se aqui a passagem do estado natural para o estado civil. E se estabelece a comunhão «jurídica» da posse.

Se a sociedade civil pode garantir a todos o que é seu, é porque já pressupõe esse «seu», subentende uma divisão do meu e do teu.[95] Kant não tem nada, portanto, contra a divisão da terra que, uma vez regulada, concede uma posse particular que pode evitar conflitos. Mas nesse quadro, racional e apaziguador, ficam as grandes perguntas em torno da aquisição originária, de que não se pode ter prova. Quem terá comprado? E de quem? Mais que de aquisição originária, deve-se falar de apropriação originária, um ato que — confessa Kant — não pode ser compreendido facilmente. A provisoriedade compromete assim toda aquisição, que, a menos que o contrato não se estenda a todo gênero humano, está destinada a permanecer provisória como qualquer posse.[96] Em última análise, isso também diz respeito ao território de um Estado.

---

95 Cf. Ibid., § 9, AB 74, p. 69; § 17, AB 93, p. 83.
96 Cf. Ibid., § 15, AB 87, p. 82.

Nem mesmo Kant consegue justificar o direito exclusivo de propriedade da terra. A tentativa de substituir o critério pragmático do trabalho, proposto por Locke, inaugura uma visão liberal e parcialmente hospitaleira. O acordo de uma comunhão jurídica da posse, que permitiria fechar as portas, é, porém, vacilante, ameaçado pela comunhão original da terra, que exigiria, em vez disso, portas abertas. Se o direito exclusivo não está fundamentado, é então ilegítima a pretensão de excluir os outros de um território. Mesmo depois de Kant, por mais esforços que tenham sido feitos, o direito exclusivo da terra não foi filosoficamente embasado.

20. LIBERDADE DE DESLOCAMENTO E PRIVILÉGIO DO NASCIMENTO

Fronteiras estatais, muros nacionais e restrições arbitrárias para as quais seria impossível buscar uma justificativa natural impedem a livre circulação sobre a Terra. Mas a liberdade de deslocamento é um direito fundamental do indivíduo. Quem o negará? Num certo sentido, seria possível dizer que é um direito ainda mais fundamental entre todos os direitos humanos. Não há quem não deseje se deslocar. Trata-se, portanto, de um direito constitutivo que diz respeito ao próprio cerne da liberdade individual. Além dos filósofos, também o Pequeno Príncipe sabe que ninguém é dono do planeta e que todos, como os pássaros selvagens nos seus movimentos migratórios, deveriam ser livres para ir, circular, voltar.[97]

Não se entende, portanto, por que esse direito é entregue nas mãos da soberania do Estado, que tem poder para condicioná-lo,

---

97 Cf. SAINT-EXUPÉRY, A. de. *O pequeno príncipe*. São Paulo: Geração Editorial, 2015.

limitá-lo, negá-lo. Isso é problemático principalmente para o pensamento político liberal, que se vê diante de um verdadeiro impasse. A liberdade individual mora desde sempre no cerne do liberalismo, que não pode nem se deixar dominar pela comunidade, muito menos submetê-la à autodeterminação do Estado soberano. O impasse faz surgir uma divisão interna que coloca de um lado os liberais soberanistas, mais preocupados em manter a ordem estadocêntrica, em salvaguardar as fronteiras, e de outro os liberais cosmopolitas prontos para denunciar o risco de que a razão universal capitule diante dos sentimentos nacionais.[98] São estes últimos a reivindicar a abolição das fronteiras.

Assim como tem nome e sobrenome o promotor das fronteiras fechadas, também tem nome e sobrenome o promotor das fronteiras abertas. Apenas quatro anos depois da publicação de Michael Walzer, *Esferas da justiça*, Joseph Carens apareceu em 1987 para criticar a tese soberanista, a partir do ensaio «Aliens and Citizens. The Case for Open Borders».[99] Carens aponta as restrições que prejudicam a liberdade e a igualdade de todos os seres humanos, valores incontornáveis para uma democracia liberal. O rótulo *liberal*, que no contexto anglo-saxão designa uma gama muito vasta de ideias e perspectivas, mostra aqui toda

---

[98] Cf. BEITZ, C. R. «Cosmopolitan Ideals and National Sentiment», *The Journal of Philosophy*, LXXX, 10, 1983, pp. 591-600.

[99] Cf. CARENS, J. «Aliens and Citizens. The Case for Open Borders», *The Review of Politics*, XLIX, 2, 1987, pp. 251-73. Este ensaio tornou-se um capítulo do amplo e sistemático volume surgido recentemente: Id., *The Ethics of Immigration*. Oxford-Nova York: Oxford University Press, 2013. Posicionamento semelhante é o assumido por CASSEE, A. *Globale Bewegungsfreiheit. Ein philosophisches Plädoyer für offene Grenzen*. Berlim: Suhrkamp, 2016.

a sua ambiguidade, uma vez que pode ser aplicado tanto a Walzer quanto a Carens. É, aliás, impulsionado por uma profissão de fé liberal, movido pela exigência de defender a liberdade do indivíduo contra o Estado, que Carens toma a palavra. Sua posição, mais que contrária à de Walzer, parece mais um espelhamento, uma inversão. Porque mostra a outra face do pensamento *liberal* — Janus de duas caras — que corria o risco de sucumbir aos assédios e às amarras do soberanismo.

Mesmo com nuances diferentes, são três os argumentos sustentados por quem reivindica o fechamento das fronteiras: a autodeterminação, a integridade cultural e nacional, a propriedade do território. Outros três são os argumentos de quem defende a causa das fronteiras abertas: a liberdade de deslocamento, a redistribuição igualitária dos bens, a divisão da terra. Também aqui não faltam peculiaridades. Carens detém a paternidade dos primeiros dois argumentos; o terceiro fica em segundo plano. E é sintomático que Carens não trate dele amplamente.

Borders have guards and the guards have guns, «Fronteiras têm guardas e os guardas têm armas».[100] Começa com essa denúncia o discurso de Carens, cujo objetivo é refletir criticamente sobre o que é tido como natural, sobretudo quando se trata de fronteiras armadas. É o oposto que deveria ser óbvio, ou seja, a liberdade de deslocamento. Quem dá o direito de apontar armas contra os que gostariam de cruzar as fronteiras? Uma violência assim poderia ser legitimada se estivéssemos tratando de criminosos, invasores armados, inimigos do Estado. Por que vai preso, e depois talvez expulso, um mexicano que procura um trabalho na Califórnia para oferecer uma vida decente à família? O pretexto da soberania do

---

100 CARENS, J. *Ethics of Immigration*, op. cit., p. 225.

Estado, isto é, o tema da autodeterminação, não procede, segundo Carens, já que é evidente a violação de uma liberdade individual inalienável, pois afeta a liberdade de sair e de entrar, de emigrar e de imigrar, cuja assimetria está flagrantemente declarada. Qualquer um deve poder abandonar o local onde mora para encontrar uma residência em outro lugar. E isso vale ainda mais para os migrantes que deixam o Terceiro Mundo e vão para o Primeiro. De fato, «a cidadania nas democracias é o equivalente moderno de um privilégio feudal — uma herança que torna as condições de vida consideravelmente melhores».[101] A frase está destinada a ter efeitos importantes: pela primeira vez a cidadania é definida como privilégio, igual aos velhos privilégios de classe.

Carens teve o mérito de ligar com clareza seus dois argumentos, sustentando a liberdade de imigrar com o argumento mais contestado, o da disparidade que subsiste entre um cidadão e outro, para quem o lugar de nascimento, que ninguém escolhe, pode influenciar outras causas arbitrárias, da herança à cor da pele, da família ao gênero.[102] A inconveniente questão da residência vai se refletir na justiça global, que, numa visão capaz de olhar para além das fronteiras, não pode ser ignorada. No conflito entre soberania e direitos, Carens parece estar ao lado dos direitos, em nome de uma igualdade moral dos indivíduos que deve ser protegida de qualquer abuso de poder e iniquidade. Seu igualitarismo, que protege o particular em relação ao geral, cabe perfeitamente na tradição liberal. Aliás, é o próprio Carens quem se vale das

---

101 Ibid., p. 226.
102 Cf. SACHAR, A. *The Birthright Lottery. Citizenship and Global Inequality.* Cambridge, Massachusetts: Harvard University Press, 2009, pp. 7 ss.

três teorias normativas dessa tradição: o pensamento libertário de Robert Nozik, a ideia de justiça de John Rawls e o utilitarismo. Há muitos modos de ser libertário. Nem sempre essa corrente, como se pode acreditar, é de esquerda. Ao contrário, deve-se fazer uma distinção entre os *left-libertarians*, cuja postura é mitigada por uma certa exigência de igualdade, e os *right-libertarians*, de que Nozik é o expoente mais emblemático.[103] Talvez até mesmo o título de seu livro mais conhecido, *Anarquia, Estado e Utopia*, tenha contribuído para criar mal-entendidos. Para o «libertário» de direita, defensor inflexível da propriedade privada — que olha o estado natural descrito por Locke e aspira a retornar para um liberalismo das origens —, a ação do Estado deve ser limitada. É nesse sentido que Nozik fala de um Estado «mínimo», ou mesmo «ultramínimo», a quem cada um confiou contratualmente os direitos individuais sobre o próprio corpo e sobre os próprios bens.[104] O melhor Estado é aquele que fica nos bastidores, permitindo que os indivíduos possam interagir sem serem importunados. Caso contrário, acabaria por não cumprir sua tarefa. Um Estado assim não pode, portanto, violar o direito de circular livremente, justamente em nome da sua soberania, pois nesse caso, mais que em outros, afirma-se a prioridade do indivíduo. Mesmo que Nozik não seja explícito quanto a isso, no seu mundo não poderiam existir barreiras aos imigrantes. É de supor que quem chega a um território queira se associar àqueles que já são membros dele e que Nozik, não por acaso, chama também de

---

103   Sobre a tese dos *left-libertarians*, cf. STEINER, H. *An Essay on Rights.* Oxford: Wiley-Blackwell, 1994.
104   Cf. NOZIK, R. *Anarchia, Stato e utopia* (1974), trad. it. de G. Ferranti, org. de S. Maffettone. Milão: il Saggiatore, 2008, pp. 48 ss.

«clientes». Cabe aos indivíduos, aos cidadãos, e principalmente ao estrangeiro, por seu interesse e capacidade, o sucesso da troca, da interação e da integração. O Estado pode estabelecer os critérios, mas não pode de modo algum fechar a sociedade e proibir as entradas. A menos que sejam lesados os direitos individuais de propriedade — mas isso vale para os estrangeiros tanto quanto para os cidadãos.

Mais relevante é o recurso à teoria da justiça de Rawls. Para além das intenções do autor, Carens reinterpreta um de seus instrumentos conceituais mais poderosos: o «véu da ignorância».[105] É o experimento mental com que se pode reinaugurar o que pensamos sobre a justiça. O véu apaga dos participantes toda informação pregressa, produz uma espécie de amnésia, repentina e artificial, forçando-os a assumir o ponto de vista dos menos favorecidos, não por altruísmo, mas somente pela busca racional dos próprios interesses. Seria como ficar cego para ver melhor, não saber para entender mais precisamente. Esse véu de ignorância, que se projeta em um hipotético estado originário, deveria levar, em termos de justiça, à escolha de princípios igualitários que impedem toda forma de arbítrio e discriminação. Para Rawls, os participantes deveriam concordar com dois princípios de justiça: o das liberdades fundamentais e o da justiça distributiva. Por sua vez, Carens — com e contra Rawls — relança o experimento em escala global. Se cada um, sob o véu da ignorância, sem saber o próprio lugar de nascimento, devesse considerar o tema da migração, acabaria por enxergar na propriedade uma disparidade arbitrária, na cidadania um privilégio inadmissível, e colocaria na

---

105 Cf. RAWLS, J. *Una teoria dela giustizia* (1971), trad. it. de U. Santini, org. de S. Maffettone. Milão: Feltrinelli, 2017, pp. 142 ss.

lista das liberdades fundamentais a livre circulação e o direito de ingresso em qualquer país.[106]

Talvez Rawls não concordasse com essa extensão de seu experimento. Aliás, não é por acaso que gira precisamente em torno da fronteira. O pecado original da sua argumentação, observado por Charles Beitz, está justamente em ter circunscrito a justiça dentro dos limites do Estado-nação.[107] Mas a globalização quebrou a ordem estadocêntrica, transformando radicalmente o cenário internacional.

A intenção de Carens, e de outros depois dele, é ampliar globalmente o véu da ignorância, revertendo o esquema dos liberais soberanistas, a fim de fazer nascerem preocupações igualitárias. Para serem coerentes, as democracias liberais, especialmente quando empregam cálculos utilitaristas em vista do «máximo lucro», não podem, por lei, impedir a entrada de estrangeiros e estão obrigadas a abrir as fronteiras. Isso não quer dizer que, em algumas circunstâncias, não se deva colocar um limite à liberdade de imigração. Mesmo para Rawls, as liberdades fundamentais podem ser limitadas em nome da liberdade. Assim, para Carens, é permitido reduzir as entradas ou fechar temporariamente as fronteiras quando existe uma ameaça real à ordem pública, quando há um perigo para a segurança nacional ou quando se prevê um impacto desestabilizador nas instituições democráticas.

---

106 Cf. CARENS, J. *Aliens and Citizens*, op. cit., pp. 263 ss. Sobre isso, cf. também MONA, M. *Das Recht auf Immigration. Rechtsphilosophische Begründung eines originären Rechts auf Einwanderung im liberalen Staat.* Basileia: Helbing & Lichtenhahn, 2007.

107 Cf. BEITZ, C. R. *Political Theory and International Relations.* Princeton: Princeton University Press, 1979, pp. 129-36.

As condições colocadas por Carens impressionam por sua simplicidade abstrata. Tudo se reduz a uma tentativa de recuperar um cosmopolitismo desaparecido nas profundezas do pensamento liberal, o que permitiria aos seres humanos deslocar-se livremente na superfície da Terra, bem como reconhecer-se como iguais, para além das cercas nacionais e da soberania estatal excessiva. Abertura máxima, liberdades estendidas a todos. Esse igualitarismo soa ainda mais estridente em um mundo que desmente todos os dias o ideal de independência, a justiça distributiva, a liberdade individual. Como se todo problema econômico, político e social, da exploração à violência, da corrupção à miséria, fosse sempre e apenas devido à falta de liberdade. Em suma, em vez de questionar a assimetria, parte-se de uma simetria ideal entre indivíduos livres e iguais. É assim que se pressupõe o que deveria, em vez disso, ser objeto de reflexão crítica.

Carens não é exceção. E aqui sua posição vem à luz, não contrária, mas sim especular à daqueles que, por sua vez, referindo-se ao liberalismo, promovem o fechamento das fronteiras. Carens quer redimensionar a comunidade e tornar o Estado uma espécie de agência a serviço dos cidadãos, e que não interfira em suas relações de troca. No entanto, numa análise mais detida, os pontos em comum prevalecem, já que Carens traz a relação social de volta ao modelo de contrato estipulado por dois indivíduos livres, desvinculados de toda comunidade, liberados de toda responsabilidade, projetados no pano de fundo de uma simetria neutra e asséptica em que podem encontrar voluntariamente um acordo baseado em seus interesses. Toda relação é uma transação. Como se o migrante que chega fosse um novo sócio em condições de negociar sua entrada de igual para igual, como se já tivesse tudo aquilo que de fato não tem, a começar pela própria liberdade de negociar.

Mas, além do contratualismo, Carens partilha tanto o modo de despolitizar a questão, falando sempre e somente de «direito moral», quanto a abordagem interna e normativa que considera o fenômeno da migração apenas do ponto de vista dos cidadãos. Reivindicar a liberdade de deslocamento nesses termos abstratos — como fazem Carens e todos aqueles que seguiram seu caminho — significa não apenas reduzir a migração, em sua complexidade, a uma discussão rasteira sobre circulação, mas também negligenciar completamente o tema decisivo do acolhimento. Bastaria eliminar as barreiras, de modo que cada um seja livre para se deslocar em um planeta entendido como um harmonioso espaço de troca, um imenso mercado de escolhas e oportunidades acessíveis a todos.

21. MIGRANTES CONTRA POBRES? CHAUVINISMO DO BEM-ESTAR E JUSTIÇA GLOBAL

A defesa de uma liberdade de deslocamento abstrata, além de dar margem a várias críticas, acabou paradoxalmente desencadeando todos os temas que, no tocante à migração, denotam uma ameaça à estabilidade econômica. Encontraram assim um ótimo pretexto, um álibi inesperado, todos aqueles populistas que, instigando o ódio, provocando o medo, esbravejam contra os fluxos migratórios, gritam contra a invasão. O raciocínio, muito estreito, é este: se é o Mercado, essa potência oculta, de que a política nada mais é do que sua longa mão, que quer a mobilidade global, se é o Capital que impõe a livre circulação, então não podemos ser senão contrários à migração, contrários aos migrantes, pelos limites, pela nação... e assim por diante, nessa deriva patriótica, que desemboca com frequência em um soberanismo de cunho racista.

A questão se torna ainda mais inquietante quando alguns desses temas reverberam também na esquerda, o que cria confusão e desconcerto. A uma velha social-democracia, que já antes dos grandes conflitos mundiais fechava os olhos para o nacionalismo agressivo, juntou-se uma esquerda soberanista de nova roupagem, na verdade um mero contracanto da direita reacionária. Deveríamos falar mais apropriadamente de «soberanismo» para nos referirmos à frente política que defende a todo custo a soberania da nação. Não é uma frente transversal — como alguém afirmou —, simplesmente porque não é de esquerda quem se posiciona ao lado do Estado contra os migrantes.

O problema vem traçado já nas páginas de Walzer. Ele sublinha o perigo representado pelos trabalhadores hóspedes, versão última dos metecos, que podem ser tolerados temporariamente, mas não devem ser acolhidos porque, coincidindo com a força de trabalho interna, entrariam numa competição com os trabalhadores locais, beneficiando-se ainda por cima dos programas assistenciais. A justiça tem limites — que são os limites da nação. O que acontece fora não é problema nem dos cidadãos, nem do Estado.

Teses análogas foram desenvolvidas no curso dos últimos anos. Mais que a ocupação, cujas estatísticas podem tornar o argumento esdrúxulo, o ponto-chave é constituído pelo *welfare*, o bem-estar social. A imigração econômica deveria ser drasticamente reduzida, até mesmo interrompida, porque tira o emprego dos trabalhadores locais, piora os salários, reduz os incentivos à produtividade, desequilibra o balanço estatal, oferece subsídios sociais e assistência sanitária a estrangeiros que podem usufruir disso sem terem contribuído com nada. Tratar-se-ia, em resumo, de esmolas dadas às custas dos pobres locais, obrigados, à revelia, a pagar. Em risco estaria a manutenção do Estado social. Não por acaso, são os países europeus — onde o *welfare* é mais elevado, onde não apenas os padrões de vida individual, mas também os de vida coletiva são considerados sagrados — que mais se mostram duros e intransigentes. Não se pode esquecer a lei, aprovada pelo parlamento dinamarquês em 26 de janeiro de 2016, que prevê o confisco de joias e dinheiro dos imigrantes para garantir sua manutenção. Procedimentos semelhantes já estão em vigor na Suíça e em alguns estados alemães, justamente os mais ricos, a Baviera e Baden-Württemberg. Joias em troca de *welfare*.

Muitas e influentes são as vozes dos filósofos alemães que, depois de 2015, tomaram partido do fechamento das fronteiras, apoiando-se sobretudo em questões econômicas. Assim Julian Nida-Rümelin, em livro recente, sustenta enfaticamente a impossibilidade de um Estado social que não esteja dentro dos limites de uma nação. A imigração levaria o sistema público ao colapso, causaria graves danos aos cidadãos, pelos quais o governante deve ser responsável, sem com isso ajudar os estrangeiros. Nida-Rümelin recorre inclusive ao controverso tema do *brain drain*, a fuga do assim chamado capital humano, ou fuga de cérebros, que empobreceria os países de emigração. Principalmente porque quem emigra são aqueles que têm mais meios, os mais jovens, os mais resistentes, enquanto todos os outros ficam entregues à miséria. Melhor seria ajudá-los na casa deles, com programas específicos e direcionados.[108]

---

108 Cf. NIDA-RÜMELIN, J. *Über Grenzen denken. Eine Ethik der Migration*. Hamburgo: Köber-Stiftung, 2017, pp. 95 ss. Se Nida-Rümelin está engajado no SPD, o Partido Social-Democrático, na Alemanha a nova direita retomou com sucesso todas as palavras de ordem contra os imigrantes. Um exemplo é o livro do popular jornalista falecido recentemente SIEFERLE,

O tema do *welfare* tem muitos defensores, e que se espalham em posições políticas diversas, da social-democracia ao liberalismo moderado até a extrema direita. Não é difícil entender por quê: concentra-se ali toda a lógica imunitária da nação, a economia do «nós primeiro!», que pode parecer não apenas pragmática, mas ainda responsável e solidária. O que conta, como afirma Paul Collier, é «o bem-estar econômico dos autóctones».[109] Atenção, portanto, para não contaminar o sistema econômico e social dos países democráticos, para não o gastar, poluí-lo, deturpá-lo com os imigrantes. Música para os ouvidos dos cidadãos, futuros eleitores, capazes de votar para punir políticos que ousem sustentar teses diferentes. Os fatos demonstram o oposto em muitos casos — ou seja, os imigrantes não diminuem o trabalho dos locais, pois desenvolvem outras tarefas, que, além de serem necessárias, aumentam o PIB, o que por sua vez aumenta as receitas do próprio país, contribuindo para mitigar a pobreza. Assim, todos os motivos «utilitaristas» estão destinados a cair no vazio.[110]

Aqueles que, como Carens, defendem a liberdade de deslocamento, permanecendo, contudo, na ótica estadocêntrica, parecem dispor de instrumentos muito grosseiros. A discussão descamba para uma guerra de números, para uma rixa de estatísticas, em que leva a melhor quem sustenta que a migração não é um antídoto eficaz, não ameniza as condições de vida nos países do

---

R. P. *Das Migrationsproblem. Über die Unvereinbarkeit von Sozialstaat und Masseneinwanderung*. Dresden: Tumult, 2017.

109 COLLIER, P. *Exodus. I tabù dell'immigrazione* (2013), trad. it. de L Cespa. Roma/Bari: Laterza, p. 105.

110 Cf. ALLEVI, S. e DALLA ZUANNA, G. *Tutto quello che non vi hanno mai detto sull'immigrazione*. Roma/Bari: Laterza, 2016, pp. 12 ss.

Terceiro Mundo. Caridade para quê? Os cidadãos empobrecem, submetidos a sacrifícios adicionais, sem ajudar aqueles que vivem em condições de miséria extrema. Nem é razoável imaginar que se pode carregar nas costas toda a miséria do mundo! Na fria contabilidade, na lista de prós e contras, no elenco de efeitos prováveis, o debate desenvolvido pelos filósofos morais de corrente analítica, que raciocinam em suas salas de aula com base no «como se», volta-se sobre si mesmo, enrola-se, até que a própria ética desabe.

Tornou-se referência o best-seller de Peter Singer, *Ética prática*. No capítulo intitulado «Ricos e pobres», ele introduz uma analogia desconcertante. Aqueles que nos países ricos poderiam dar dinheiro para salvar os que são ameaçados pela carestia, doença e pobreza, são como o professor que, atravessando o parque, enquanto se dirige da biblioteca a uma sala, vê no laguinho um menino que, mesmo em águas pouco profundas, está na iminência de se afogar. É óbvio que deverá salvar o menino, mesmo que isso implique «estragar as roupas, cancelar a aula» etc.[111] Além do desconforto que esse exemplo em todos os seus termos suscita, não é possível ver em que consistiria a analogia, que entre outras coisas é toda pensada no singular. E há ainda muitos outros exemplos ao longo das páginas. Como se fosse possível encontrar assim a solução do problema. Mas a estratégia de Singer é até clara demais: a pobreza é vista como uma catástrofe natural, pela qual ninguém deve responder, e, enquanto tudo aparece descontextualizado, esvaziado de conteúdos históricos, o tema da imigração é reduzido a um único e acidental resgate no parque. Em resumo, de vez em quando se pode ajudar, mas

---

111   SINGER, P. *Etica pratica* (1979), trad. it. de G. Ferranti, org. de S. Maffettone. Nápoles: Liguori, 1989, p. 169.

certamente oferecer acolhimento não. Ao longo desse caminho, encontramos recentemente não apenas as intervenções de quem vê na imigração um fator a mais de desequilíbrio, mas também as hipóteses interpretativas que põem em discussão alguns conceitos-chave, a começar pelo da pobreza. É o caso de Thomas Pogge, que, cético quanto ao antídoto representado pela imigração, vê na pobreza não uma injustiça, a qual se pode combater com ações precisas, mas o resultado de fatores sistêmicos inscritos na ordem econômica global; seria então necessário difundir a consciência de sua insustentabilidade.[112]

Quando se fala de globalização, não se pode desviar do tema da «responsabilidade global», que, com efeito, está na ordem do dia também na agenda da filosofia. Embora pretenda-se enfrentá-lo, com objetivos normativos ou com finalidade crítica, para rever o conceito de responsabilidade, ou para repensar o processo da globalização em sua complexidade, já não é concebível uma justiça confinada dentro dos limites da nação. A fragmentação da responsabilidade, fenômeno difuso e desconcertante, já apontado por muitos, não pode mais ser um álibi. Não enxergar os efeitos das próprias ações não torna ninguém inocente. Assim, já não é lícito usufruir com a consciência leve os bens a preço baixo que vêm da exploração desumana, que pode ter custado a vida de outros. Nem é lícito fechar os olhos para a venda de armas e para todos os negócios realizados mais ou menos debaixo do pano pela própria nação. Mas o tema tem uma amplitude adicional e se volta também

---

112 Cf. POGGE, T. *Povertà mondiale e diritti umani. Responsabilità e riforme cosmopolite* (2008), trad. it. de D. Botti, org. de L. Caranti. Roma/Bari: Laterza, 2008.

para as responsabilidades históricas dos países ocidentais. Por isso, quem discute justiça global discute também a fome. Em 2015, chegou a 795 milhões o número dos que sofriam de desnutrição no mundo. Para além dos números, das tentativas de definir e classificar os diversos níveis de pobreza, o problema é a incompreensão dos cidadãos que moram nos países ricos.[113] Quem não viveu a fome tem dificuldade de imaginá-la. Escreveu Martín Caparrós:

> Conhecemos a fome, estamos acostumados à fome. Temos fome duas, três vezes ao dia. Mas, entre a fome repetida que sentimos, saciada repetidamente todos os dias, e a fome desesperadora de quem não pode satisfazê-la, existe um mundo inteiro. A fome é, desde sempre, motor de mudanças sociais, progressos técnicos, revoluções, contrarrevoluções. Nada influenciou mais a história da humanidade. Nenhuma doença, nenhuma guerra matou mais gente. Ainda hoje nenhuma praga é tão letal e, ao mesmo tempo, tão evitável quanto a fome.[114]

Justamente a possibilidade de evitar a fome a torna ainda mais insuportável. Se a globalização permitiu a muitos habitantes do planeta conseguir uma variedade maior de bens a um preço menor, se permitiu a centenas de milhões de pobres subir de vida, se reduziu drasticamente, quase pela metade, a

---

113 Sobre as classificações, cf. BECK, V. *Eine Theorie der globalen Verantwortung. Was wir Menschen in extremer Armut schulden*. Berlim: Suhrkamp, 2016.
114 CAPARRÓS, M. *La fame* (2014), trad. it. de S. Cavarero, F. Niola e E. Rolla. Turim: Einaudi, 2015, pp. 4-5.

«pobreza extrema», ela não conseguiu derrotar a fome. Em muitas partes do mundo, as desigualdades permanecem abissais. E não se poderia entender o que acontece hoje sem dizer que tais desigualdades se tornam mais agudas a partir da rede mundial de computadores, que, em todos os lugares, mesmo nas aldeias mais remotas, espalha as imagens sedutoras e inebriantes da publicidade. Se nos países ocidentais, onde é produzida, a publicidade é decodificada em seus sinais performativos, desprovidos de realidade, no Segundo e no Terceiro Mundo é a descrição fiel e esperada do conforto lendário do Primeiro Mundo, do estilo de vida ocidental de que todos gostariam de fazer parte. Inútil dizer que as coisas não são assim, que a pobreza também impera nas periferias das cidades ocidentais. A saga do Novo Mundo, o mito do Eldorado, que agora funciona ao contrário, faz sonhar mais do que antes e impulsiona massas de pobres rumo à conquista dessa felicidade. Com que direito os impedir?

Em breve nota de rodapé, no seu impressionante volume *Facticidade e validade*, Jürgen Habermas entrou brevemente no tema da migração, de que, diga-se de passagem — e ele é criticado por isso —, tem geralmente se evadido. Ao declarar--se favorável ao «asilo político», em que as condições estão dadas, sustenta que «o indivíduo não tem um direito subjetivo à imigração», embora «as sociedades ocidentais sejam, por muitas razões, moralmente obrigadas a adotar uma política liberal para ela».[115] Ele remete então ao ensaio publicado em resposta a Charles Taylor no âmbito de um debate sobre o

---

115 HABERMAS, J. *Fatti e norme. Contributi a uma teoria discorsiva del diritto e della democrazia* (1992), trad. it e org. de L. Ceppa. Roma/Bari: Laterza, 2013, p. 507.

multiculturalismo. E, com efeito, embora a posição de Habermas seja ambivalente, por muitos motivos quase próxima à liberal, naquele breve escrito, publicado em 1993, estão presentes argumentos decisivos e formulados com grande clareza. Desde lá Habermas já via no horizonte uma «política de fechamento para os migrantes», decidida a favor dos cidadãos da Comunidade Europeia, onde já se difundia a xenofobia. Os diversos Estados procurariam de algum modo conter a «maré». O que seria traduzido não em um fechamento total, mas em uma política de ingresso restritiva e seletiva.

Habermas deixa em aberto a questão sobre a autodeterminação que a sociedade anfitriã queria afirmar. Todavia destaca que não é possível considerar a questão somente do ponto de vista das sociedades ricas. Motivos «morais» o impedem. É preciso assumir o ponto de vista dos migrantes — não apenas dos refugiados que pedem asilo, mas da massa que foge da pobreza, que se move em busca de «uma vida digna de ser vivida». Migrantes em busca de trabalho nunca faltaram. A Europa os conhece bem. Sempre tirou vantagem deles, em muitos sentidos. Também por isso teria responsabilidades extras que se juntam às obrigações de prestar uma ajuda que «nasce das cada vez mais estreitas interdependências da sociedade planetária». Para não falar ainda das dívidas do Primeiro Mundo «derivadas da história da colonização».[116] Eis por que o

---

116 HABERMAS, J. «Lott adi riconoscimento nello Stato democratico di diritto» (1993), trad. it. de L. Ceppa. In: Id. e TAYLOR, C., *Multiculturalismo. Lotte per il riconoscimento* (1996), trad. it. de L. Ceppa e G. Rigamonti. Milão: Feltrinelli, 2008, p. 102.

critério de uma rígida distinção entre refugiados e migrantes é apenas um pretexto.

Quem separa artificialmente as questões do asilo político das questões da imigração devida à pobreza declara implicitamente que quer se eximir da obrigação moral da Europa em relação aos refugiados que provêm das regiões pobres do mundo. Por outro lado, declara-se disposto a tolerar tacitamente uma imigração ilegal e descontrolada, que a qualquer momento — para fins políticos internos — pode ser instrumentalmente denunciada como «abuso» do direito de asilo.[117]

Habermas critica aquilo que chama de «chauvinismo europeu do bem-estar».[118] Sem poder conceder um «direito individual à imigração», acentua a obrigação moral que leva à prática de uma «política liberal» que não limite benefícios aos pobres locais, mas também siga critérios aceitáveis para os migrantes.

Identifica-se aqui o tom conciliatório de Habermas, o desejo de que se respeitem os direitos de ambas as partes. Se não é possível concordar com a abordagem filosófico-jurídica como um todo, deve-se, porém, destacar a sua denúncia do chauvinismo do bem-estar que, com o tempo, assumiu tons cada vez mais agressivos. Importante também é o modo como Habermas acena para uma política de ingresso que se curva simplesmente às exigências do mercado. Assim, as barreiras econômicas se erguem a cada momento para fazer passar apenas quem dispõe de qualidades precisas exigidas em grande parte pelo capitalismo. Não se trata então de ser a favor ou contra as

---

117 Ibid., p. 104.
118 Ibid., p. 101.

open borders, em que até Žižek parece crer.[119] É bastante necessário ler o mecanismo da imigração dentro da lógica do mercado neoliberal, que tomou conta da sociedade e viu no ser humano nada mais do que um *homo oeconomicus*. Isso não justifica uma leitura economicista da imigração, que visa a transformar os cidadãos-trabalhadores em recurso humano útil. Toda leitura redutora está destinada a se chocar com a complexidade do fenômeno. Claro, a mobilidade joga com o capital. Nisso se baseia o mecanismo da imigração que, se por um lado atrai, por outro afasta — duas versões de uma mesma estratégia política voltada para neutralizar e explorar os fluxos migratórios. Os acordos que favorecem a «demanda por mão de obra estrangeira» podem assim ser conjugados com as medidas repressivas dirigidas à «luta contra a imigração clandestina». A inclusão é ao mesmo tempo exclusão. E o migrante é sempre *wanted but not welcome*, requerido, mas não bem-vindo — solicitado como trabalhador, mas indesejado como estrangeiro. Sem assumir nenhuma responsabilidade pelas vidas das pessoas, a política migratória filtra, escolhe, seleciona.

Explicam-se desse modo as formas de neoescravidão, a segregação étnica do mercado de trabalho, a precarização material e existencial dos migrantes, forçados a seguirem trajetórias e ritmos impostos a eles. O poder é exercido sobre corpos dóceis, admitidos temporariamente, e depois expulsos. O mecanismo de imigração surge então como uma forma do mais amplo mecanismo de flexibilidade imposto pelo mercado.

---

119 ŽIŽEK, S. *La nuova lotta di classe. Rifugiati, terrorismo e altri problemi coi vicini* (2015), trad. it. de V. Ostuini. Milão: Ponte alle Grazie, 2016, pp. 14-5.

Por um lado, evocando um ideal econômico, travestido de liberdade, nenhum obstáculo se opõe à «livre circulação», tanto da força de trabalho quanto das mercadorias; por outro, na direção da liberdade de quem emigra — Sandro Mezzadra chamou-a de «direito de fuga» —, perde-se sua propriedade, a liberdade é domesticada, traduzida em mobilidade, vira mera adaptabilidade.[120] Eis por que o mecanismo de imigração, contribuindo para uma implacável competição, revela-se funcional à flexibilidade.

Também falar de «mercado», entendendo-o como entidade homogênea, é em tal contexto uma falácia. Como esclareceu Balibar, a anunciada unificação do mercado não se realizou. Na «economia-mundo», permanece protagonista a nação onde os conflitos são mais facilmente contornáveis. Por isso, desenvolveu-se o «Estado nacional e social», um Estado provedor ou Estado-providência, dentro do qual as classes, que deveriam estar lutando, consideram-se partes diversas, embora estejam no mesmo barco.[121] Na convergência de duas discriminações que se associam de modo inédito — a de «raça» e a de «classe» — encontra-se o corpo do migrante.

---

120 Cf. MEZZADRA, S. *Diritto di fuga. Migrazioni, cittadinanza, globalizzazione.* Verona: Ombre Corte, 2006. Cf. também ORCHARD, P. *A Right to Flee. Refugees, States, and the Construction of International Cooperation.* Cambridge: Cambridge University Press, 2014.
121 Cf. BALIBAR, É. *Cittadinanza*, trad. it. de F. Grillenzoni. Turim: Bollati Boringhieri, 2012, p. 16.

22. NEM ÊXODO, NEM «DEPORTAÇÃO», NEM «TRÁFICO DE SERES HUMANOS»

Para especificar a ação do migrar, ou o fenômeno da migração, é comum recorrer a palavras ou expressões que deveriam valer como sinônimos, mas que já contêm uma interpretação. Antes de se interrogar sobre o significado de «migrar», sobre seu potencial político, é necessário antes de tudo enfatizar quão redutora é a equivalência com a fuga, até mesmo com o êxodo.

A fuga é um atributo adicional do migrar e evoca o gesto do exilado, do dissidente, do fugitivo de fato, que, de tal modo, reage ao abuso de poder, à injustiça, à perseguição. A fuga já se torna então uma forma de luta manifesta cuja ênfase recai sobre a liberdade — a de deslocar-se, ir embora —, enquanto o acolhimento permanece completamente em segundo plano. Embora a fuga seja apenas aparentemente espontânea, ela corre o risco de fazer do migrante, que padece de sua condição, um exilado político.[122] Isso vale ainda mais para a analogia entre êxodo e migração, sugerida talvez pelas «proporções bíblicas». Daí vem o peculiar sintagma «êxodo de massa». A migração atual se dá sob o signo da individualidade. Quem emigra não é uma comunidade, nem durante a passagem pelo mar se constitui um povo. Isso não significa que não se encontrem algumas importantes afinidades, mas elas não igualam as diferenças.[123]

Com a clara intenção de estigmatizar os migrantes, fala-se muitas vezes de «deportação», palavra infeliz sob muitos aspectos. Acima de tudo porque, com forte carga conotativa, traz à

---

122 Sobre essa diferença, cf. *infra*, cap. 2, § 7.
123 Cf. *infra*, cap. 3, § 9.

memória as deportações realizadas pelos nazistas. Não entendemos, então, em que sentido o migrar pode ser entendido como uma transferência forçada de condenados. A hipótese interpretativa é aqui o oposto da fuga ou do êxodo. Mas, como os migrantes não agem em absoluta liberdade, assim também eles não são meramente passivos. Mesmo nos casos extremos, em que se aceitam condições no limite da chantagem, quando não da enganação, deve-se reconhecer uma margem de escolha por parte de quem emigra e que, para escapar a uma condição sem futuro, corre o risco, expondo-se por um tempo a uma «servidão voluntária», na certeza de que não existem outras saídas.[124]

Ainda mais grave é recorrer à ignóbil formulação «tráfico de seres humanos». Trata-se de um álibi cômodo para negar quaisquer responsabilidades ou fugir delas, atribuindo-as a uma série de «contrabandistas», «comerciantes de escravos», «traficantes» sem escrúpulos, aos quais são imputadas todas as culpas. Identifica-se aí a única e verdadeira causa da migração. Isso permite chamar a política da exclusão de «guerra aos traficantes», trocar a rejeição e a repatriação por uma «luta contra a imigração clandestina». A hipocrisia chega até ao ponto de elevar-se à condição de libertadora dos migrantes, que por um lado são criminalizados e por outro considerados indivíduos afetados por uma minoria.

23. *JUS MIGRANDI*. PELO DIREITO DE MIGRAR

O verbo intransitivo «migrar» não é um sinônimo de «deslocar-se», como entendido muitas vezes. Presente nas línguas

---

[124] O sentido é aquele entendido por LA BOÉTIE, É. *Discorso sulla servitù volontaria* (1576), trad. it. de E. Donaggio. Milão: Feltrinelli, 2014.

românicas — *migrar, migrer* — e em inglês — *to migrate* — e difundido graças a empréstimos, vem do latim *migrare*. Supõe-se que da raiz sânscrita *miv-* provenha a latina *mig-*, que indica deslocar-se de um lugar, no sentido de ir embora. Por sua vez, ela viria confirmada pelo substantivo ou adjetivo *migros*, constituído pelo sufixo **-ro* e pela raiz indo-europeia **h2mei-gw*. Embora o indo-europeu não possuísse uma palavra específica para «migrar», essa raiz, na sua forma base **h2mei-*, começou a fazer parte das línguas derivadas. Qual é seu significado? Em todas as combinações, quer dizer deslocar-se, mudar o lugar, trocar de lugar, assim como se trocam presentes cordialmente, de modo que o estrangeiro, em vez de inimigo, seja bem acolhido como convidado. Em latim, essa raiz produziu, entre outros, *mutare, mutuus, munus*. Em resumo: desde o início, «migrar» não é um simples movimento, mas remete a uma troca complexa, a do lugar, e se realiza por isso na paisagem em que se encontra o estrangeiro, onde se inaugura a práxis ético-política da hospitalidade.

Não existe o migrar sem mudança, ou melhor, sem troca de lugar, sem o outro, e sem o encontro que poderia, por causa do lugar, acabar em um desencontro. Migrar não é, portanto, apenas um processo biológico. Migração não equivale a evolução.[125] Não basta recordar que os humanos — a partir do *Homo sapiens* — foram desde sempre migrantes, provenientes do continente africano, para reivindicar uma mobilidade genérica. A premissa evolucionista carece totalmente de um significado

---

125 Essa é a tese sustentada por biólogos e cognitivistas. Cf., por exemplo, CALZOLAIO, V. e PIEVANI, T. *Libertà di migrare. Perché ci spostiamo da sempre ed è bene così.* Turim: Einaudi, 2016.

para o migrar, porque abstrai a história, o outro e as complicações do encontro com o outro. Migrar é um ato político.

Isso explica por que o *jus migrandi*, o direito de migrar, não é nada óbvio e, ao longo dos séculos, tem suscitado conflitos exasperados. Ainda hoje ele é reconhecido apenas parcialmente, como direito de emigrar, de sair do território de um Estado, mas não como direito de imigrar, de entrar nos domínios de um outro. Se o primeiro já é universal, embora até há algumas décadas fosse negado, o segundo ainda depende da soberania dos Estados, que, ao que parece, estão muito relutantes em concedê-lo. Nesse sentido, o *jus migrandi* representa um dos grandes desafios do século XXI. Desde 2007, o Global Forum on Migration and Development, que tem sede na ONU, tenta desenvolver o projeto de uma governança mundial das migrações, encontrando, no entanto, muitos obstáculos, colocados sobretudo pelas soberanias estatais. O objetivo, porém, é inverter a lógica corrente, ditada pelas relações de força, dando prioridade ao migrante, não ao Estado, e reclamando por isso um direito do indivíduo, que não pode ser limitado, muito menos negado pelas exigências econômicas ou pelas necessidades demográficas dos Estados.[126] O *jus migrandi* é o direito humano do novo século, que, sustentado pelas associações militantes, pelos movimentos internacionais e por uma opinião pública cada vez mais informada e ligada, demandará uma luta tal qual a da abolição da escravidão.

Já se falou de *jus migrandi* no passado? E em que época? Logo após as viagens de Colombo, quando começou a emergir a necessidade de legitimar de algum modo a conquista da América.

---

126 Cf. WIHTOL DE WENDEN, C. *Il diritto di migrare* (2013), trad. it. de E. Leoparco. Roma: Ediesse, 2015.

Naquele contexto, foi-se delineando o direito internacional. O *jus migrandi* foi apresentado como justificativa para a violenta usurpação por parte dos colonizadores europeus, os mesmos que, após terem percorrido e devastado o mundo — primeiro com sua rapinagem, depois com suas promessas —, gritam hoje contra a invasão.

A conquista do outro, como sabemos, não foi indolor. O impacto sobre os «bárbaros» das Índias Ocidentais, o choque com aquela alteridade abissalmente distante, teve efeitos históricos. O maior genocídio de que se tem memória histórica permanece um enigma nas dimensões e nos modos. Não se sabe quantos eram, no final do século XV, os habitantes daqueles territórios. Porém foi imensa a catástrofe demográfica, provocada por uma confluência de causas diversas: não apenas a violência imediata de *los conquistadores*, os assassinatos, as violações, mas também o confinamento da escravidão, as doenças desconhecidas, a ruptura dos equilíbrios ecológicos e comunitários. A subjugação dos corpos correu lado a lado com a destruição cultural. Os índios sucumbiram muito cedo. Ainda é difícil entender como poucas centenas de europeus puderam vencer a batalha tão rapidamente. É conhecida a tese de Tzvetan Todorov, segundo a qual tudo se deu porque maias e astecas não entenderam o que acontecia, pois haviam «perdido o controle da comunicação».[127] Ao contrário, seja Colombo, seja ainda mais Cortés, além de terem uma supremacia tecnológica e militar, seguiram uma coerente estratégia político-comunicativa,

---

127 TODOROV, T. *La conquista dell'America. Il problema dell'altro* (1982), trad. it. de A. Serafini. Turim: Einaudi, 1992, p. 75.

que não visava ao conhecimento do outro, mas à sua sistemática destruição.

Já em 1493, o papa Alexandre VI (Rodrigo Bórgia) definiu, com a Bula *Inter coetera divinae*, a primeira hiperfronteira mundial, «doando, concedendo, destinando» aos reis de Castela «todas as ilhas e as terras, exploradas ou ainda por explorar, descobertas ou ainda por descobrir, na direção do Ocidente e do Sul», a partir do meridiano a oeste dos Açores. E isso graças à «plenitude do poder apostólico». Mas a legitimidade desse gesto suscitou não poucas dúvidas. Os próprios reis católicos se questionavam sobre os índios escravizados. Seria lícito tratá-los desse modo? Não seriam também eles seres humanos? *Los conquistadores* haviam-nos retratado de maneira contraditória: ora como selvagens sanguinários, ora como gente tranquila, disposta a receber a palavra de Deus. Em sua terceira viagem, Colombo tinha passado para o sistema das *encomiendas*, com que se distribuíam as terras, e para os *repartimientos*, em que o trabalho, não mais servil, já era pago com salário. Os efeitos, porém, foram desastrosos: por todo lugar a população ia se extinguindo. Os dominicanos foram os primeiros a denunciar. O frade Antonio de Montesinos, que pregava o Evangelho na Ilha de São Domingos, em 12 de dezembro de 1511 desferiu um duríssimo ataque contra a conquista. Chamado pelo rei na Espanha, narrou os crimes de que havia sido testemunha, diante de uma junta de teólogos e filósofos, convocada em Burgos no dia 27 de janeiro de 1512. Inaugurou-se assim uma disputa que duraria muito tempo.

Como era possível conciliar a moral cristã da igualdade com a escravidão? Não faltavam vozes fortes, como a de John Mair, filósofo escocês, professor na Sorbonne, que invocava a teoria aristotélica da escravidão natural para sustentar que os povos das Índias Ocidentais, que habitavam abaixo da linha do equador, eram seres bestiais, dado que viviam de modo animalesco, e por isso deveriam ser considerados *natura servi*, «servos por natureza».[128] Outros se uniram a esse entendimento. O termo latino *servus* ajudava a resolver a questão, já que o significado foi sendo ampliado até o ponto de designar, além da escravidão, também outras formas de trabalho compulsório. Foi assim que o rei promulgou as *Leyes de Burgos*, as leis que estabeleciam os índios como «súditos livres da Coroa». Em 1513, foi elaborado o *Requerimiento*, documento que se lia após cada «descoberta», para atestar a legitimidade jurídica da terra.

Quando as polêmicas ainda continuavam acesas, interveio Francisco de Vitoria, frade dominicano, tido como o maior teólogo da época. Durante um curso na Universidade de Salamanca, na primeira metade de 1539, Vitoria compôs duas *Relectiones de Indis*, nas quais colocou a questão da «conquista» e uma outra ainda mais espinhosa, a da colonização, no contexto mais amplo do direito internacional, que ele contribuiu assim para fundar. Pela primeira vez, Vitoria formulou um dever de hospitalidade estabelecido pelo que chamou de *jus migrandi*, direito de migrar.

O *dominium* é fundado sobre a *humanitas*, sobre a humanidade. Todo ser humano é *dominus*, senhor, uma vez que foi criado à imagem de Deus. Nem o pecado mortal, nem a *infidelitas* são um

---

128 MAIOR, J. *In secundum librum Sententiarum*. Apud GRÂION, I. In florentissima Parrhisiorum Universitate, 1519, *distinctio* 44, f. CLXXVI. Sobre o assunto, cf. BACCELLI, L. «I diritti di tutti, i diritti degli altri. L'universalismo di Francisco de Vitoria». In: BILANCIA, F., DI SCIULLO, F. M. e RIMOLI, F. (orgs.), *Paura dell'Altro. Identità occidentale e cittadinanza*. Roma: Carocci, 2008, pp. 85-98.

obstáculo. Dessa forma, Vitoria inverte o discurso. E, para precisar bem o termo, acrescenta que é *dominus* quem pode sofrer *injuria*, dano, violação. Até mesmo as crianças são *domini*. Eis a subversão: os índios são *domini*. Têm cidades de fato, dispõem de leis, levam a vida dentro de uma ordem. Por isso, não podem ser privados de sua propriedade, espoliados do que lhes pertence. Não se pode, em suma, pretender justificar a «conquista» com a supremacia da civilização sobre a barbárie.

Então, se os índios são *veri domini*, senhores de suas terras, é preciso procurar motivos convincentes para que sejam acolhedores. Partindo da ideia de que o ser humano é um *animal social*, como ensina Aristóteles, por essa sua natureza exige-se um *jus communicationis ac societatis*, um «direito de comunicação e sociabilidade», que se articula com uma série de direitos que consequentemente derivam dele. A saber: a possibilidade de trocas comerciais, o *jus comercii*, o direito de pregar e anunciar o Evangelho, o de viajar, *jus peregrinandi in illas provincias*, inclusive o de residir, *jus degendi*, e até mesmo fixar residência, *accipere domicilium in aliqua civitate illorum*, e, enfim, de migrar no Novo Mundo, *jus migrandi*.[129] Os índios cometeriam uma grave *injuria* se não concedessem tais direitos aos espanhóis, que, em tal caso, poderiam lançar mão de um *jus belli*, ou seja, poderiam recorrer à guerra. Ainda mais que, na *communitas orbis*, no mundo tornado comum e unificado da comunicação, tais direitos são naturais e reconhecidos a todos os seres humanos.

---

129 DE VITORIA, F. *De Indis recenter inventis relecito prior*. In: Id., *De Indis et De juri belli relectiones* (1539), org. de E. Nys. Nova York-Londres: Oceana-Wildy & Sons, 1964, III, 5, p. 260.

Essa legitimação teológico-política da «conquista» é ambivalente: reconhece soberania e dignidade aos índios ao mesmo tempo que os obriga a aceitar a presença espanhola, a endossar a expropriação. Incapazes de se governarem com formas políticas autônomas, os índios precisariam de uma «tutela». Sem trair completamente o legado cristão da hospitalidade, segundo o qual é «humano e justo» tratar bem os estrangeiros, Vitoria é atraído pela ideia de promover um direito internacional de que não hesita em enxergar os paradoxos, se o desejo de sociabilidade se impuser pela força.¹³⁰

24. *MARE LIBERUM*. E A PALAVRA DO SOBERANO

A fim de dar fundamento teológico a seu direito de comunicação, Vitoria havia retomado uma narrativa destinada a se tornar um *tópos* do direito natural. O mundo era originalmente comum a todos; não havia fronteiras nem propriedades que impedissem a passagem; somente em seguida foram instituídas as nações e a propriedade admitida. A comunicação restaurava em partes o estado originário. Mas e quanto ao mar? As águas estavam de fora da partilha.

Algum tempo depois, em 1604, o navio português *Santa Catarina*, atravessando o estreito de Malaca, foi atacado por marinheiros holandeses, que saquearam da embarcação o equivalente a 3 milhões de florins. Que lei poderia tê-los impedido? Acendeu-se a polêmica.

---

130 Cf. CAVALLAR, G. *The Rights of Strangers. Theories of International Hospitality, the Global Community and Political Justice since Vitoria*. Aldershot-Burlington: Ashgate, 2002.

Para defender seu lado, os holandeses chamaram Hugo Grotius, filósofo e brilhante advogado que trabalhava para a *Verenigde Oost-Indische Compagnie*, a Companhia das Índias Orientais. Ora, não restava dúvida: para Grotius, a razão estava com os holandeses, que haviam sido contrários ao monopólio dos mares por parte de espanhóis e portugueses. Porventura não tinha sido Vitoria a reclamar a passagem para as terras? E isso não deveria valer ainda mais para o mar? Quanto ao saque, era o resultado de uma guerra particular com que os portugueses haviam sido punidos por terem lesado o direito natural.

Na primavera de 1609, Grotius publicou em Leiden o libelo anônimo *Mare liberum*, que ressoaria entre os contemporâneos e repercutiria profundamente também no entendimento geopolítico. A começar pela oposição entre mar e terra.[131] O direito natural diz que o mar é livre. Nenhum regime de soberania pode ser aceito. Porque é impossível ocupá-lo e manter sua posse. Diferentemente da terra, o ar e a água escapam da apropriação. No entanto, fontes e rios, que são propriedades públicas, podem ser transferidos ou arrendados. Ao contrário, o mar está por todo lado «na lista daquelas coisas que não são mercadorias, o que equivale a dizer que não pode ser convertido em propriedade privada».[132] Grotius pensa no oceano imenso que, «com o ritmo tumultuoso das suas ondas, não pode ser contido nem fechado, e mais possui do que se deixa possuir».[133]

---

131 Cf. THUMFART, J. «On Grotius's ‹Mare Liberum› and Vitoria's ‹De Indis›, Following Agamben and Schmitt», *Grotiana*, XXX, I, 2009, pp. 65-87.
132 GROTIUS, H. *Mare liberum* (1609), trad. it. e org. de F. Izzo. Nápoles: Liguori, 2007, V, p. 136.
133 Ibid., p. 139.

Não se pode impedir a navegação pacífica e inocente, nem a passagem, em caso de extrema necessidade, pelos lugares que ou são contíguos ao mar, como praias e litorais, ou adjacentes às terras que podem ser apropriadas. A hospitalidade é um dever e não se pode negar refúgio. «É próprio dos bárbaros refutar os estrangeiros [...] Não é possível aprovar a ação de quem proíbe o estrangeiro de ingressar na cidade».[134] Embora Grotius vise a desenvolver o comércio no sentido mais amplo, fiel à comunicação de Vitoria, ele acaba configurando uma hospitalidade aberta em que o mar permanece, apesar de tudo, como o espaço que escapa da soberania.

No entanto, será Pufendorf, sucessor de Grotius na cadeira de Heidelberg, quem vai corrigir a rota. A hospitalidade é afastada da esfera política para adquirir um valor ético. Os europeus olham para si mesmos, admitindo os erros dos álibis utilizados para subjugar os índios.[135] Assim, Pufendorf, na trilha do *Leviatã* de Hobbes, opõe-se tanto a Vitoria quanto a Grotius. Certo, não se deve recusar o refugiado, nem recusar passagem ao viajante. No entanto, a hospitalidade, sagrada e inviolável para os antigos, já não pode ser concedida a qualquer um, sem condições. É preciso examinar, escolher, controlar; tal medida se impõe. A hospitalidade não é um direito, mas um favor concedido pelo soberano.

134 GROTIUS, H. *De iure belli ac pacis libri tres*. Apud Iohannem Blaeu, Amsterdam, 1646, II, 2, 16.
135 Cf. VON PUFENDORF, S. *De jure naturae et gentium libri octo*, sumptibus Adami Junghans, Londini Scanorum, 1672, III, 3, 9.

25. KANT, O DIREITO DE VISITA E A RESIDÊNCIA NEGADA

Não é exagerado afirmar que o modo como é encarado o tema da migração no terceiro milênio já foi traçado naquele acordo ambivalente entre apropriação do solo e possibilidade de passagem, entre soberania e hospitalidade, que Kant propõe em seu ensaio À paz perpétua, publicado em 1795. Não por acaso, a Convenção de Genebra de 1951 sobre o estatuto dos refugiados, ali onde é enunciado o princípio do *non-refoulement*, da não devolução, retoma quase *ipsis litteris* as palavras com que Kant sustenta que o primeiro ingresso não pode ser negado ao estrangeiro, pois pode causar-lhe dano, *Untergang*, pode colocar em risco sua vida.

É no *Terceiro artigo definitivo para a paz perpétua* que se fala do «direito cosmopolítico» e da «hospitalidade universal», *Weltbürgerrecht* e *allgemeine Hospitalität*.[136] São poucas páginas, mas muito célebres pela profundidade visionária, destinadas a exercer uma enorme influência. É preciso conciliar, para Kant, exigências opostas: as dos Estados, prontos para defender a todo custo a soberania territorial, e as dos estrangeiros, isto é, daqueles que, deslocando-se de um lugar a outro, prefeririam não encontrar barreiras, grades, cercas. Que solução encontrar?

Kant avança para um território complexo, entregue ainda apenas ao direito de guerra, onde os Estados, além de se defrontarem um com outro, devem decidir se admitem estrangeiros em seu interior e seguindo quais critérios. É o espaço de um novo *jus cosmopoliticum*, por meio do qual será possível finalmente enxergar a paz, caso se estabeleçam as condições necessárias. Nesse contexto, Kant proclama o «direito de um estrangeiro», *das Recht*

---

[136] KANT. I. *Per la pace perpetua*, op. cit., AB 41, p. 65.

eines Fremdlings, ou seja, o direito de hospitalidade. Trata-se de um direito individual, universalmente válido, entendido em seu sentido político. Não é, em suma, questão de «filantropia». E se resume nisto: o estrangeiro que chega à terra de outros não pode ser tratado *feindselig*, «de modo hostil». Como se Kant quisesse relembrar a antiga confusão, etimológica e política, entre *hospes* e *hostis*, que, levando a considerar a priori o hóspede estrangeiro como inimigo, já havia provocado tantos infortúnios e conflitos.[137]

O direito cosmopolítico à hospitalidade universal é condição para a paz perpétua. Qualquer um, aonde quer que o destino o conduza, tem o direito de entrar no território sem ser visto como inimigo. É um direito natural, já que no planeta, esférico e finito, todos têm direito a um lugar. Remete, de forma secularizada, ao princípio teológico da comunidade primordial da terra. Mas Kant eleva a hospitalidade à categoria jurídica e política. O direito não tem nada a ver com a moral. Até mesmo uma população de demônios estaria em condições de fazer parte do espaço cosmopolita, desde que configurasse uma arquitetura jurídico-política baseada na oferta e na troca de hospitalidades. Não é preciso ser bom para ser justo.

O que interessa a Kant é o *Verkehr*, o *commercium*, seja em seu sentido mais restrito, seja no mais amplo, da troca, da comunicação, das relações recíprocas entre estrangeiros que, por causa da globalização, se encontrarão cada vez mais. Como povos distantes poderão ter relações pacíficas? O comércio, quase uma metonímia

---

137 Sobre esta famosa etimologia, cf. BENVENISTE, É. *Il vocabolario dele istituzioni indoeuropee* (1969), trad. it. e org. de M. Liborio. Turim: Einaudi, 2001, I, pp. 64-5 e 68-71.

do cosmopolitismo, torna-se não só meio, mas também fim, já que requer a criação de uma comunidade.

A conciliação parece bem-sucedida: o direito cosmopolítico reconhece propriedade territorial dos Estados e liberdade individual dos sujeitos. Até aqui não há outra coisa a fazer a não ser aplaudir Kant. Ainda mais porque, se o direito anterior de guerra tinha na mira o inimigo, o direito de paz perpétua se dá a partir do estrangeiro. Sua entrada deveria ser vista como uma tendência a se socializar, como atestado de sociabilidade. Abre-se um novo caminho político que vai além do amor ao próximo e além da prática desastrosa da guerra. Não é preciso nem amar nem odiar o estrangeiro, mas simplesmente respeitá-lo. Consciente dos erros cometidos pela expansão colonial, das injustiças perpetradas pelos europeus que — «*visitando* países e povos estrangeiros», sem levar em consideração absolutamente os habitantes — fizeram da «visita» uma «conquista», Kant quer a um só tempo evitar que isso se repita e também deixar abertos todos os caminhos para o comércio. A hospitalidade, portanto, não autoriza o estrangeiro a roubar, explorar, escravizar.[138] A condenação do imperialismo é acompanhada da defesa e da promoção do incipiente capitalismo, que trilha mares e terras. São assim celebrados o navio e o camelo — definido como o «navio do deserto» —, que reduzem as distâncias e permitem intensificar as trocas com os autóctones e com os povos que permaneceriam isolados. Conhecedor da amplitude de sua perspectiva, Kant chama Grotius e Pufendorf de «miseráveis consoladores», porque pensam ainda em termos bélicos e sustentam os interesses de Estados individuais.[139] Em vez disso, o direito

---

138 KANT. I. *Per la pace perpetua*, op. cit., AB 41, p. 65.
139 Ibid., AB 33, p. 61.

que ele concebe, no interior do espaço cosmopolítico, facilita o encontro sob o signo do respeito mútuo.

Mas o que acontece com o estrangeiro após ter-lhe sido concedido o direito de entrar? Pode permanecer? Mesmo um pouco? Quem sabe decide ficar para sempre? Kant distingue muito pontualmente o «direito de visita», *Besuchsrecht*, e o «direito de hospitalidade», *Gastrecht*. Apenas o primeiro é concedido, não o segundo. Enquanto «estiver pacificamente em seu lugar», o estrangeiro pode visitar o país dos outros, como turista, comerciante, peregrino, explorador etc. No entanto, não pode reivindicar o direito de ser hospedado por um longo tempo, isto é, de residir. Nesse caso — escreve Kant entre parênteses, como se quisesse minimizar essa possibilidade —, um «contrato», um *Vertrag*, ou melhor, um «contrato benevolente» deveria ser exigido, para permitir-lhe estadia «por certo período», não para sempre, a fim de ser *Hausgenosse*, «coinquilino», habitante da mesma casa. As condições dessa estadia, porém, não são realmente claras.[140] O certo é que o estrangeiro não pode residir. Seu direito é limitado à visita. Como Derrida observou, parece que aqui o estrangeiro é o cidadão de outro Estado e que a hospitalidade se dá dentro dos limites da cidadania.[141]

No universo kantiano, o estrangeiro não seria aceito. Nenhum direito de residência. E nenhum direito humano fora dos limites da propriedade, que além do mais deslizam perigosamente dos

---

140 Esclarece-o em sua obra dedicada ao tema CHAUVIER, S. *Du droit d'être étranger. Essai sur le concept kantien d'un droit cosmopolitique*. Paris: L'Harmattan, 1996, pp. 176 ss.
141 Cf. DERRIDA, J. *Cosmopoliti di tutti i paesi, ancora uno sforzo!* (1997), trad. it. de B. Moroncini. Nápoles: Cronopio, 2005, pp. 32-4.

públicos para os privados. O que dá origem a muitos mal-entendidos — como se o estrangeiro entrasse em casa, não em território estatal. Kant está interessado em prevenir todas as formas possíveis de subversão da propriedade, garantindo, nesses limites, as liberdades individuais. Por isso, o destino do estrangeiro é decidido pelo soberano. Assim, da maneira como Kant a concebeu e a entregou à modernidade, a hospitalidade é ao mesmo tempo a realização e a fronteira do direito público.

II. FIM DA HOSPITALIDADE?

> Somos os incontáveis, dobramos a cada casa do tabuleiro
> pavimentamos com esqueletos o vosso mar para caminharmos sobre ele.
> Não nos podeis contar. Se nos contais, aumentamos
> filhos do horizonte, que nos abate aos montes...
> Trazemos Homero e Dante, o cego e o peregrino,
> O cheiro que vós perdestes, a igualdade que subjugastes.
> E. De Luca, *Solo andata*[142]

1. O CONTINENTE DOS MIGRANTES

O tema da migração está na ordem do dia, na pauta da agenda política, atrai a atenção das mídias, provoca ansiedade na opinião pública. Muitas vezes o debate assume tons emotivos, posicionamentos extremados, e cria uma polarização entre prós e contras, o que dilui a complexidade do fenômeno. Sobram generalizações, abundam lugares-comuns, as palavras são usadas indevidamente, os conceitos ficam indistintos e borrados, recorre-se às estatísticas mais para assustar do que para informar. Da migração global oferece-se um quadro parcial, no duplo sentido: limitado e incompleto, bem como partidário e injusto.

---

[142] DE LUCA, E. *Solo andata. Righe che vanno troppo spesso a capo*. Milão: Feltrinelli, 2016, p. 35.

O migrante é acusado de ameaça iminente ao Estado soberano. Aqui desenha-se o conflito. Diante do migrante, que pede para entrar, o Estado não pode não exercer o direito soberano de controlar as próprias fronteiras. Se o migrante tenta cruzá-la, não atravessa somente um limite territorial, não viola apenas a lei, mas compromete sobretudo a soberania do Estado. Eis por que o conflito se torna tão agudo. Desafiado em sua supremacia, posto em risco em seu fundamento, o Estado freia a «imigração irregular», exclui, expulsa, expele, reafirmando o próprio poder de autodeterminação. Para esse fim, reúne a nação, indica a necessidade de defender as fronteiras, espalha o alarme da insegurança. Ao apelo respondem os soberanistas, como são hoje chamados os adeptos da soberania de Estado, mas também os cidadãos apavorados, ou mesmo só aqueles preocupados em ficar protegidos dentro das fronteiras. Por outro lado, não respondem ao apelo os que consideram mais importante defender os direitos humanos dos migrantes. Essa polarização agita o debate público, inflama as praças. Daí surgem as duas perspectivas opostas: a estadocêntrica, ou nacionalista, que olha com insatisfação para a migração, parecendo-lhe um evento estranho, um fator externo de distúrbio; a extraestatal, ou *inter*nacional, que, ao contrário, assume o ponto de vista do migrante. Seria um erro, no entanto, não ver, por trás e além dessa polarização, o confronto mais profundo e decisivo entre o Estado e o migrante.

Embora a migração não seja um fenômeno novo na história, os eventos globais do século XXI mudaram radicalmente seu alcance e suas dimensões. Não existe lugar no planeta que esteja livre disso. Os efeitos estão de tal forma difusos que é difícil imaginar quem ainda não os tenha experimentado.[143]

Mas o que dizem as estatísticas? Quem são os migrantes? De onde vêm, para onde vão? Quais são as direções e as áreas mais envolvidas? Que aspectos são inéditos? Ao contrário do que em geral se acredita, as estatísticas não são «objetivas» e nunca falam claramente. A guerra de números é, em tal contexto, ainda mais dura, seja porque os países de proveniência muitas vezes não têm noção dos conterrâneos que emigram, seja porque os migrantes «irregulares», que não são uma minoria, escapam das estatísticas oficiais.

A ONU define «migrante» como aquele que se encontra há pelo menos um ano fora do país de residência. Segundo o *International Migration Report* de 2015, os migrantes no mundo chegaram, em 2015, a 244 milhões.[144] Cerca de 3% da população total do planeta. Um número maior que o de habitantes da Indonésia. Poderíamos falar de um verdadeiro continente de migrantes. Os números pecam pela falta, não pelo excesso, porque é praticamente impossível calcular os migrantes irregulares. O que nos leva a imaginar um número mais alto.

---

143 Cf. CASTLES, S., DE HAAS, H. e MILLER, M. *The Age of Migration. International Population Movements in the Modem World*, 5ª ed. Londres: Macmillan, 2013, p. 13. Cf. também WIHTOL DE WENDEN, C. *La question migratoire au XXIᵉ siècle. Migrants, réfugiés et relations internationals*. Paris: Presses de la Fondation Nationale des Sciences Politiques, 2013.

144 Cf. United Nations, *International Migration Report 2015: Highlights Key Facts*. Disponível em: <http://www.un.org/en/development/desa/population/migration/publications/migrationreport/docs/MigrationReport2015_Highlights.pdf>.

Se consideramos a enorme disparidade entre o hemisfério ocidental e também o ocidentalizado — onde se erigiu o sistema do capital, da técnica, do conforto — e os massacrados confins da miséria, os subúrbios do desespero e da desolação, é legítimo perguntar por que tão poucos emigram. Ou seja: se um quarto da humanidade dispõe de riquezas e recursos, vedados aos outros três quartos, se as desigualdades se acentuam, e cresce, graças às mídias e às novas mídias, a consciência de que uma vida melhor é possível, enquanto as vias de acesso são cada vez mais rápidas, espanta que o número de migrantes não seja bem mais alto. E não é difícil criar a hipótese de que os números estão aumentando de forma exponencial. Os perdedores, que a globalização deixou à margem, constituem potenciais migrantes. Os que não se deslocam, ou seja, a grande parte, são simplesmente os mais pobres, os mais marginalizados, as vítimas últimas do desequilíbrio. Quem tem menos recurso econômico permanece parado. A migração é também um investimento.

Nos últimos quarenta anos, o número de migrantes triplicou, passando de 77 milhões em 1975 a 244 milhões em 2015. As direções também mudaram. Os migrantes se deslocam dos países pobres aos países ricos. Mas isso não significa que a rota seja sempre, como se acredita, do Sul para o Norte. A novidade é que o Sul virou um polo de atração. Em direção ao Sul do mundo deslocaram-se mais de 110 milhões, para o Norte cerca de 130 milhões. Mesmo que os Estados Unidos já não sejam o Eldorado de outrora, são cada vez mais frequentes os movimentos de Sul a Sul — também pelo poder de atração dos países emergentes, como Brasil, África do Sul, China, Índia. Contudo, em 2015, a Europa continuava a hospedar o número mais alto de imigrantes, em torno de 76 milhões, seguida da Ásia, com 75 milhões, e então dos outros continentes. Se olharmos para os países individualmente, o *ranking* aparecerá mais descentralizado e variado: Estados Unidos, 47 milhões, Alemanha, 12 milhões (mesmo número da Rússia), Arábia Saudita, 10 milhões. Se os números indicam com clareza o destino, a proveniência é mais obscura, já que os países de origem nem sempre registram os expatriados. E, enfim, não podem ser esquecidos dois aspectos inéditos: a crescente migração interna, que ocorre principalmente na África, e a migração temporária, isto é, o deslocamento por períodos limitados, muitas vezes por motivo de trabalho.

Mas a paisagem geopolítica dos movimentos migratórios mudou particularmente devido aos efeitos acelerados da globalização. Já não é possível distinguir, de modo claro e definitivo, lugar de partida e lugar de chegada. De repente, um mesmo país pode ser a um só tempo lugar de imigração, de trânsito, de emigração. É o que acontece particularmente na Itália e, num raio mais amplo, em toda a área do Mediterrâneo, que, melhor do que qualquer outra parte do mundo, ilustra essa circulação dinâmica.

Após a «Primavera Árabe», a guerra da Síria e o nascimento do Estado Islâmico, aumentou o número de refugiados pelo mundo, que, segundo dados fornecidos pela UNHCR, o Alto Comissariado das Nações Unidas para os Refugiados [ACNUR, na sigla em português], superou os 20 milhões em 2015. É o número mais alto depois da Segunda Guerra Mundial. A grande parte provém da Síria, do Afeganistão e da Somália. Dezenas de milhares morreram na tentativa de atravessar o Mediterrâneo. A população de refugiados é provisoriamente «acolhida» nos campos, às vezes tão grandes quanto cidades, concentrados na Turquia — o país que mais hospeda refugiados no mundo —, seguida por Paquistão, Líbano, Irã.[145] Juntam-se aos refugiados, conforme os números fornecidos pela UNHCR, quase 40 milhões de desalojados internos (IDPS, *internally displaced persons*) e 2 milhões de requerentes de asilo, além dos 10 milhões de apátridas.

A quantidade de migrantes, dispersos em todas as partes do globo, diz respeito a uma enorme e variada população em deslocamento, que desafia as fronteiras da ordem mundial. Contra essa população está o Estado, último bastião da velha estrutura — do obsoleto *nómos* da terra. Daqui desencadeia-se o agudo conflito entre soberania estatal e o direito de migrar, entre uma cidadania restrita aos limites territoriais e uma nova cidadania desterritorializada.

2. «NÓS» E «ELES». A GRAMÁTICA DO ÓDIO

Centenas, milhares — agarrados aos botes que afundam, amontoados nos navios que os resgataram, empilhados em fileiras intermináveis no desembarque, reunidos nos «centros de acolhimento» depois da chegada. Para não falar dos que ficaram nos campos de concentração líbios ou das multidões estacionadas nos campos de refugiados. As imagens são sempre as mesmas: mostram-se massas anônimas, aglomerados indistintos e obscuros. Raramente a câmera se detém em um rosto. Os olhos aterrorizados, as lágrimas, nada atravessa a tela. O dia a dia dos telespectadores permanece imune, ou melhor, imuniza-se. Para isso contribuem as palavras que, nas mídias, na rede, nos discursos políticos, acompanham aquelas imagens: «a emergência da imigração»,

---

[145] A fonte mais confiável para tais dados é o site da UNHCR: www.unhcr.org.

«crise humanitária», «êxodo bíblico», «novas ondas», «maré humana», «invasão de clandestinos». Aquela humanidade à deriva é uma onda anômala, um tsunami, uma catástrofe que vai se abatendo sobre «nós». Alarme, perigo, emergência — multidão, êxodo, invasão. «Nós», que «não podemos acolher todo mundo!». «Nós», que «estamos no limite das nossas capacidades». «Eles», que «desafiam as nossas instituições». «Eles», que «são uma ameaça para os nossos trabalhadores, para os jovens e desempregados». «Eles», que «colocam em risco a nossa identidade». Porque «eles» são diferentes de «nós» em tudo. Subitamente, a maré humana não tem mais nada de humano. É um emaranhado de corpos, um formigueiro confuso, um alarido sinistro e feio. «Não, nós não os queremos.» Portas e corações se fecham. «O que eles querem aqui?» «Que voltem para o lugar de onde vieram!» O medo leva vantagem. «Nós» somos poucos, indefesos, impotentes, perto «deles», que são uma massa hostil, imponente, desumana. O medo do outro surtiu seu efeito. O rasgo não pode ser costurado.

«Nós» — «eles». Os pronomes não são indiferentes. Situam indivíduos e grupos na fala, delimitam seus papéis, endereçam seu discurso. São as primeiras fronteiras marcantes, as linguísticas. Estranhamente não foi ainda escrita uma filosofia dos pronomes.[146]

---

[146] Passos importantes nessa direção foram dados pelo grande filósofo da linguagem Wilhelm von Humboldt, cujas ideias foram retomadas por Franz Rosenzweig na sugestiva gramática teológico-política incluída em seu livro *La stella della redenzione*. Essas são as duas fontes preciosas, muitas vezes desconhecidas e negligenciadas, da reflexão de Martin Buber sobre o «tu».

O que então significa dizer «nós»? O sentido é ambivalente. «Nós» é a primeira forma gramatical da comunidade. Deveria, portanto, incluir. No uníssono do «nós» parecem fundir-se o «eu» e o «tu». Não se pode negá-lo. No entanto, o «nós» tem sempre um tom amargo. Porque inclui ao mesmo tempo que exclui. O «nós» remete implicitamente também ao «vós», que não é só o resultado de uma cisão, mas já tem quase um acento bélico. Para não falar do «eles», ou pior, do «aqueles». O que o «nós» diferencia de si torna-se o «vós», que ainda tem uma dignidade pessoal, mesmo que marcada pela hostilidade; aquilo que, ao contrário, o «nós» não pode alcançar, que não pode enxergar, uma vez que está fora de seu campo luminoso e sonoro, cai no obscuro e mudo «eles».

Apenas pronunciado, o «nós» tropeça o tempo todo nos próprios limites, no «vós» que tem diante de si, no «eles» que fica em segundo plano. Pode aspirar a incluir. Ou pode se fechar num espasmo identitário — até tornar-se um «Primeiro Nós!». Nesse caso, o «nós» revela-se tão pequeno e vazio que, para se sentir mais forte, precisa de um «não nós». E quem melhor do que «imigrantes clandestinos» para que o «nós» adquira relevância e visibilidade?

Muito poderia ser dito sobre as recentes declinações do «nós» em sua sistemática tentativa de excluir o outro. A ponto de justamente ser proposta, com esse fim, a fórmula «nosimo».[147] Se bem que não são os pronomes os culpados. O problema é o modo como se entrincheira, blinda-se, fortifica-se o «nós», como ele enrijece os próprios limites, erguendo barreiras

---

147 Cf. CAVALLI-SFORZA, L. L. e PADOAN, D. *Razzismo e noismo. Le declinazioni del noi e l'esclusione dell'altro*. Turim: Einaudi, 2013, pp. 54 ss.

intransponíveis, como enfrenta belicosamente o «vós», e como, em vez de acolher os outros, os terceiros excluídos, buscando para eles um lugar «entre nós», rejeita-os em sua pluralidade impessoal, até reificá-los, até fazer deles uma massa anônima e indistinta.

Assim, não se trata somente de uma lacuna insuperável, que, apesar de tudo, ainda permanece entre o «nós» e o «vós». O que aprofunda o hiato, o que expõe ainda mais a fratura, é a massa indecifrável dos «não nós» a que o «eles» é condenado. Fazer para si uma imagem do outro não é pouca coisa. Já é difícil com familiares, amigos, conhecidos. Vale para os estranhos, sobretudo para os estrangeiros. A dor dos outros, mesmo quando é evidente, flagrante, inegável, pode ser ignorada por meio da indiferença. Pode-se inclusive chegar a causá-la — como é o caso da tortura.[148] A longa e complexa tradição fenomenológico-hermenêutica, que teve o mérito de refletir sobre o «outro», mostrou o próprio limite assumindo esse outro como indivíduo.[149] A atenção está focada na *sim*-patia, na *com*-paixão, em «colocar-se no lugar do outro», que muitas vezes é considerado um processo imediato e instintivo. Nesse lugar do outro não se consegue jamais entrar, e a pretensão parece suspeita, porque remete a um sinal de apropriação. É um erro, uma ilusão, que recentemente encontrou na palavra

---

148 Cf. SCARRY, E. «Das schwierige Bild des Anderen». In: BALKE, F., HABERMAS, R., NANZ, P. e SILLEM, P. (orgs.), *Schwierige Fremdheit. Über Integration und Ausgrenzung in Einwanderungsländern*. Frankfurt a. M.: Fischer, 1993, pp. 229-63; a respeito do tema, permito-me remeter a DI CESARE, D. *Tortura*. Turim: Bollati Boringhieri, 2016.

149 Para uma visão de conjunto, pode-se tomar como referência THEUNISSEN, M. *Der Andere. Studien zur Sozialontologie der Gegenwart*. Berlim: de Gruyter, 1977.

mágica «empatia», retomada pelas ciências cognitivas, uma nova credibilidade.

Se não é possível se colocar no lugar de um outro, há condições de, pelo menos, imaginar a dor dos outros, o sofrimento, a angústia, o tormento. O trabalho da imaginação, porém, não é facilitado pelas imagens correntes, que não revelam os contornos individuais, as características e peculiaridades do indivíduo. A imaginação é eclipsada pelo número, inibida pela massa. Apenas por um átimo o olhar se fixa sobre uma mulher que, vacilando, desce de um navio. Mas como experimentar alguma sensação sem conhecer sua história, sem saber nada dela? O exemplo contrário é o da literatura, que transporta para além de si, na direção do outro, mesmo que esse outro —por exemplo, Anna Kariênina — seja fictício. Os efeitos políticos e éticos da generalização são devastadores. Longe das palavras, acompanha-se uma sequência de imagens capazes apenas de bloquear a imaginação. Quanto mais o bloqueio se repete, mais se é levado a identificar-se com o grande «nós», distanciando de si a massa dos múltiplos «eles». Em tal universo, reduzido à fixidez do preto no branco, o ódio passa a existir.

Não é um ódio natural e espontâneo. É mais cultivado, nutrido, alimentado. Segue modelos, implica padrões e traçados: o gesto discriminatório, as noções de humilhação, as palavras de zombaria. No centro do rancor coletivo está o indivíduo finalmente livre para odiar. Mas o ódio livre tem pouco a ver com a liberdade. Ser livre para odiar é uma triste condenação. E é indício de frustração existencial, fanatismo identitário, impotência política. De um lado o «nós», de outro o «não nós», obscuro e monstruoso, repugnante e detestável, culpado pelo «nosso» mal-estar — não importa como, não importa por quê. Mas culpado.

Em uma reportagem escrita antes que o maior «bairro de lata» europeu fosse desmantelado, Emmanuel Carrère descreveu a raiva, a mágoa, o ressentimento dos cidadãos de Calais, da velha aristocracia operária, já decadente, e do novo subproletariado, que encontrou nos imigrantes alguém mais desgraçado para odiar.[150]

3. EUROPA, 2015

A hostilidade tomou conta da Europa como um vício. Os livros de história que não confirmarem a narrativa hegemônica, que derem voz não só a quem estava dentro, protegido e abrigado, contarão que a pátria dos direitos humanos — que deveria ter acolhido os sem-pátria, aqueles que fugiram da guerra civil na Síria, das perseguições na Eritreia, dos abusos no Sudão, das bombas no Afeganistão, todos que tentavam fugir da fome, da desolação, da morte — negou asilo, recusou a hospitalidade. E o hóspede potencial ainda foi estigmatizado a priori como inimigo. O medo levou a melhor, prevaleceu o cinismo da segurança.

Radares, ultrassons, câmeras de vídeo multiplicaram-se pelas fronteiras. Do lúgubre passado recente, ressurgiu o arame farpado — não com aqueles poucos metros, que nunca desapareceram, mas com quilômetros de extensão. As duas barreiras de Ceuta e Melila já estavam lá, entre Espanha e Marrocos, para impedir a passagem pelo estreito de Gibraltar: rede de sensores eletrônicos, iluminação de alta intensidade, postos de vigilância alternativos, corredores para veículos de segurança. Impossível, portanto, cruzar. Os muros foram aumentados, até atingir seis metros, com

---

150 Cf. CARRÈRE, E. *A Calais*, trad. it. de L. Di Lella e M. L. Vanorio. Milão: Adelphi, 2016.

a aprovação da agência europeia Frontex. Tudo para demarcar o deserto de hostilidade, em que o refúgio é uma miragem, o acolhimento um equívoco. De repente, o arame farpado circundou as colinas da Macedônia, atravessou a pradaria da Bulgária, fincou-se orgulhosamente na planície da Hungria, alcançou a Sérvia, a Croácia, a Eslovênia, países mal saídos de conflitos fratricidas. Assim foi fechada — ou quase — a chamada rota balcânica. Filas enormes de refugiados, cuja extremidade se perdia no horizonte, seguiram pelos trilhos dos trens, passaram por cidades, derramaram-se nas autoestradas. Crianças, mulheres, idosos, homens de todas as idades, que carregavam no rosto os sinais do terror, sobre o corpo as marcas das torturas e as feridas da guerra, que tinham perdido parentes e amigos, que estavam desorientados, famintos, entorpecidos, exaustos, foram parados e enxotados com violência.

As imagens, quase sempre cruas e brutais, gravadas e transmitidas pelas mídias, comoveram muito pouco. Não, nenhuma piedade. A compaixão foi posta de lado, destituída de sentido. A racionalidade do Primeiro Mundo não pode tolerar ser revirada por aquele caos repugnante. Esquecida da própria história, a Europa virou as costas, fechou os olhos, apequenou o coração. Organizou-se para se proteger conforme os critérios da lógica policialesca: drones, helicópteros, navios de guerra, soldados, forças da ordem, agentes, *intelligence*, policiais de elite. Portos e aeroportos sob vigilância, acessos interditados, controles sistemáticos — a fortaleza se entrincheirou. Desse modo, no verão de 2015, a Europa selou o fim da hospitalidade. Isso é o que deveria ser contado pelos livros de história.

O fechamento da rota balcânica teve efeitos imediatos, o que não teria sido difícil imaginar. Quem estava encurralado a Leste encontrou uma saída; para quem estava fora dos limites europeus não restava outra saída que não fosse a marítima. Muitos sírios e curdos se reuniram na costa turca, na esperança de encontrar uma passagem para as ilhas gregas vizinhas, avistáveis de uma costa a outra. Os traficantes marcaram presença assídua disponibilizando travessias com barcos pequenos, capazes de se esconderem com facilidade. Para filmar os desembarques, o olho das câmeras chegava muitas vezes até lá onde as férias dos turistas eram atrapalhadas pela irrupção de navegantes vindos de uma realidade incompreensível, a das guerras orientais.

Mas em 3 de setembro de 2015, uma foto parece marcar uma reviravolta. Ela mostra Aylan, um menino curdo de três anos, nascido em Kobanê, na Síria. Também o mar o havia recusado. Seu cadáver é descoberto pela manhã, junto a outros afogados, na praia de Bodrum. Calças azuis e camiseta vermelha, Aylan Kurdi jaz na areia. Parece quase dormir, à espera de ser acordado. É ele quem, assim, simplesmente menino, acaba por acordar a opinião pública. Um policial turco resgata seu corpo, uma foto imortaliza-o em imagens que, superados os primeiros constrangimentos, correm o mundo. O choque é enorme. «Aylan, nosso filho.» A indignação, misturada à piedade, não pode disfarçar o sentimento de culpa. Principalmente porque a história de Aylan reserva surpresas aterradoras que chamam o Ocidente à própria responsabilidade.

A família tinha tentado escapar da violência do Estado Islâmico deslocando-se da Síria para a Turquia, várias vezes e em meio a diversos percalços. Acreditava poder se transferir para o Canadá graças a alguns parentes que já haviam emigrado. Se antes não tinha conseguido a autorização de expatrio por parte das autoridades turcas, depois foram os canadenses que negaram o asilo por questões burocráticas. Assim, o poder dos gabinetes havia decretado o destino daquela família. O pai, Abdullah Kurdi, tinha decidido então tentar a sorte e percorrer aquele breve pedaço de mar que separa a costa turca da ilha grega de Kos — apenas três milhas náuticas, trinta minutos — depositando a confiança nos traficantes locais. Após duas tentativas fracassadas, havia organizado uma terceira. Em 2 de setembro, quando nem bem amanhecia, partiram sobre um bote de borracha que tinha conseguido despistar a guarda costeira. Mas estavam espremidos em vinte pessoas numa embarcação que mal podia comportar oito. A mãe, Rehana, relutante com a viagem, acabou cedendo; não queria entrar em mar aberto.

Muitos são os pontos obscuros. O «capitão», acusado de pilotar de modo descuidado, a ponto de ter provocado o tombamento, talvez fosse o próprio Abdullah Kurdi. Isso, pelo menos, segundo o testemunho dos poucos sobreviventes. O que deveria provocar reflexão sobre a hipocrisia que envolve a categoria do «traficante», sobre quem se descarregam todas as culpas. Em poucos minutos, a tragédia se consumou: os coletes salva-vidas não funcionaram e o mar engoliu quase todos os refugiados, entre eles a mãe de Aylan e o irmão Galib, de cinco anos. Só o pai conseguiu se salvar.

Não é possível reconstruir os efeitos produzidos em toda parte pela foto daquele menino estendido na praia, tornado símbolo escandaloso de uma ajuda negada. Naquela imagem, a Europa teve de reconhecer seu próprio naufrágio. Dois artistas alemães, Oguz Sen e Justus Becker, a reproduziram em um mural enorme, de 120 metros, que está em Frankfurt, na margem do rio Meno, na frente do Banco Central Europeu. À memória — disseram — de todos os meninos mortos buscando refúgio na Europa.[151] Mas aquele grafite materializa também o colapso dos direitos humanos.

Dois dias depois da transmissão da imagem de Aylan, a chanceler alemã Angela Merkel decidiu abrir as fronteiras aos refugiados parados na rota balcânica, sobretudo na Hungria, favorecendo a criação de corredores humanitários do norte da Grécia ao sul da Baviera. Assim, quase para mitigar a vergonha, sucederam-se imagens dos alemães que acolhiam nas estações os refugiados sírios, com cartazes de boas-vindas, *Willkommen*. A abertura para a hospitalidade não vinha de cima, era sentida por todos com entusiasmo.

Mas a compaixão acabou logo.[152] Não faltaram episódios isolados, iniciativas de associações humanitárias ou instituições religiosas, ou mesmo pequenos gestos de cidadãos, na maioria anônimos, que correram espontaneamente para ajudar. Em Lampedusa, em Calais, em Ventimiglia, na Grécia, os refugiados, então barrados na fronteira com a Macedônia em sua longa viagem para o Norte, contaram ter recebido roupas e alimentação até dos gregos mais pobres. A derrota da hospitalidade política provocou, quase na forma de reparação, uma resposta ética. O que poderá ser enganador, se o gesto der a entender que a hospitalidade foi reduzida a uma ação privada, ao suplemento moral

---

151 Cf. a entrevista de Justus Becker a M. Doiezie, «Un graffiti en hommage à Aylan Kurdi pour interpeller sur le sort des migrants», *Le Figaro*, 12 de março de 2016.

152 Cf. KINGSLEY, P. «The Death of Alan Kurdi: One Year on, Compassion towards Refugees Fade», *The Guardian*, 2 de setembro de 2016. Disponível em: <https://www.theguardian.com/world/2016/sep/01/alan-kurdi-death-one-year-on-compassion-towards-refugees-fades>.

de uma prática cujo valor é eminentemente político. A personalização corre o risco de esvaziar o sentido institucional desse valor. Claro, a hospitalidade, o gesto de abertura com que se afirma que ninguém pode ser descartado, excluído, marginalizado, é a prova existencial de um indivíduo, que não representa, contudo, um ato solitário, mas inscreve-se em uma comunidade. No ímpeto daqueles cidadãos, que não cederam aos ditames da soberania nacional e das suas leis de expulsão, na exemplaridade ética da sua ação, poderia ser vislumbrado o desejo de uma outra política.

Esse desejo não foi de modo algum satisfeito. Assinado em 22 de setembro de 2015, na onda da emoção, o acordo da União Europeia, voltado para definir uma distribuição, entre todos os países, dos migrantes concentrados na Itália e na Grécia, virou letra morta. A Europa abdicou de uma política comum de acolhimento. Em toda parte, o mais mesquinho soberanismo prevaleceu. Acolher virou um tabu. A migração foi sempre mais estigmatizada como doença a ser curada em nome da realidade nacional. A solução foi acabar com os «fluxos migratórios», amplificando o controle e reforçando as barreiras.

O fechamento da rota balcânica teve consequências desastrosas para os refugiados, para quem não havia alternativa a não ser tentar, com barcos improvisados e botes inseguros, atravessar a muralha de água do canal da Sicília. Sírios, curdos, eritreus, sudaneses, afegãos, iraquianos confiaram nas ondas para alcançar os postos avançados da Europa a partir da costa africana. Seu objetivo: Lampedusa. Para muitos, a longa viagem terminou no fundo do mar. Sem registro, sem narrativa, sem comemoração. As cenas se repetiram: migrantes se debatendo na água, desesperadamente, até desaparecerem. Não, essas cenas não tiveram grande efeito. Com o tempo, prevaleceu a rotina. Os mesmos que se haviam comovido com a imagem de Aylan, que no Facebook tinham expressado toda a sua indignação, calaram-se ante as centenas de crianças afogadas. Com o silêncio, aprovaram a defesa a todo custo proposta pela Europa, a luta contra os migrantes.

Muitos abraçaram a lógica da nação. Mesmo aqueles que tinham uma inspiração cosmopolita, descobriram-se patriotas, negando e renegando os velhos ideais. Por que os trabalhadores italianos, ingleses, franceses, alemães deveriam arcar com a miséria dos outros? Poucos ousaram erguer a voz para falar de hospitalidade. Os discursos populistas levaram a melhor fomentando o ódio, cultivando o medo, associando sutilmente o terrorismo à imigração. Estava fundada a nova fobocracia.[153] Foi prolongado o estado de emergência nos lugares onde ele já existia, foram sancionadas leis especiais, enquanto, diante da assim chamada «crise migratória», muitos Estados europeus, sobretudo os do Leste, cerraram as portas. Multiplicaram-se os episódios de racismo: de uma parte, os campos de acolhimento foram incendiados, de outra, cidadãos bravos e honestos realizaram protestos contra a chegada de refugiados, mulheres e crianças, em suas comunidades. Foram erguidos muros que, depois do de Berlim, deveriam ser inimagináveis. O maior, exigido e financiado pela Inglaterra, foi construído na França, próximo ao porto de Calais, para não permitir a travessia do canal da Mancha.

A Alemanha logo se arrependeu daquela generosa hospitalidade em relação aos refugiados sírios. Fronteiras são fronteiras e devem ser respeitadas — esse foi o coro, praticamente unânime,

---

153 Para saber mais, cf. DI CESARE, D. *Terrore e modernità*. Turim: Einaudi, 2017, pp. 185 ss. [Ed. bras.: *Terror e modernidade*. Belo Horizonte/Veneza: Âyiné, 2019.]

não só dos cidadãos alemães, mas também de jornalistas, intelectuais, filósofos.[154]

Aumentaram tanto os campos de coleta para a identificação, renomeados como *hot spot*, quanto os campos para os refugiados fora das fronteiras. Em 18 de março de 2016, a Europa concluiu um acordo com a Turquia cujo objetivo único foi conter o fluxo de migrantes e repatriar os refugiados sírios que haviam conseguido chegar até a costa grega. A assinatura do acordo selou definitivamente o esquecimento de Aylan e de sua imagem.

4. HEGEL, O MEDITERRÂNEO E O CEMITÉRIO MARINHO

O mar não separa; ao contrário, «conecta». São as montanhas que dividem, que mantêm os povos distantes. O mar, que é ilimitado, não tolera limites, convida a uma forma de vida a céu aberto. Assim escreveu Hegel, sem esquecer, porém, de sublinhar seu caráter ambivalente, quase dialético. Porque de repente pode transformar-se em seu contrário. A superfície aquática, aparentemente suave, quase submissa, pode se agitar subitamente, fazendo com que das profundezas formem-se vagas, ergam-se ondas ameaçadoras. Justamente porque não resiste à pressão, o mar não solta ninguém. Sua ternura pode se revelar armadilha. Desperta a curiosidade, aguça a coragem, convida a ultrapassar os limites, até a expor-se ao naufrágio. Espaço sem divisas, livre de

---

[154] Emblemática a entrevista de Peter Sloterdijk em janeiro de 2016, na qual apoiou a necessidade de fronteiras fechadas: SLOTERDIJK, P. «Es gibt keine moralische Pflicht zur Selbstzer-störung», *Cicero*, 28 de janeiro de 2016. Disponível em: <http://cicero.de/innenpolitik/peter-sloterdijk-ueber-merkel-und-die-fluechtlingskrise-es-gibt-keine-moralische>.

restrições, o mar favorece o movimento, promove a troca, favorece o progresso. Quando lambe a terra, não deixa sua vida inalterada. Não é de admirar que, nessa perspectiva, da costa avistada a partir da água, Hegel reconheça no Mediterrâneo «o eixo da história do mundo».[155] É impossível imaginar a história sem o mar, que, com suas baías, golfos, reentrâncias, ligou a terra à terra, favorecendo as relações. O Mediterrâneo é «centro» das antigas civilizações, lugar de encontros dos povos, rota comercial, espelho da margem ocidental e oriental. Com uma inversão paradoxal, Hegel chega a dizer que o Mediterrâneo é «umbigo da terra».[156]

Após a descoberta do Novo Mundo, o centro de gravidade da história deslocou-se para o oceano; mas isso não determinou o declínio do Mediterrâneo. A profecia de Carl Schmitt, que projetava uma transformação irreversível devido à afirmação da potência atlântica, não se cumpriu totalmente.[157] O Mediterrâneo não virou coisa do passado. Ao contrário, é talvez o mar de que mais se fala. Só que como fonte de ameaça, causa de danos e calamidades. Dele provêm as novas «invasões», espectro jamais dissipado das antigas invasões. Ao jargão das «repulsas», que trai séculos de hospitalidade, faz eco a retórica nostálgica e verborrágica da oliveira e do cipreste, das brisas e das praias ensolaradas, símbolos de um esplendor perdido, de um passado que resvala no mito

---

155 HEGEL, G. W. F. *Lezioni sulla filosofia dela storia* (1837), trad. it. de G. Calogero e C. Fatta. Florença: La Nuova Italia, 1975, I, p. 235.
156 Ibid.
157 Cf. SCHMITT, Carl. *O nomos da Terra no Jus Publicum Europaeum*. Rio de Janeiro: Contraponto/PUC-Rio, 2014. Do mesmo autor, ver também *Terra e mar: breve reflexão sobre a história universal*. Lisboa: Esfera do Caos, 2008.

e que pode suscitar somente uma paixão de antiquário. Com o agravante de que o modelo da convivência, que é um recurso e um desafio ao futuro, regride a um sonho inalcançável, forma paradisíaca adequada no máximo a pinturas idílicas.

O Mediterrâneo permanece, portanto, protagonista dos relatos, em uma polaridade quase esquizofrênica: de um lado, o mar lendário de odisseias infinitas, paisagem dos mitos gregos, seio da civilização; de outro, o mar dos migrantes, da miséria imparável, da revolta que desafia as ondas, que ameaça desembarcar, que pede hospitalidade, que naufraga.

O turista e o refugiado, mesmo um ao lado do outro, na mesma praia, são as duas figuras emblemáticas em que o Mediterrâneo se dividiu. O contraste não poderia ser mais estridente. Embora a superfície da água não deixe marcas, não admita placas publicitárias, nem adaptações comerciais, as rotas da globalização atravessaram os oceanos de cabo a rabo. Até o Mediterrâneo entrou nessa. Extinta a aventura, adormecido o desejo de descoberta, exaurida a sede de conhecimento que, na viagem de retorno, havia feito Ulisses aportar inúmeras vezes, bem pouco restou da epopeia de uma época. Imponentes navios de cruzeiro descarregam todos os dias turistas animados pela necessidade compulsiva de consumo, enquanto botes de borracha inseguros, «carroças do mar», perdem parte de seu lastro nos abismos. Banalidades e infortúnios perseguem-se nas ondas, deixando rastros de lixo, destroços à deriva; de um lado, plástico e latinhas, de outro, humanos descartados.

O fundo do mar já não preserva apenas espécimes surpreendentes do passado, não é somente um sítio arqueológico subterrâneo e misterioso. Faz tempo que o Mediterrâneo virou um cemitério marinho.

Onde mármores tremem sobre sombras.
O mar lá dorme, fiel, sobre meus túmulos.

Assim escreveu Paul Valéry em um longo poema metafísico sobre o tempo, a morte, a imortalidade.[158] Desde sempre o mar foi metáfora de abismo inapelável, túmulo insondável. Agora a metáfora perdeu sua aura, relegada a uma realidade lúgubre. Nas profundezas do mar da ilha de Lampedusa, somente a poucas milhas da meta aspirada, os migrantes encontraram asilo. Os «clandestinos», os ocultos, afogados naquele espaço secreto, mudo, solitário, não emergiram mais à luz dos dias. O fundo do mar virou última morada, o túmulo dos sonhos, o cemitério de suas esperanças. Seus olhos se perderam no abismo. Seus corpos, enrijecidos e débeis, vestidos com as melhores roupas, para o desembarque, dissolveram-se em meio às algas.

Eles irão depor. Falarão a quem quiser ouvir sobre sua errância, acabada em um fosso, sobre seu erro, a Europa. Denunciarão a agressão, desvelarão o escândalo. Nunca mais o Mediterrâneo será o mesmo. Ninguém poderá apagar o sepulcro dos clandestinos que o *mare nostrum* hospedou em suas profundezas.

5. HISTÓRIA DE FADOUL

De uma pequena mochila preta, de nylon barato, colhe-se a história fragmentada de Fadoul. A certidão de nascimento, um documento de identificação, algumas cartas — nenhum

---

158 VALÉRY, P. *Il cimitero marino* (1920). In: Id., *Opere poetiche*, trad. it. de M. Cescon, V. Magrelli e G. Pontiggia, org. de G. Pontiggia. Parma: Guanda, 2012, p. 199.

comprovante de residência. De vez em quando abre a mochila para ver se tudo está lá. Depois a fecha com cuidado. Aquela mochila é o que resta da sua identidade, a casa que ocupa. Leva-a sempre consigo.

    Fadoul é filho do exílio. Já não se lembra bem do lugar em que nasceu: um campo de refugiados em Camarões, na fronteira com o Chade, de onde fugira com sua família por causa da guerra civil que durou mais de uma década, de 1965 a 1979. Uma dessas guerras que o mundo preferiu ignorar e que nunca entraram na memória coletiva. Desde então passaram-se vinte anos. Mãe e pai já não estão vivos. Fadoul aprendeu uma profissão e se casou. Mas sempre se manteve em exílio. Passando de um lugar a outro com a mulher, Kaltuma, chegou à Líbia. Estabeleceram-se nos arredores de Trípoli. Fadoul trabalhou em uma oficina. Nasceu um primeiro filho, aliás, uma filha, Mouna. E, quando descobriram que Kaltuma esperava um segundo filho, a «revolução» eclodiu na Líbia. Era 2011. Haviam passado quatro anos em um pequeno apartamento, contentes com o que tinham. Mas de um dia para outro encontraram-se no meio da violência, do fogo cruzado de grupos rivais.

    Fadoul se pôs novamente a caminhar com a família. Junto de centenas, milhares de outros desalojados, pegou a estrada e conseguiu entrar na Tunísia. Acabados, exaustos, desprovidos de tudo, foram acolhidos no campo de Choucha, criado pelo Alto Comissariado para os Refugiados. Nos primeiros dias, recuperaram o fôlego. Depois, teve início uma espera incerta. Lá, na tenda, as semanas viraram meses, que viraram anos. Primeiro pensaram ser possível regressar. Mas perceberam que o retorno era inviável. Permanecer na Tunísia ou fugir? Tentaram recomeçar do zero. A família, com o recém-nascido Hissène, foi então se estabelecer em Médenine, no terceiro andar de um prédio decadente, habitado por outros migrantes. Fadoul encontrou um trabalho. Mas as coisas não iam bem. Claro, era melhor do que morar numa tenda. A comida, porém, era pouca. Os tunisianos olhavam torto para eles; algumas vezes agrediram Fadoul. A exclusão era sentida na pele — as coisas não poderiam continuar assim por muito tempo.

Frequentemente chegavam ao edifício os «sobreviventes do mar». Somalis, senegaleses, nigerianos. Eram os que haviam tentado a travessia. O naufrágio não os havia derrotado a ponto de desistirem. O mar devolvera-os à costa, e daquela margem inóspita, onde não havia abrigo para eles, retomariam sua jornada. Não havia saída que não passasse pelas águas. No entanto, todos tinham um temor atávico e inconfessado do mar. Talvez exatamente por isso, na véspera de cada partida, brigas violentas aconteciam, afloravam velhos rancores, disputas fúteis abriam feridas de ódio não cicatrizadas. Tensão e perturbação eram alimentadas tanto pelos rumores em torno da travessia como pela proibição quase sagrada de falar do assunto. Como se a história dissesse respeito a episódios, gestos, eventos que deveriam permanecer envoltos no silêncio lamentoso e aterrorizado. Fadoul sabia dos que haviam morrido de sede, ou devido a uma briga surgida a bordo, ou simplesmente por falta de espaço, asfixiados por outros corpos. Haviam-no já advertido que, na última travessia, quando o barco se movia lentamente demais devido ao peso da carga, dois nigerianos, tomados por um acesso de raiva, começaram a jogar outros migrantes no mar, incluindo mulheres e crianças. Ele ouviu, mas decidiu não mudar de ideia.

A decisão está tomada. Fadoul deixou algumas coisas para trás. Consegue juntar algum dinheiro vendendo o pouco que tinham. São 800 euros para toda a família. A partida está prevista para a noite. Devem percorrer mais de cinco quilômetros de deserto salgado para chegar à fronteira líbia. É um trajeto cansativo; contudo, Mouna, que tem seis anos, marcha sobre aquele sal, sem lamentar. A cumplicidade interessada dos tunisianos e a escuridão de um céu sem lua protegem o caminho. Noutra parte esperam por eles os «traficantes». Organizam a viagem: controlam a meteorologia, conferem as condições do mar, calculam as medidas da embarcação, o número e o peso dos passageiros. É excessivo — imagina-se. Fadoul não os vê com maus olhos. No final das contas, aquele dinheiro lhe seria retribuído.

Os migrantes permanecem escondidos durante alguns dias entre as dunas de areia. Depois, a partida. É tarde da noite quando se encontram no lugar combinado, na costa. São setenta, talvez mais. No mar — a uns cinquenta metros da praia — pode-se ver um bote. Naquele ponto, o mar não parece muito fundo. Fadoul, com a mulher a seu lado, levanta os dois filhos pequenos e pega Mouna pela mão. Quase ninguém ali sabe nadar. Alguns, no entanto, conseguem subir a bordo. Entre eles, Fadoul reconhece uma jovem somali; morava no mesmo edifício em Médenine. Confia a ela os dois pequenos, contorcendo-se, pisando no chão de areia que já não mais o sustenta. A água chega ao pescoço. De repente percebe que Mouna não está a seu lado. Procura-a desesperadamente. Recebe o olhar consternado da multidão em torno do barco, a superfície negra e viscosa esconde um fosso amargo, a noite do abismo. Tudo para ele parece perdido. Sem Mouna aquela viagem não teria mais sentido. Mas em meio ao alarido, entre as vozes estrepitosas, atrás de si, distingue um timbre familiar. É ela, é Mouna. Duas mulheres a estão erguendo no bote.

Para confiar-se ao mar e a suas ondas, deve-se ter ainda esperança na terra. E Fadoul tem. Assim também os sudaneses, somalis, paquistaneses, todos amontoados uns sobre os outros. Para eles é a última chance. «Melhor morrer do que ficar na Líbia», repetem — a si mesmos e aos outros. Um tranco. Partiram. Fadoul não sabe calcular quanto tempo levará, quantas milhas os separam da outra margem. Sabe apenas que devem atravessar a escuridão desmedida e que a esperança deles se chama Europa.

A noite é quente, o ar parado, sem um sopro de vento. Calmaria — os marinheiros a temem quase mais que a tempestade. Mas o motor faz seu trabalho. O bote não é um navio, não sulca as ondas traçando-lhe movimentos ágeis e elegantes, não oferece um piso estável que possa mitigar o impacto da flutuação. Estão à mercê da massa de água aparentemente submissa e maleável. Apesar do pouco espaço, e do cheiro nauseante de gasolina derramada no fundo, alguns adormeceram. Inclusive Kaltuma e as crianças. Fadoul está acordado. O negro do mar fundiu-se ao negro do céu em um conjunto indistinto. É assaltado pela angústia. Lamenta a escolha.

Ao longo da noite a tensão aumenta. A água potável acabou. O espaço começa a ficar cada vez mais disputado. Insultos e prenúncios de briga agitam o barco. Melhor esperar o amanhecer para que se veja mais claramente — assim pensa Fadoul. Enfim, em voz alta, começa a rezar. Porque agora só Deus pode levá-los sãos e salvos para a Europa. Um pássaro vem ao encontro do bote. É um sinal. Mas as horas passam, uma após a outra, e aquele trecho de água parece estender-se ao infinito. Faz um tempo, mandaram uma mensagem de ajuda pelo celular, conforme as instruções dos contrabandistas. Mas só há silêncio. Também os celulares se desligaram para sempre. Estão à deriva. Talvez a corrente até os esteja levando de volta para as águas da Líbia.

Os olhos de todos se fecham lentamente, por fome, cansaço, resignação. Fadoul não para de sondar de tempos em tempos o horizonte. De repente, uma cor, um vermelho, perfura os tons fantasmagóricos do azul. Deve ser uma flâmula, uma bandeira. Há outras cores, branco, verde. É a marinha italiana. Fadoul agita uma camiseta ao vento. Vêm na direção deles. Já devem tê-los visto.

Encostam três botes. Os homens estão separados das mulheres e das crianças. Quando entra no navio, Fadoul vê Kaltuma e as crianças sentadas ao lado da cozinha de bordo. Ele não sabe italiano — entende apenas algumas palavras, as mais parecidas com o francês. Explicam a eles que desembarcarão na Sicília. Mas será verdade? Não nos mandarão de volta? Em seu banco, embaixo do convés, abre a mochila para verificar se não tinha entrado água. Prepara os documentos para o desembarque, não sem apreensão. Eis a costa. Chamam Sicília — mas para eles é Europa.

Fadoul e os seus, talvez porque formam uma família, tiveram mais sorte do que outros. São levados a um centro de acolhimento mantido por religiosos. Tudo é novo; o centro acabou de ser inaugurado. Uma cama para cada um, uma mesa onde comer. O pior já passou. Ficam doze dias lá, confortados por uma humanidade de que se tinham esquecido. Mas devem prosseguir viagem para a França. Os religiosos tentam dissuadi-los. Seria mais fácil serem reconhecidos como «refugiados» na Itália. Não tem jeito. Não saberia bem por quais motivos, mas Fadoul está convencido de que a França é sua meta. Claro, contaram-lhe sobre a fúria racista que toma conta dos cidadãos no país dos direitos do homem. Ele imagina, porém, que isso exista por toda a Europa.

Vão a Nice e o sonho se realiza: finalmente põem os pés em solo francês. Alcançam Marselha. Tudo havia sido mais fácil do que o previsto. Mas na estação, enquanto está à procura de água, três agentes da polícia param Fadoul e o levam à delegacia para ser identificado. Ele explica que está ali com a família, que não pode deixá-la sozinha. Eles o retêm por bastante tempo. Depois, finalmente dão a ele um tíquete para o metrô, para que volte à estação onde havia deixado a família, sob a condição de que se apresente na manhã seguinte. Fadoul está prostrado, desanimado. Melhor ir embora dali o mais rápido possível.

    Reencontra Kaltuma e as crianças. Sobem no primeiro trem. O destino é Montpellier. Começa então uma peregrinação, dias e dias transcorridos a fim de encontrar, sem resultado, um lugar para dormirem. Até que alguém menciona um CADA, um centro para requerentes de asilo. Seguem os trâmites burocráticos e são alocados em um vilarejo, nas encostas dos Pirineus, onde já vivem faz tempo outros exilados provenientes das mais diversas partes do mundo, da Síria, da Chechênia, da Albânia. Tudo parece profundamente estranho para Fadoul. Não era aquilo que esperava. O vilarejo nada mais é do que um campo de refugiados. Mas dispõem de um alojamento e recebem pouco mais de 6 euros por pessoa, para alimentação e despesas diárias. As crianças se acostumam rapidamente; Mouna vai até para a escola. Em vão, Fadoul procurou algum trabalho nas carpintarias locais. Como já havia acontecido no passado, Kaltuma se entrega, afunda-se em uma letargia que parece querer remover a passagem do tempo.

    A expectativa ameaça novamente engolir a existência. Dessa vez, porém, Fadoul está confiante. Os assistentes sociais explicaram a ele que se a decisão demora é porque o processo tem chance de ser aceito. Do alto, sobre as montanhas, cai a primeira neve. E apaga lentamente as lembranças. Distantes da paisagem africana, longe do território europeu que haviam escolhido como meta, estão em um limbo frio e enlameado, à espera de retomar a vida. Fadoul subestima o poder das instituições. Não sabe que seus papéis passam de uma mesa a outra, durante meses, sem que ninguém compre a briga, o incômodo e o trabalho de decidir. Finalmente um carteiro chega ao vilarejo. Após ter examinado o seu pedido, a OFPRA (Office Français de Protection des Réfugiés et Apatrides) estabeleceu que Fadoul nasceu em Camarões, não no Chade. Questão, claro, de poucos quilômetros. Mas poucos quilômetros que resultam em um parâmetro decisivo. Seu pedido não cumpre os critérios definidos pela Convenção de Genebra para o direito de asilo. Ele, sua mulher, seus filhos têm um mês para deixar o solo francês. Para não voltar nunca mais. A itinerância recomeçará. Recomeçará em alguma parte da África, em um campo de refugiados como aquele de Choucha, novamente em direção à Europa.

6. «REFUGIADOS» E «MIGRANTES». AS CLASSIFICAÇÕES IMPOSSÍVEIS

A «crise migratória» de 2015 criou ao menos dois fenômenos novos: de um lado a violação, tácita — mas não menos efetiva — do direito de asilo; de outro, a elaboração de rótulos capazes de deter, ou pelo menos diminuir, os «fluxos migratórios». As palavras não são nem irrelevantes, nem indiferentes. Decidem a política. Falar de «crise» não é algo casual: subentende a ideia de um «cheio demais» e implica a exigência de encontrar «soluções realistas».

Em nome dessa exigência, e do imperativo absoluto de reduzir drasticamente os «números de desembarques», afirmou-se no discurso público a exigência de distinguir entre aqueles que, fugindo por motivos políticos, deveriam ser acolhidos e aqueles que, tendo deixado seu país motivados por «objetivos econômicos», ou «pela ambição de melhorar de vida», seriam «legitimamente recusados». Aos primeiros vem atribuído o rótulo de «refugiados»; aos segundos o de «migrantes».

Se o termo «refugiado» corresponde quase a uma forma de redenção, «migrante» é um rótulo-fronteira, que vem à tona para imobilizar quem pretenda se valer livremente do seu direito de ir e vir. Os nomes confortam a boa consciência de uma *governance* humanitária que, recorrendo a um princípio de seleção aparentemente neutro, exerce um poder biopolítico. De uma parte os «bons», de outra os «maus», de uma parte os «verdadeiros», de outra os «falsos». Assim os Estados ocidentais realizaram acordos para expulsar os migrantes, esses «falsos refugiados».

Como ocorre com frequência, pela força da repetição, a diferença — longe de ser óbvia — acabou por impor-se nas mídias e na opinião pública, nos estudos sobre o tema e em uma estratégia política que busca classificações e nomenclaturas institucionais. Ainda reforça tal estratégia uma filosofia de caráter analítico e de índole normativa que, fazendo-se passar por *Verantwortungsethik*, «moral da responsabilidade» — dado que levaria em conta os riscos e consequências da imigração —, dedicou-se a estabelecer os critérios para controlar o *Asylant*, o requerente de asilo «falso» ou «negativo», para definir, em última análise, classificações precisas. A questão principal é «o quê» antes ainda do «quem»: o que é o refugiado, como defini-lo em sua essência? A definição essencialista tem o duplo objetivo de auxiliar o direito e facilitar a política em sua prática seletiva. Serve como prova, por conseguinte, da periculosidade de tais definições filosóficas.[159] O que importaria seria dispor

---

159 Sobre a definição filosófica do judeu como base para as Leis de Nuremberg, remeto a DI CESARE, D. *Heidegger e gli ebrei. I «Quaderini neri»*, n. ed. ampliada. Turim: Bollati Boringhieri, 2016, pp. 188 ss.

de normas e métodos «objetivos» para decidir «quais e quantos refugiados» deveriam ser acolhidos.[160] Essa moral analítica, já bem conhecida no contexto anglo-americano, tomou conta do ambiente alemão com a finalidade, por vezes explicitamente declarada, de combater a Neue Linke, a nova esquerda filosófica ítalo-francesa. Para além das separações conceituais pouco fundamentadas e quase constrangedoras —por exemplo, aquela entre fuga e migração, *Flucht* e *Migration*, a partir do conceito mais genérico de *Wanderung*, entendido como o simples movimento de caminhar —, tal casuística patriótica se propõe no final das contas a legitimar moralmente a discriminação política em relação aos migrantes.[161]

Em vez de reforçar os muros e consolidar as fronteiras, fortalecendo rótulos definidores duvidosos, é preciso, ao contrário, desconstruir a lógica de seleção, indagando sobre o conteúdo semânticos dos termos, em nada neutros, cujas diferentes interpretações são lidas à luz da filigrana histórica. Dos arquivos afloram nomes díspares — exilados, apátridas, proscritos, migrantes — que, desde o século XIX, alternam-se para identificar aqueles que cruzam as fronteiras dos incipientes Estados-nação com base nos motivos que os levaram a se deslocar: resistência política ou necessidade econômica. Naqueles anos, o «refugiado», produto de uma tensão permanente entre proteção dos direitos humanos e soberania nacional, não tem ainda um status universal. Mesmo depois, o «refugiado» permanece sendo um conceito problemático, uma definição controversa. A questão é que não existe o

---

160 Cf. GRUNDMANN e STEPHAN (orgs.), «*Welche und wie viele Flüchtlinge sollen wir aufnehmen?*», op. cit., pp. 7-12.
161 A propósito disso, é paradigmático o ensaio de OTT, K. *Zuwanderung und Moral*. Stuttgart: Reclam, 2016, pp. 15 e 47.

«refugiado em si». O termo assume matizes e conotações diferentes conforme as épocas históricas e os diversos usos políticos, e acaba falando mais sobre quem o aplica do que sobre aqueles a quem é aplicado.

Categoria que se transforma, o «refugiado» exige que a história seja questionada, mesmo que brevemente, para que venha à tona esse seu caráter oscilatório. Olhando bem, o termo surge mesmo somente na metade do século XV, em inglês e francês. Está reservado aos huguenotes em fuga da França após a revogação do Édito de Nantes. Vale a pena observar que «refugiados» são apenas os cristãos — não os judeus, os convertidos e os marranos, expulsos da Espanha. Mais tarde, o termo desvincula-se cada vez mais do âmbito religioso para designar, na onda dos acontecimentos políticos, o estrangeiro que, saído de seu país, pede proteção ao lugar para onde vai. Porém é durante as duas guerras mundiais, com a erosão dos grandes Impérios, que a figura assume contornos mais precisos, embora sejam grupos inteiros que obtenham acolhimento. Primeiro entre os russos, a partir de 1921. Para ser refugiado, é necessário pertencer a um grupo étnico.

O exilado russo é emblemático em muitos aspectos. Tornado apátrida após a Revolução de Outubro, decidido a não retornar, é o aristocrata antibolchevique, sentimental e nostálgico, assim magistralmente descrito por Joseph Roth.[162] Para esse exilado russo, o explorador norueguês Fridtjof Nansen, que naquele tempo dirigia o Alto Comissariado, inaugura em 1922 um novo documento, o «passaporte Nansen», que, prenunciando o direito de asilo, estabelece, não sem polêmicas, residência para eles. Tais

---

162 Cf. ROTH, J. *Viagem na Rússia* (1926-27). Trad. de Alice Leal e Simone Pereira Gonçalves. 2ª ed. Belo Horizonte/ Veneza: Âyiné, 2017.

exilados, vítimas do comunismo, estão destinados a deixar uma profunda e duradoura marca no imaginário coletivo. Bem diferente é o caso de outros grupos, por exemplo, dos italianos que fogem do regime de Mussolini. Por mais paradoxal que possa parecer, não é instituída a categoria de «refugiado italiano». O mesmo acontece com espanhóis e portugueses que fogem de ditaduras fascistas. Um caso à parte são os judeus alemães e austríacos, que deverão esperar até 1938 e 1939, respectivamente, para serem reconhecidos como refugiados pelos países ocidentais.

Somente após a Segunda Guerra Mundial, em 28 de julho de 1951, a Convenção de Genebra define o refugiado dando ênfase à «perseguição». Responde assim ao direito de asilo que, alguns anos antes, em 1948, foi proclamado com todas as letras pela Declaração Universal dos Direitos Humanos (art. 14. I): «Todo ser humano, vítima de perseguição, tem o direito de procurar e de gozar asilo em outros países». A Convenção de Genebra rompe com os esquemas precedentes, válidos para grupos, e fornece uma definição individual. É refugiado

> qualquer pessoa que, temendo ser perseguida por motivos de raça, religião, nacionalidade, pertencimento a grupo social ou opiniões políticas, se encontra fora do país de sua nacionalidade e que não pode ou, em virtude desse temor, não quer valer-se da proteção desse país, ou que, se não tem nacionalidade e se encontra fora do país no qual tinha a sua residência habitual em consequência de tais acontecimentos, não pode ou, devido ao referido temor, não quer voltar a ele.

Essa definição é mais ambígua do que pode parecer à primeira vista. O que significa «perseguição»? Os motivos que podem levar um indivíduo a se expatriar são múltiplos, extremamente diversificados; não é dito que todos devem se encaixar no conceito de «perseguição», mais genérico do que geral, o que, aliás, deveria constituir o critério decisivo. No entanto, a ruptura com os modelos passados ocorre dentro de uma significativa continuidade. O refugiado nada mais é do que um decalque do dissidente soviético. Quem vence, na Guerra Fria, é o bloco ocidental, quem perde é o bloco socialista. Prevalece assim a defesa dos direitos civis sob tutela contra as violências econômicas. As definições levam de fato em consideração as liberdades individuais. O protótipo de refugiado é aquele que foge de leste a oeste. Nenhum espaço é concedido a quem é vítima da fome ou da pobreza, causas que continuam perdidas. Quem hoje é o migrante indesejável não encontra, portanto, cidadania. Sua exclusão é decretada pela história.

A flutuação do «refugiado» faz vir à tona o anacronismo de uma figura definida com critérios ideológicos e inserida em um universo bipolar em que, mais que oferecer asilo, os países ocidentais querem ser livres para acolher os refugiados do outro lado da Cortina. Um protocolo posterior, assinado em 1967, estende tal acolhimento aos perseguidos de todo o mundo. Durante anos, décadas, o refugiado tem as características do exilado que, opondo-se à ditadura, pode provar que é perseguido. Mas os arquivos atestam uma práxis bastante generosa e uma interpretação ampla que, sem se deter demais nas verificações, confere status de refugiado com base no pertencimento: é suficiente ser russo, polonês, húngaro, depois vietnamita, laosiano, cambojano. A necessidade de mão de obra facilita esse processo.

Deve-se ressaltar que o refugiado «político» suscita simpatia, desperta a solidariedade. Ele não só sofreu uma injustiça como indivíduo, mas é também expoente de um povo de todo oprimido, ou ao menos parcialmente, com quem não é difícil identificar-se: dos republicanos espanhóis, expatriados com a *retirada* de 1939, aos exilados tchecoslovacos, fugidos dos tanques soviéticos, dos gregos que escapam do regime dos coronéis, até os chilenos, os argentinos, os sul-americanos em geral que durante os anos 1970 chegam às cidades europeias. Sua luta política é clara e mobilizadora; por isso recebe apoio, ganha adesão. O que não impede, contudo, que o asilo permaneça como um problema internacional, regulado pelas instituições diplomáticas.

A situação muda quando, após a crise do petróleo de 1973, as fronteiras começam a se fechar, e se forma então o perfil do novo refugiado. Menos branco, menos instruído, menos rico, jogado na rua da imigração por motivos ao mesmo tempo mais complexos e mais triviais, ele é acusado de ser um «falso refugiado», seja porque não corresponde ao exilado, ao dissidente, ao «verdadeiro refugiado», seja porque quer usurpar as nobres razões políticas com causas econômicas vulgares. Junto com a lógica da seleção, é também inaugurado o expediente administrativo-burocrático do requisito de uma «prova», motivada pela sombra iminente da mentira, ou seja, quem aspira a ser reconhecido como refugiado seria desde o início mentiroso, recorreria sempre ao subterfúgio e ao engodo para insinuar-se dissimuladamente, para instalar-se definitivamente. Nasce daí a imagem do «clandestino». O Estado o desmascara e o expulsa, restabelecendo a verdade.

Na última década do século XX, enquanto a queda do Muro de Berlim não provoca a anunciada invasão do Leste, cresce desmedidamente o número dos que fogem não apenas dos múltiplos conflitos internacionais e das guerras civis sem fim, mas também da fome, da seca, da violência de todo tipo. A mobilidade da globalização favorece a circulação migratória, que se torna um ícone peculiar da hipermodernidade. A diasporização do mundo, caracterizada tanto pela interdependência das crises quanto pela participação sem precedentes em desafios comuns, põe em evidência os limites, políticos e conceituais. A explosão da demanda de exílio deveria apagar esse limite, já fluido, entre as velhas categorias de refugiado e de migrante.[163]

Mas, no novo milênio, as fronteiras se fecham para os estrangeiros que são mais estrangeiros que outros: os pobres. Separado do imigrante por uma barreira cada vez mais intransponível, o refugiado, em sua figura agora anacrônica, permanece um obstáculo fundamental que a *governance* administrativa trata de reforçar graças a um desdobramento que marca uma etapa nova: a do «requerente de asilo». O migrante fica indefinidamente à mercê dessa demanda, dessa espera imprecisa, que pode levar toda a existência.[164] Isso é ainda mais absurdo, já que o asilo em si, instituição ambígua e antiquada, é sistematicamente ignorado — até a última violação, sancionada oficialmente pelo acordo de 18 de março de 2016, estipulado entre União Europeia e Turquia. Segundo esse acordo, quem chegasse ao território grego, mesmo os sírios, requerentes legítimos, deveria ser barrado dentro da fronteira turca. Esse tratado impediu que refugiados em potencial solicitassem asilo. O descrédito que recaiu sobre o imigrante acabou por afetar o refugiado.

O termo «migrante» indica somente quem migra, sem que isso tenha uma conotação positiva ou negativa; não corresponde,

---

163 Cf. AGIER, M. e MADEIRA, A.-V. (orgs). *Définir les réfugiés*. Paris: PUF, 2017.
164 Cf. HADDAD, E. *The Refugee in International Society. Between Sovereigns.* Cambridge: Cambridge University Press, 2008.

como o refugiado, a uma categoria jurídica. Há tempos, porém, «migrante», não mais neutro e descritivo, assumiu contornos perturbadores e depreciativos. Figura de trânsito, de presença fugaz e instável no mundo, o migrante, destinado aos não lugares, fadado às fronteiras, aparece como alguém impossível de controlar, invisível, fugidio, evasivo e invasivo. Justo a impossibilidade de defini-lo, a não ser por seu condenável deslocamento, coloca-o como suspeito e o condena à esperança do «requerente». Não é um perseguido, não é uma vítima, com quem se possa ter compaixão, muito menos ser solidário. Ao contrário, ele poderia ser o perseguidor. Porque tem a aparência sombria do rival, do adversário, do inimigo sorrateiro e oculto. É o «migrante clandestino», condenado a um exílio perene, a uma migração interminável, a uma invisibilidade indefinida.

O migrante não é ainda nem mesmo o imigrante, o *sans-papier*, o trabalhador sazonal, o migrante pendular, o estrangeiro etc. A multiplicidade dos rótulos liga-se, claro, ao perfil diversificado dos novos migrantes. Basta pensar nos menores desacompanhados e nos migrantes climáticos. A paisagem migratória se transformou. Mas todos os rótulos permanecem na esfera semântica do «migrante» e conservam seu estigma.

Ainda assim, esse novo pobre, de quem foi arrancada também a antiga dignidade do pobre, teria mil razões para se valer da migração, mil motivos, muitas vezes misturados, que o fizeram sair, ou melhor, que o forçaram a sair. A UNHCR já fala há muito tempo de «fluxos mistos» para indicar a chegada de migrantes que fogem da guerra, violência, fome. Mas nessa fórmula já se admite a impossibilidade de aplicar categorias velhas e rígidas para desvendar esse emaranhado inédito e separar o migrante bom do migrante mau. A perseguição pode ter muitas faces nos inúmeros novos conflitos políticos, étnicos, religiosos. Pode ter o rosto da seca. Ou o da facção semiterrorista que afugenta os camponeses de uma aldeia; se eles deixam suas terras, poderiam, equivocadamente, ser considerados migrantes econômicos. Assim como um sírio, curiosamente definido como «refugiado de guerra», poderia ter se deslocado também por um motivo econômico, também quem vem do Chade poderia ter sofrido intimidação política durante toda a vida. O critério de pertencimento a uma nação, que nunca foi suficiente, parece totalmente passível de desconfiança.

A distinção entre perseguidos políticos e migrantes econômicos não se sustenta. Seria como afirmar que o empobrecimento de continentes inteiros não tem causas políticas. A guerra civil global não é conduzida apenas com bombas. Exploração, crises financeiras, fuga de capitais, corrupção, catástrofes ecológicas, fundamentalismo não são motivos menos relevantes do que a ameaça pessoal, a tortura, a prisão. Tal critério anti-histórico mantém-se de pé somente pela lógica da seleção e pela política de exclusão.

7. AS METAMORFOSES DO EXILADO

Em uma conferência realizada em Viena em dezembro de 1987, pouco antes de receber o Nobel de Literatura, o escritor russo Iosif Brodskij, exilado soviético no Ocidente, pergunta-se sobre o que liga a sorte do intelectual no exílio à do migrante: os *Gastarbeiter* italianos e turcos na Alemanha, as *boat people* do Vietnã, os mexicanos que tentam entrar na Califórnia, os paquistaneses que desembarcam no Kuwait ou na Arábia Saudita para procurar um trabalho humilde demais para os senhores do petróleo, os etíopes em fuga do alto custo de vida.

Seja qual for o nome mais adequado para tais pessoas, sejam quais forem seus motivos, suas origens e destinações, seja qual for o impacto sobre as sociedades que estão abandonando e sobre as sociedades a que se dirigem, uma coisa é absolutamente clara: eles tornam muito difícil falar com honestidade sobre as dificuldades do escritor no exílio. Mesmo assim, precisamos falar; e não só por ser fato sabido que a literatura, tal como a pobreza, cuida dos seus, mas ainda mais por causa da velha crença, talvez infundada, de que o desgoverno e o sofrimento que levam milhões ao êxodo poderiam diminuir caso houvesse uma melhor leitura dos grandes mestres deste mundo.[165]

O que têm em comum o migrante e o escritor fugido da ditadura? A resposta é o exílio. Essa condição é o fio condutor que os liga. De resto, as diferenças são muito profundas. E, como Brodskij não deixa de ressaltar, a «velha égua cinza do exílio não é mais aquela de outrora».[166] O exílio já não é aquele de Ovídio em Roma, de Dante em Florença. De exilados célebres a história está cheia. A muitos deles se devem páginas memoráveis.

Exílio e literatura formam um binômio sólido. Por um lado, a condição de exilado, assumida com um orgulho consciente, às vezes até almejada — pode-se pensar em Joyce, que escolheu viver longe de Dublin —, é fonte inesgotável da literatura; por outro lado, à grande narrativa são dedicados os retratos mais cruéis e impiedosos. O auge talvez seja o conto *Amy Foster*, em que Joseph Conrad, ele próprio um exilado polonês, narra o naufrágio e depois

---

165 BRODSKY, J. «A condição chamada exílio». In: Id., *Sobre o exílio*, trad. de André Bezamat. Belo Horizonte/Veneza: Âyiné, 2016, pp. 16-7.
166 Ibid., p. 16.

a vida, ou melhor, a sobrevivência de Yanko Gooral, camponês do Leste Europeu que o mar lançou sobre a costa britânica; estranho por completo, de um modo indecifrável, apaga-se em uma agonia que nenhuma palavra ameniza, nenhum olhar acompanha.[167] A literatura sobre o exílio se torna, nos dois últimos séculos, um gênero propriamente dito, quase na tentativa de seguir em suas vicissitudes aquela modernidade, desmascarada por Nietzsche, cada vez mais distante de si, cindida, separada, nômade.

Com origem na prática antiga da expulsão, o exílio foi inicialmente uma forma radical de dissidência, exclusiva de alguns — intelectuais, escritores, ativistas políticos —, muitas vezes capaz de transformar o distanciamento em uma posição privilegiada, a perda em uma possibilidade de redenção. A imagem do exilado muda no tempo. A epopeia do *outsider* nobre e obstinado, irredutível em sua luta contra o poder, dissolve-se submersa pelas repetidas ondas da grande emigração. No início do século XX, o exilado muda de perfil; já não se chama sequer exilado. O fenômeno, em sua complexidade, não deve passar despercebido: enquanto a emigração aumenta exponencialmente, a imagem do exilado se rompe, decompõe-se, dando lugar a uma multiplicidade cada vez mais diversificada de figuras, apenas parcialmente capturada pelos numerosos rótulos. Exilados, apátridas, proscritos, fugitivos, refugiados, *displaced persons*, requerentes de asilo, emigrantes, nômades, «clandestinos» — a lista de termos, menos ou mais discriminatórios, varia nas diversas línguas e amplia-se toda vez que afloram aspectos inéditos no multifacetado mundo da migração.

Ligados ainda e sempre pelo exílio, somente uma atmosfera familiar longínqua parece capaz de fazer convergirem o exilado

---

167 Cf. CONRAD, J. *Amy Foster*. Rio de Janeiro: Revan, 2007.

e o migrante.[168] A ponto de ser legítimo perguntar — como faz o pensador americano-palestino Edward Said — se é possível conjecturar sobre um mesmo fenômeno.[169] Embora seja preferível, sem descuidar das reais diferenças, optar por uma continuidade que permita, entre outras coisas, ler também historicamente a migração atual. Tal escolha encontra confirmação sobretudo em alguns deslocamentos semânticos. Já durante a emigração de intelectuais da Alemanha para os Estados Unidos, entre 1933 e 1945, os termos tornam-se flutuantes e os exilados se autodefinem frequentemente como *Emigranten*.[170] O próprio Adorno, no capítulo intitulado «Asilo para os sem-teto», integrante da sua obra *Minima moralia*, uma espécie de autobiografia escrita no exílio, examina «as necessidades impostas pela emigração».[171] O filósofo, fugindo do nazismo, não pode se considerar um heroico opositor; sente-se mais próximo de um emigrado e admite refletir *aus dem beschädigten Leben*, a partir da vida, incluindo a própria, mutilada, danificada. Nessa flutuação dos termos, pode-se reconhecer não somente o caráter artificioso dos rótulos, mas também o cruzamento problemático de figuras diversas que não se sucedem, mas principalmente se interpõem e sobrepõem.

168 Sobre o assunto do exílio entendido como condição existencial e política, cf. *infra*, cap. 3, §§ 1-2.
169 Cf. SAID, E. «Riflessioni sull'esilio». In: Id., *Nel segno dell'esilio. Riflessioni, letture e altri saggi* (2000), trad. it. de M. Guareschi e F. Rahola. Milão: Feltrinelli, 2008, pp. 216-31.
170 Sobre isso, cf. SRUBAR, I. (org.). *Exil, Wissenschaft, Identität. Die Emigration deutscher Sozialwissenschaftler 1933-1945*. Frankfurt a. M.: Suhrkamp, 1988.
171 ADORNO, T. W. *Minima moralia, Medirazioni sulla vita offesa* (1951), trad. it. de R. Solmi. Turim: Einaudi, 1994, p. 34.

8. ASILO: DE DIREITO AMBÍGUO A DISPOSITIVO DE PODER

É em tal contexto, em que as definições parecem controversas e os rótulos pretensiosos, que se deve colocar a questão do direito de asilo. Trata-se de um direito, frequentemente aclamado e conclamado, a que se apela quando, também no discurso público, se fala de acolhimento. O asilo, «sagrado e inviolável», é oferecido aos refugiados que o merecem, é negado aos migrantes que não podem reclamá-lo. Única proteção prevista para os estrangeiros, revela-se uma prerrogativa do Estado, que dispõe dele soberanamente. Quem detém então o direito de asilo? O indivíduo que o requer ou o Estado que o concede? Ressurge nessa pergunta a tensão entre os direitos humanos e a política da imigração seguida pelos Estados. Mas, no asilo, em sua instituição e em sua história, reside uma nova ambiguidade.

O vocábulo vem do grego *ásulon*, composto do alfa privativo (o «a» de negação) e do verbo *suláo*, que significa depredado, despido, retirado à força. O asilo é o espaço onde não é permitida a captura, *sulé*. Os gregos, fundadores dessa instituição, difundida também em outros lugares, chamavam *ásula* todos os lugares — dos bosques sagrados aos montes dedicados aos deuses, dos altares às tumbas dos heróis — que deviam ser considerados invioláveis. Ali buscavam proteção o escravo fugitivo, o prisioneiro de guerra, mas também quem havia cometido um crime, seja um assalto ou até mesmo um homicídio. Uma vez no altar, nos domínios do templo, dentro do bosque sagrado, o fugitivo não podia de modo algum ser tocado, violado, ferido, porque estava protegido por uma imunidade que, quase por contato, irradiava-se do lugar sagrado para quem havia entrado nele e dele passava a fazer parte. O princípio da irradiação valia também para animais e plantas.

Era chamada *asilía* a inviolabilidade a que tal lugar dava direito. Insiste-se frequentemente sobre o caráter sagrado dos «asilos» gregos, que também tinham valor civil, tornando-se aos poucos objeto de tratados entre cidades. Porque quem procurava refúgio talvez pudesse ser um estrangeiro. Tratava-se, contudo, de casos individuais. O que, por outro lado, nem sempre vem à tona é que o fugitivo poderia ser tanto o inocente quanto o culpado, tanto a vítima quanto o agressor. Em sua ambiguidade inerente, a *asilía* não fazia distinções e o direito era assim estabelecido com base no critério de lugar; no caso, o recinto sagrado.

Não se pode, por isso, falar de justiça. O objetivo da *asilía* era de um lado oferecer proteção a quem fugia da violência, mas de outro, porém, conceder refúgio a quem havia cometido a violência. Pretendia-se assim romper a cadeia infinita de violência. Isso parece evidente também no correspondente judeu das «cidades-refúgio», para onde podia escapar quem involuntariamente tivesse cometido um crime e fosse perseguido pelos parentes da vítima; era também um modo, portanto, de interromper o *goèl há-dàm*, o «vingador do sangue».[172]

Ao contrário dos romanos, que viam nisso um abuso, dado que nos templos se refugiava toda espécie de bandido, o direito de asilo era muito difundido no Oriente, e atravessa os séculos graças também ao direito eclesiástico. Mas encontra seu fim na Idade Moderna.

Reaparece, porém, de outra forma, na Revolução Francesa; se não é um dos direitos ditos «sagrados e invioláveis» da Declaração

---

172 Cf. *Bemidbar*/ Números 35:15-25. As «cidades-refúgio» funcionam, contudo, de modo mais complexo do que as *asilía*, introduzindo critérios sutis de distinção. Cf. *infra*, cap. 4, § 7.

de 1789, é, porém, definido na Constituição de 1793, que, no artigo 120, afirma: «o povo francês dá asilo aos estrangeiros banidos de sua pátria pela causa da liberdade. E rejeita os tiranos». Quando passa para a esfera das relações internacionais, tornando-se o direito que deveria proteger o estrangeiro, mantém toda a ambiguidade do passado. Nessa perspectiva, tiveram asilo todos os grandes revolucionários, como Giuseppe Garibaldi, Louis Blanc, Mikhail Bakunin, Giuseppe Mazzini, e muitos outros exilados políticos. Mas o asilo foi concedido também a Pol Pot na China, a Marcos no Havaí, a Stroessner no Brasil — para não falar dos inúmeros nazistas que conseguiram refúgio na América Latina.

Enquanto a figura do exilado vai se espalhando com o tempo, florescem toda a ambiguidade constitutiva do asilo, os equívocos éticos, a impossibilidade de distinguir entre inocentes e culpados, entre quem merece e não merece refúgio — como se vê nas embaixadas, consideradas lugares de asilo. Isso invalida a ideia difusa de um direito de asilo que, passando por uma distinção cuidadosa, deveria ser concedido aos refugiados e não aos migrantes. Também não fica claro por que se recorre a esse instrumento para falar dos *Asylanten* ou dos assim chamados «requerentes de asilo». Não se compreende, de fato, o que pode ter em comum um refugiado sírio com um ditador deposto ou com um criminoso não extraditado a quem se ofereceu imunidade.

Se antes da grande emigração o asilo parecia uma instituição ambígua, no limite do direito, deveria em seguida ter sido totalmente separada das questões migratórias. Porém aconteceu o contrário: o asilo foi ampliado e redefinido várias vezes. O que provocou muita confusão. Assim, a herança do passado é a ideia de que quem recebe asilo, ou ainda quem o requer, é vinculado a um crime, tem alguma conexão com a criminalidade.

Nem mesmo a explosão dos pedidos de asilo mudou esse quadro. Se olhamos para os acontecimentos recentes, a imprecisão conceitual é marcante, por exemplo, no modo de entender a perseguição, cujo raio é muito variado e extensivo aos direitos humanos. Mas há uma vertente dupla a afetar a política do asilo. De um lado são multiplicadas tanto as barreiras jurídicas e policialescas (crime de imigração clandestina, sanções para quem ajuda o migrante, prisão administrativa, expulsão) quanto as restrições burocráticas e processuais (o tratado de Dublin, por exemplo, obriga a enviar o pedido no país de chegada), com a finalidade, não muito escondida, de desencaminhar o pedido; com a mesma intenção há também os longos períodos de espera, a incerteza de que dará certo, a fabricação do «nem... nem» e todas as dificuldades para diferenciar refugiados e migrantes. De outro lado, o asilo é «exteriorizado» com objetivos aparentemente humanitários, criando campos de refugiados a fim de examinar o pedido, oferecendo uma proteção temporária, próxima às zonas de conflito, formando asilos provisórios. Também essa exteriorização, porém, não é mais que uma maneira de manter os migrantes afastados.

Essa vertente dupla mostra como o asilo, antes instrumento de regulação das relações entre Estados, virou um dispositivo de que os Estados se servem para exercer, em conluio, seu poder sobre os migrantes. Que isso seja ambíguo e arbitrário não prejudica, mas, ao contrário, facilita a defesa soberana a todo custo que, com um bizarro eufemismo, é chamada «política de asilo».

9. «VOCÊ NÃO É DAQUI!», UMA NEGAÇÃO EXISTENCIAL

«De onde você é?» E, antes que o interpelado possa responder, a constatação: «você não é daqui». Nessas palavras, aparentemente banais, está implícita uma condenação que cola no estrangeiro uma negatividade irredimível. A bem da verdade, «você não é daqui» deveria significar «você é de outro lugar», vem de outro país. Embora o genitivo indique furtivamente o pertencimento a um lugar, mais do que assinalar a simples proveniência, a frase não parece conter nada de alarmante.

No contexto atual, porém, a formulação assumiu um valor preciso e «você não é daqui» é entendido no sentido da mais abissal negatividade: «*você não existe*». Com uma inversão, a essência passa a preceder a existência. Justamente porque você não é daqui, não existe. O migrante é condenado à inexistência do autóctone, que reivindica orgulhosamente seu pertencimento, ao lugar, mas também ao ser e ao existir. Poderia existir então somente como autóctone, na presumida naturalidade de quem nasceu da terra onde vive. «Existo», uma vez que «sou daqui». Quem não pode reivindicar essa existência está condenado a um apagamento sem apelação. «Desapareça, se você não é daqui!»

A inversão é político-existencial. O existir do autóctone declina-se e conjuga-se de muitas maneiras: se «sou daqui», «tenho direito» à casa, ao trabalho, à assistência de saúde, à proteção social. Por oposição, se «você não é daqui», se «você não existe», «não tem nenhum direito». O «você não é daqui» estigmatiza negativamente o estrangeiro, submete-o à inexistência política.

A modernidade tirou a aura do estrangeiro, que não é mais aquele que vem de outro lugar. Simplesmente é o migrante que aqui está, embora não seja daqui. Última versão da miséria contemporânea, que ultrapassa até mesmo a humilhação econômica, o migrante não exerce nenhum charme irresistível, nenhum fascínio exótico. Em sua nudez, obscura e ilegítima, é o fantasma do hóspede que, negado na essência, nenhuma hospitalidade poderia fazer existir plenamente. O migrante é o estrangeiro despido de sua sacralidade, de sua estrangeiridade épica. Desinvestido da glória de outrora, reconhecida apenas na paisagem do século XX, o estrangeiro deixa o lugar para as novas figuras da desordem espaçotemporal a que se reduziu a migração. Deixa o lugar — se assim se pode dizer. O estrangeiro podia reivindicar e manter o seu posto, porque vinha de um mundo outro, que lhe assegurava o trânsito entre o aqui e o acolá. Gozava ainda de um poder, devido àquela aura misteriosa que rondava seu mundo, de que se fazia portador. Despido do estrangeiro, o migrante perdeu a referência a um alhures e por isso já não tem acesso ao aqui. É sem-lugar — na inédita luta global por um lugar. A simples presença não justifica a existência.

Um precedente parecido é o do louco, sobre quem refletiu Michel Foucault. No início sagrado, pois fazia parte dos poderes obscuros da miséria, que lhe davam o direito à hospitalidade, o louco, esse peregrino da insensatez, é afetado na modernidade por uma dessacralização que ataca primeiro a pobreza, assinalada como culpa moral. Assim poderá ser hospedado somente ao lado dos mendigos, indigentes, miseráveis, encerrados entre as paredes do hospício.

O louco era figura familiar na paisagem humana medieval, porque vinha de um outro mundo. Agora, ganha destaque dentro de um contexto «policial» concernente à ordem dos indivíduos na cidade. Antes, costumava ser acolhido porque vinha de outro lugar; agora é excluído justamente porque vem daqui, ocupa lugar entre os pobres, os miseráveis, os vagabundos. A hospitalidade que o acolhe se tornará, em mais um equívoco, a medida de saneamento que o tira de circulação. O louco vaga, efetivamente, porém não mais pelo caminho de uma estranha peregrinação; perturba a boa ordem do espaço social.[173]

A não compreensão da hospitalidade, tornada internamento, coisa de polícia, diz respeito não por acaso também ao migrante, aos restos que sobram após a dessacralização do estrangeiro. E, se outrora o louco e o estrangeiro eram os principais personagens da errância, perturbadora e aurática, em seguida são relegados a figuras fora de lugar, que em sua superfluidade ameaçam a dialética imanente dos Estados e são por isso confiados a uma eficiente política de exclusão, capaz de fazer desaparecer o contraimpério dos vagabundos.

10. A CULPA ORIGINÁRIA DO MIGRANTE

Não é apenas a constatação: «você não é daqui». O migrante deve enfrentar também a pergunta: «por que você está aqui?». Essa pergunta resume um processo incessante, repetitivo. Migrar é um pecado original pelo qual o migrante jamais deixará de responder. A culpa vai colar nele para sempre. Sua relutância se debaterá entre acusação e autoacusação, culpabilização e autoculpabilização. Quem emigra passa a vida toda sob julgamento. Seja como for que as coisas caminhem, quaisquer que sejam suas vicissitudes, a história da sua família, a condição de seu país, se foi forçado a sair, ou mesmo expulso, se, em vez disso, agiu com mais liberdade, em todos os casos é sempre chamado a responder

---

173 FOUCAULT, M. *Storia della follia nell'età classica* (1961), trad. it. de F. Ferrucci, E. Renzi e V. Vezzoli, org. de M. Galzigna. Milão: Rizzoli, 2016, pp. 136-7.

por sua escolha individual, pela ruptura decisiva. Aí está, portanto, o defeito inicial, a culpa originária que é a própria migração, ato político-existencial de uma fissura irreparável. E, tal como o ato, seus efeitos também são políticos e existenciais.

Por mais que tente conferir uma inocência à migração, ela é sempre suspeita. Só porque rompe a pretensa naturalidade das nações, entendida por todos como o lugar em que se nasceu. Sob esse aspecto, a migração aparece como uma fenda aberta na integridade da ordem política, uma subversão temível e assustadora. Atopia geográfica, anomalia política, anomia sem limites, quase anárquica, a migração, esse deslocamento no espaço, acaba significando também um desvio moral. Por isso, a culpa é originária no sentido ontológico, antes ainda que cronológico. Todas as outras culpas sucessivas, que se produzem inevitavelmente, estão contidas naquela primeira culpa, que nenhuma condenação e nenhuma punição podem expiar. O pecado fica gravado, a mancha inapagável, o estigma permanente.

A migração é ilegítima — em ambas as suas fases, seja como emigração ou imigração. Não há discurso, sempre na ótica do pensamento estadocêntrico, que possa endossá-la, nem na melhor das intenções. Nem mesmo o exercício frequente da contabilidade, que mede seus custos, calcula seus benefícios, reduz um fenômeno histórico complexo a números e estatísticas, que tenta, desse modo, mostrando as vantagens oferecidas pelos imigrantes, racionalizar uma escolha arbitrária. Por isso, os orçamentos correm o risco de se tornar disputas sem fim. A economia das entradas não consegue motivar o ingresso dos indivíduos no território.

A ilegitimidade reflete-se no migrante que, como tal, nunca é uma figura neutra. É de fato acusado de estar onde não deveria, de ocupar o lugar de outros, lugar que lhe pertence. Sua presença é excessiva — não prevista, malquista, indesejada, abusiva. «Você não está na sua casa, não se esqueça disso!» «Volte para o lugar de onde veio.» O imigrante é um corpo estranho, que perturba a ordem pública, um corpo fora de lugar, que não se integra, de cuja superfluidade não se sabe como se livrar. Não tem direito de estar onde está. Continuamente é lembrado da sua in-existência decretada pelos outros, pelos autóctones, que o discriminam, que em torno dele reedificam constantemente a fronteira.

A ponto de ser o próprio imigrante quem percebe, em toda a sua tragicidade, aquela in-existência súbita, reconhece-a e assume-a para si. É sua situação-limite, para a qual não consegue encontrar saída. Já não se sente nem aqui nem lá. A partir do momento em que emigrou, foi embora, é como se, com a ruptura, se despedaçassem todas as conexões. A inexistência é ainda por cima dupla: o migrante não existe no lugar de chegada, onde é rechaçado; não existe no lugar de partida, de onde, apesar de todos os esforços, está ausente. Tal ausência — não há onipresença possível onde se abrigar — lhe vem imputada como culpa. Mesmo que ele ainda esteja sempre lá, no país que deixou, sua vida prossegue em outro lugar, lacerada, dividida, despedaçada. É inútil toda tentativa de recosturar desesperadamente o tecido depois que ele rasgou. Frequentemente a vida do migrante se esgota nesse esforço, sem nunca mais ser vivida, encerrada na armadilha de um ir e vir cruel e asfixiante. Abdelmalek Sayad falou sobre a «dupla ausência» para indicar a condição paradoxal do emigrado-imigrante, que continua presente onde está ausente e vice-versa, que está ausente onde se faz presente.[174] A cisão espacial reverbera também temporalmente: a vida é postergada em uma provisoriedade que acaba por se tornar duradoura. À espera de viver, quase em trânsito, o emigrado-imigrante abriga em si a contradição entre os dois tempos inconciliáveis das duas comunidades, de partida e de chegada, às quais já não pertence inteiramente. A contradição temporal imprime à sua vida uma marca de provisoriedade, enquanto a cisão espacial se acentua até se tornar barreira intransponível. Mesmo quando retorna a seu país, o emigrado descobre ser agora um estrangeiro para aqueles que ficaram. A estranheza o persegue e se cola a ele. Já não há lugar onde ele seja de casa. Entre dois mundos que se anulam mutuamente, inutilmente idealizados, já não recuperará o vínculo cortado e permanecerá em meio a uma dupla exclusão: a fratura com a comunidade de partida, a rejeição na comunidade de chegada. A integridade perdida provoca atritos internos, ameaça sua sobrevivência. Como a ausência, também a culpa se redobra. O emigrado-imigrante é constrangido a justificar a sua existência em todo lugar. Aceita quase passivamente o processo, convencido de que deve legitimar a todo momento, a si próprio e aos outros, a imigração, a culpa originária e imperdoável, quando uns o acusam de traição, de abandono, de desonestidade, e outros de perturbação, intromissão, desordem. De tal culpa não se livrará jamais.

---

174 SAYAD, A. *La doppia assenza. Dalle illusioni dell'emigrato alle sofferenze dell'immigrato* (1999), trad. it. de D. Borca e R. Kirchmayr. Milão: Cortina, 2002, pp. 170 ss.

11. «CLANDESTINOS». A CONDENAÇÃO À INVISIBILIDADE

Justamente porque a imigração representa um delito em potencial, tudo aquilo que o imigrante faz é julgado a partir de sua condição prévia, que é sempre um agravante. Vista como uma delinquência em si, a imigração seria fonte de crime. Culpa e punição duplicam-se mais uma vez.

O imigrante vira assim o criminoso potencial, o bandido sorrateiro, o terrorista implícito, o inimigo oculto. É o hóspede-fantasma, e nenhuma lei de hospitalidade pode torná-lo um vizinho, um semelhante, um próximo. Não existe lugar, na nação, para esse tétrico fantasma, desde sempre *pré*-judicado, destinado à inexistência, à espera de um reconhecimento mínimo que seja, de uma etiqueta, um carimbo, uma denominação. Imagem especular de Ulisses, que, na caverna do Ciclope, tomado pelo terror, declara chamar-se «ninguém» para poder reemergir livre e retornar à sua Ítaca, o imigrante é declarado «ninguém» por seus hospedeiros aterrorizados, que o revestem de uma suspeição indefinida, de uma espécie de *no man's land* espaçotemporal.

A linguagem afirma e confirma o caráter clandestino do imigrante. Esse estrangeiro, extracomunitário, é taxado com o único estigma de «clandestino». Se antes o termo indicava o passageiro que desembarcava ilegalmente, logo em seguida foi usado para designar quem entra em um território sem documentos ou passa a habitá-lo sem um visto de permanência regularizado. Frágil é o limite que distingue o imigrante irregular, hóspede ilegítimo, inimigo sorrateiro, do imigrante regular, ou regularizado, que a qualquer momento pode ter seus documentos invalidados, não renovados; sem o visto de permanência, o imigrante cairia então na ilegalidade. Mesmo sendo limitado o número de «ilegais», o termo «clandestino» acaba sendo estendido a todos os imigrantes que, no imaginário coletivo, são implicitamente clandestinizados. A «guerra à imigração clandestina», que o Estado anuncia diariamente, reforçou e consolidou a sinonímia. O imigrante é sempre e de todo modo um «clandestino». Às vezes pode ser resgatado da clandestinidade, pode reemergir graças a uma regularização provisória. Mas o estigma permanece: uma contingência burocrática torna-se propriedade constitutiva de um ser humano e da sua existência, ou melhor, da sua in-existência.

Um olhar atento para a etimologia pode esclarecer melhor essa passagem para a ilicitude, contrária a toda a lógica. O termo «clandestino» vem de *clam*, escondido, e *dies*, dia: escondido do dia. Clandestino é quem se esconde, evitando a luz do dia, quem se dissimula, fazendo-se passar por quem não é, contrabandeando sua identidade e imiscuindo-se no corpo da nação com o risco de atentar contra ele.[175]

O imigrante é o clandestino que, furtivamente — e justamente porque se infiltra às escondidas —, deve ser levado para longe do alcance da visão. A condenação é à invisibilidade. Essa é uma maneira de decretar a sua in-existência. Os desaparecimentos forçados podem acontecer de formas e modalidades diferentes. A clandestinização é uma dessas formas — talvez entre as mais recorrentes. As fronteiras não são somente aquelas de tijolos e arames farpados. É possível discriminar e excluir facilmente atrás da capa da invisibilidade. Deixa-se desaparecer, dissolver o «clandestino» naquele limbo escuro, a que a

---

175 Cf. sobre o assunto DAL LAGO, A. *Non-persone. L'esclusione dei migranti in una società globale*. Milão: Feltrinelli, 2004, pp. 48 ss.

própria clandestinidade o relegou. Foi Ralph Waldo Ellison quem descreveu, no romance *Homem invisível*, essa condenação sutil vivida por um afro-americano sem nome na Nova York dos anos 1940.

> Eu sou um homem invisível. Não, não sou um fantasma, como aqueles que obcecavam Edgar Allan Poe; e não sou também um daqueles ectoplasmas dos filmes de Hollywood. Sou um homem que tem consistência, de carne e osso, fibras e humores, e pode-se até dizer que sou alguém que tem um cérebro. Sou invisível simplesmente porque a gente se recusa a me ver: entendeu? Como as cabeças sem corpo que às vezes são vistas nas barracas de feira, eu me encontro rodeado de espelhos deformantes de vidro duríssimo. Quando os outros se aproximam, veem somente aqueles que estão a meu redor, ou a si mesmos, ou as invenções de suas fantasias, toda e qualquer coisa, em suma, menos eu.[176]

Nenhum reconhecimento, portanto, nem mesmo um olhar fugaz. Sem necessariamente que se ergam muros, mas com o mesmo impulso violento, podem ser reduzidos a fantasmas os estrangeiros que habitam as cidades. «Não, não sou um fantasma», assegura enfaticamente o protagonista do romance de Ellison. Porque ser fantasma para os outros significa deixar de existir na realidade. O anel de Giges, que — como diz o mito retomado por Platão — lhe permitia, sem ser visto, cometer os

---

176 ELLISON, R. W. *L'uomo invisibile* (1952), trad. it. de C Fruttero e L. Gallino. Turim: Einaudi, 2009, p. 3.

atos mais hediondos, já teve o seu tempo.[177] Claro, permanece como instrumento oculto, mas somente para consolidar um poder já estabelecido. Na era da visibilidade, dominada pelo mote «apareço, logo existo», ser invisível reforça a impotência do sujeito marginalizado.

A existência do migrante está em um limiar, ele transita entre a possibilidade de se elevar à condição de ser e a de afundar para sempre. A partir desse estigma de «clandestino», impresso nele antes mesmo de cada desembarque, a política performática de um lado o acusa de ter algo a esconder, um vício interno que não pode vir à tona, de outro o condena a uma ausência de qualidades, de prerrogativas que não lhe poderão ser atribuídas, de modo que sobra apenas um «outro» fantasmático. Relegado à margem, a chegada à terra firme jamais lhe é garantida. Se emigrante e imigrante já são duas condições que ultrapassam o campo da invisibilidade, e que em parte a contestam, é o migrante que, nem dentro nem fora, no meio das duas margens, entre uma rede e outra, pode sucumbir, enredado, imobilizado no trâmite aparente de um entrave jurídico, de um circuito político fatal. Para não ser preso, não deve ser visto, e, por outro lado, aceitando ser invisível, entrega-se a uma clandestinidade tolerada, a uma existência sem rosto, que autoriza não apenas a indiferença, mas também o apagamento. A vida do migrante na zona de trânsito não é tão submissa, como a do operário, que consente, apesar de tudo, uma resistência e uma luta. É mais uma vida nas sombras, feita de uma invisibilidade subterrânea, em que só lhe é dado esconder-se e dissimular-se, fazendo desaparecer aquele que agora nada mais é do que uma ausência. O desaparecimento parece então a única —

---

177 Cf. PLATÃO. *A república*. Rio de Janeiro: Zahar, 2003.

e trágica — saída na vida do «migrante clandestino». Como tornar visível essa invisibilidade é a grande questão política dos sans-papier.[178]

12. PALAVRAS DA DOMINAÇÃO: «INTEGRAÇÃO» E «NATURALIZAÇÃO»

A primeira condição hostil da hospitalidade é que o estrangeiro renuncie à sua condição, que se torne como os autóctones, que manifeste a intenção de querer ser assimilado, de integrar em si a identidade nacional do país que o hospeda. Não importa, pois, que ninguém saiba ao certo o que significa essa identidade. Para que sua chegada não seja vista como uma intromissão, até mesmo como uma invasão, é preciso que o estrangeiro ao menos abandone sua estrangeiridade, que o migrante, então, se declare pronto para reduzir progressivamente sua irritante alteridade. Aí talvez possa ser naturalizado, tornar-se «natural», como os autóctones. A condição mínima exigida por uma sociedade liberal e aberta, capaz de integrar, é que o outro seja, o mais rápido possível, um pouco menos outro, e dê provas concretas disso, tornando assim não totalmente ilegítima sua presença no território nacional.

Seus direitos são suspensos à espera dessas provas. Nesse meio-tempo, o imigrante deve se ocupar dos próprios deveres. Inversão que não pode passar despercebida: em vez de se admitirem e se declararem os direitos do hóspede, o inimigo potencial é lembrado de suas obrigações, tendo-se o cuidado de transformá-las em atos de generosidade, caridade unilateral e não evidente.

---

178 RANCIÈRE, J. «Xénophobie et politique. Entretien avec Yves Sintomer». In: Id., *Et tant pis pour les gens fatigués. Entretiens.* Paris: Ed. Amsterdam, 2009, pp. 192 ss.

A hospitalidade é pensada dentro de uma perspectiva hostil, de possível ameaça à pretensa integridade da nação.

O cenário é mais uma vez aquele em que a perspectiva estadocêntrica e etnocêntrica se impõe, reduzindo o emigrante a imigrante, que deverá mostrar gratidão à comunidade benevolente que o acolhe, superando as deficiências que porventura lhe possam ser tacitamente atribuídas. E, ainda outra vez, sendo o imigrante não nacional, e, portanto, a-político, busca-se despolitizar a imigração, fazendo do acolhimento uma questão puramente técnico-moral.

O vocabulário da dominação é muito variado; já existe uma história dos sentidos que explica por que alguns termos, cujo história semântica já está comprometida, são escrupulosamente evitados. Vale a pena mencionar alguns deles, os mais significativos: adaptação, inclusão, inserção, assimilação. Todos indicam, embora de maneiras diversas, uma passagem da alteridade para a identidade. Aparentemente espontâneo, o processo é dirigido, orientado, conduzido; a coerção é sutil, mas persistente. A versão oficial, geralmente pacífica, negligencia os atritos, deixa no silêncio os conflitos, promovendo a ideia de um percurso consensual e harmônico em direção à identidade do mesmo, do igual. Para depois descobrir, de repente, como aconteceu no passado mais recente, que faltavam tanto o consenso quanto a harmonia e que por isso o resultado foi exatamente o oposto do que se esperava.

É quase inútil ressaltar que esse vocabulário da dominação repropõe a fronteira entre «nós» e os «outros», a partir da qual, de fato, mobiliza toda a carga interpretativa contida na mágica palavra «identidade». Entre mitos e burocracias, desfralda-se a bandeira da identidade nacional para obstruir o caminho — de alguma forma mais ou menos imposto —, para espalhar proibições e outras barreiras. A ideia é ver quando e como o indesejado estrangeiro conseguirá se tornar idêntico a «nós». A prova poderia não acabar jamais. Mesmo quando dá tudo certo, e os documentos são obtidos — «documentos de identidade» —, emitidos para esse fim identitário, a possibilidade do fracasso não pode ser perdida de vista. Como na matemática, em que a integral é a curva assintótica que pode ser traçada até o infinito sem nunca chegar a tocar a abscissa, assim a integração não atinge nunca o signo da identidade. O imperativo da integração, em que aflora o eco da falta, da lacuna a ser preenchida, permanece ainda como a espada de Dâmocles, que paira sobre a cabeça do estrangeiro.

Cada época escolheu nomes diferentes para a passagem ao idêntico, orientando com o substantivo a sua interpretação. O que explica por que alguns termos sejam tão marcados ou soem anacrônicos. É o caso de «adaptação», com que se designava um conformar-se dos trabalhadores à cadeia de montagem, ao ritmo e à cadência da produção industrial; a urbanização, portanto, do camponês imigrante na cidade, que corria o risco de se tornar um «desadaptado». Mais neutro, porque não mira um alvo específico, é o termo «inserção», com que se entende a operação técnica, e quase asséptica, de implantação de um corpo estranho no grande mecanismo do progresso.

Ao contrário, a palavra «assimilação» tem uma história bem mais longa, e bem mais trágica, já que, a partir pelo menos do Iluminismo europeu, indica a mudança exigida àqueles que, na nação, são estrangeiros ou são percebidos como estrangeiros. Se a nação assimila, cabe a eles, contudo, serem assimilados, tornarem-se símiles, abandonando suas peculiaridades. Isso foi transportado na maioria das vezes para uma superação do particularismo. Por isso, a assimilação não raro acabou por se deslocar perigosamente, tornando-se sinónimo de emancipação. Se hoje não o é mais, ao menos com a mesma desenvoltura, é porque os efeitos devastadores produzidos pelo universalismo totalizante estão sob a observação de todos. Basta recordar a história dos judeus europeus, a vontade de serem iguais, a adesão muitas vezes incondicional, o desejo de serem reconhecidos como cidadãos com os mesmos direitos — uma história que terminou, depois de sua desnaturalização, nos campos de extermínio. Muitos filósofos já escreveram sobre isso. Mas foi o uso do termo no passado colonial que o desqualificou ainda mais, deixando impresso em sua semântica a marca do etnocentrismo, fazendo emergir a metáfora digestiva da antropofagia, a capacidade de englobar e consumir tudo em nome dos direitos universais. Geração após geração, a sociedade europeia foi assimilando os imigrantes, ex-colonizados, sobre os quais recai sempre a culpa pelo sucesso parcial ou pelo insucesso.[179]

Eis por que no vocabulário nacional-identitário da dominação acabou prevalecendo «integração», palavra com muitas nuances, usada primeiro para designar o desenvolvimento que deveria levar a uma sociedade coesa, bem integrada, e que depois tendeu mais a designar a inclusão das partes no todo. Talvez porque pareça acenar — muito remotamente, no entanto — à integridade do indivíduo, preservada e não dissolvida na comunidade, ela seja preferida a outros termos de conteúdo mais claramente assimilatório. Contudo, «integração» — não menos do que «inclusão», palavra com que disputa lugar no discurso público — ainda é uma palavra

---

[179] Para os fenómenos mais recentes ligados a tal insucesso, em particular a radicalização, remeto a DI CESARE, D. *Terrore e modernità*, op. cit., pp. 97 ss.

de obrigação, de comando, com que se empurra o imigrante para seus deveres, exigindo dele uma elaboração da própria existência, com transformações diárias segundo modelos prefixados que deveriam ser assumidos espontaneamente. Uma prova sem fim, um exame repetido, sem que haja uma promoção como resultado.

O imigrante, esse subproletário da identidade, permanece vigiado mesmo depois de anos e décadas. Até quando já está naturalizado. O termo «naturalização», do francês *naturaliser*, não é tão óbvio como pode parecer. Desconstruí-lo é simples: significa virar «natural». Como os autóctones, os filhos da terra. Diz-se «estrangeiro naturalizado» para se referir ao imigrante que pediu cidadania, há um tempo chamada «naturalidade». O modelo é o da biologia, em que se definem como naturalizadas as espécies animais ou vegetais que se reproduzem espontaneamente depois de terem sido transplantadas para lugares diferentes daqueles de origem. A linguagem jurídico-política segue a empírico-científica para indicar o processo administrativo — diferente, nisso, da integração, que é mais ampla — por meio do qual o imigrante deveria poder pertencer a uma nação. Na nação, que define o pertencimento pelo nascimento, existe de um lado uma vida natural, mesmo em sentido biológico, que é a dos cidadãos, dos conterrâneos, e de outro uma vida que, transplantada, deve naturalizar-se, à espera de que suas raízes se agarrem ao novo terreno. Esta última tem algo artificial, que a torna ilegítima, e requer um intenso trabalho de cultivo, sem que se possam prever os resultados.

Na ordem nacional, a imigração nega a si mesma na naturalização em que milagrosamente se dissolve. A passagem é um delicado transplante de um terreno a outro, mas é também uma transfusão de um sangue a outro, uma transubstanciação propriamente dita. Entrar na nação significa fundir-se para não colocar em risco sua ordem — natural, política, moral, cultural. Importante, porém, frisar que a naturalização é imposta pela ortodoxia política da nação. A economia, sobretudo a global, não a exige: não é necessário que um trabalhador imigrante se torne cidadão. Quem quer se valer da homogeneidade é a nação: o imigrante deve estar disposto a se converter em um bom cidadão nacional, deve aceitar uma incorporação profunda e completa, que em geral vem transformada em uma honra inestimável, um privilégio concedido com cerimônias e rituais. Na verdade, devido a uma relação de forças assimétricas, o cidadão de outra nação é simplesmente anexado, muitas vezes também com uma troca de nacionalidade. O juramento cívico, com o qual se nega aquilo que se é, que se foi, para mudar de «identidade» por meio da naturalização, é uma violência institucionalizada. Para os imigrantes, não se trata de um simples procedimento administrativo, mas de uma antítese geralmente dolorosa com que se debatem sem escapatória: de uma parte, a traição ao país de origem, de outra, a fidelidade oficialmente jurada ao país de chegada. Ruptura repetida daquele primeiro instante da partida, com que teve início a emigração, traição reiterada, porque não se abandona somente a nação do passado, mas também o grupo dos não nacionais, ou seja, a própria condição do imigrante.

13. SE O IMIGRANTE PERMANECE EMIGRANTE

Do ponto de vista da nação, a anexação do imigrante vem a ser a meta do ato de migrar. No entanto, reduzir o emigrante a imigrante é tarefa que nunca se realiza completamente. O que quer dizer, de fato, tornar-se imigrante? Pode-se chegar a sê-lo plenamente? Assim que chega a um país estrangeiro, de modo duradouro ou mesmo definitivo, o imigrante adquire um status. Isso dá a ele, conforme o caso, algumas garantias, um ou outro direito. Tal status, que se baseia no ideal de um imigrante bem inserido, não é mais que uma hipótese num pedaço de papel, porque presume existir algo que na verdade falta. O imigrante, entendido como «sujeito integrável», é uma construção burocrática abstraída da sua precariedade inerente, da sua indelével provisoriedade.

Eis por que o imigrante, que não cessa de migrar, nunca supera nem elimina a condição de emigrante, que fica inscrita naquele seu status.[180] Não há burocracia que possa apagá-la. Apesar de todo o constrangimento, todas as obrigações, a lógica da imigração não determina o fim do emigrante, não leva a melhor sobre essa existência fantasmática, mera possibilidade, que continua a inquietar também o imigrante. Aliás: principalmente o imigrante. Ele sempre se verá como *emigrado*, a partir do prefixo *ex-* que assinalou um «foi embora de», que deixou transparecer o não estar em casa, que só tem a si próprio, que marcou um ponto de não retorno. Desde então não conseguiu mais formar um «si próprio» estável, capaz de compensar a perda.

Menos ou mais profunda, menos ou mais manifesta, a cicatriz da emigração não pode ser reparada. O emigrante a carrega esculpida, impressa em si, a ponto de, mesmo tornado imigrante, não conseguir se livrar dela. Por isso, a existência do emigrante não apenas precede, mas excede a do imigrante,

---

180 Cf. LE BLANC, G. *Dedans, dehors. La condition de l'étranger*. Paris: Seuil, 2010, pp. 77 ss; PESTRE, É. *La vie psychique des réfugiés*. Paris : Payot, 2010.

apesar de todos os esforços da nação para neutralizá-lo e domesticá-lo. Mais que representar uma figura carente e inadaptada que, como a do imigrante, carece de um *ser consigo*, o emigrante que existe nele, com sua existência despedaçada, desafia sutilmente o modo de ser dos autóctones, promovendo fissuras, abrindo fendas no solo nacional. Por aí é possível desconfiar por que ele é assim temido.

O emigrante interrompe a construção e a legitimação da nação, fazendo florescer, a partir da fenda aberta, os artifícios sobre os quais ela se apoia. O descrédito que o circunda deve-se a essa inquietação que ele provoca antes de qualquer oposição política articulada, contestando desde a raiz a forma hegemônica da nação, abalando seu fundamento. Expoente de um desacordo prévio, o emigrante-imigrante desnaturaliza a nação, tanto a de partida quanto a de chegada, inaugura outro ponto de vista, externo, estranho, excedente, que traz à luz aquela construção artificial. Vem daí a acusação de anormalidade, de patologia, que se atribui à migração. O potencial crítico de contestação não é menor onde o «bravo estrangeiro» porventura tenha se integrado segundo os desejos e critérios da nação. A chamada política da imigração não tem por objetivo somente «governar os fluxos», mas aspira também a conter e dissipar essa ação desestabilizadora. Em vão. Porque o imigrante, com seu eu flutuante, claramente descentrado, a quem o emigrante que existe nele continuamente aparece, é a figura de residente provisório na qual os outros residentes não podem não se reconhecer, vendo o exílio deles também no seu.

14. O ESTRANGEIRO QUE HABITA FORA, O ESTRANGEIRO QUE HABITA DENTRO

Omissão, amnésia, precaução envolveram o estrangeiro em uma nuvem de silêncio, deixaram-no na clandestinidade durante séculos. O estrangeiro não encontrou cidadania na filosofia tradicional. De tempos em tempos encontram-se uma ou outra extravagância que até nos fazem lamentar o antigo pudor aristocrático capaz de conceder a ele ao menos uma aura de mistério. Enciclopédias e dicionários filosóficos confirmam essa singular afasia.[181] Só recentemente o «estrangeiro» parece ter obtido asilo político, mas sob estrita vigilância, com a ameaça iminente de demissão ao menor vacilo.[182]

Na filosofia clássica, o estrangeiro é mantido à margem. Quanto mais se vem delineando a diferença entre gregos e bárbaros, mais se impõe a exigência de um *logos* que, na sua ascensão vertical, defina o âmbito do que é *próprio*, restituindo assim a ordem do mundo, aquele *kósmos* de que «nada está fora», como apontado pela *Física* aristotélica.[183] Ordem sem exterioridade, o cosmo grego, fechado e universal, está articulado somente por

---

[181] Em quase toda parte, o verbete não aparece. Cf., por exemplo, *The Cambridge Dictionary of Philosophy*. Cambridge/Nova York/Melbourne: Cambridge University Press, 1995, onde só aparece o vocábulo *Alienation*, na p. 20.

[182] Cf. RITTER (org.). *Historisches Wörterbuch der Philosophie*, op. cit., II: D-F, col. 1102; o breve vocábulo é escrito por A. Menne. Exceção feita a WALDENFELS, B. «Fremd/ Fremdheit». In: SANDKÜHLER, H. J. (org.), *Enzyklopädie Philosophie*. Hamburgo: Meiner, 1999, I, pp. 407-10.

[183] ARISTÓTELES, *Física*, 207a 8. [Ed. bras.: *Física I e II*. Campinas: Editora da Unicamp, 2009.]

limites internos. Para além dele, escancara-se o abismo do *ápeiron*, do ilimitado. Quem ultrapassa os limites, como Ícaro, em sua ambiciosa intenção de alcançar o céu, expõe-se ao risco de uma inevitável queda moral.

No entanto, no pensamento grego não faltam figuras que excedem os limites, e até os forçam. A começar por Sócrates, que, com sua *atopía*, sua extravagância, seu ser fora de lugar, move-se pela margem da *pólis* para atravessá-la, quase um expatriado dentro da pátria, espalhando desordem, provocando desconcerto entre seus cidadãos surpreendidos e irritados. Estranho é o filósofo, que pode, contudo, ostentar uma capacidade genial extraordinária, graças a suas questões insólitas e esquisitas, a suas digressões, que, por sua vez, já são constituídas de outras tantas transgressões. Perante o tribunal, ele afirma: «sou extraordinário ao falar».[184]

Também em outras situações, Platão abre as portas para o *xénos*, para o estrangeiro que, quando entra em cena, pontua momentos decisivos do pensamento, descerra novas perspectivas. Como não lembrar de Diotima de Mantineia, figura de destaque no *Simpósio*? Mas o personagem mais subversivo é sem dúvida o Estrangeiro de Eleia, que destrói a doutrina dos pais, encurralando Parmênides, infligindo nele o golpe fatal. O ser «é», *ésti* — não pode não ser. A identidade do ser é o fundamento incontornável da filosofia. O perigo — como revelado no *Sofista* — é o de exaurir-se na repetição tautológica dessa identidade. O Estrangeiro intervém para interromper a repetição cansativa, para salvar a filosofia. E eis a sua provocação exaltada, louca, visionária, *manikós*,

---

184 PLATÃO. *Apologia di Socrate*, 17b. [Ed. bras.: *Apologia de Sócrates*. São Paulo: Edipro, 2015.]

porque de certo modo incentiva o *não ser* a *ser*, mostrando que, para além do «não existir», pode haver também o *ser outro*.[185] O Estrangeiro de Eleia expropria o ser da sua pretensa identidade e subverte a filosofia com a questão sobre a possibilidade de ser diverso. A provocação, porém, não é realmente aceita; os efeitos são limitados à ontologia. A «filosofia platônica do estrangeiro» esgota-se aí: o *Xénos* introduz o *héteron*, o Estrangeiro introduz o *outro*, elevando-o a categoria filosófica. Mas esse outro não se une aos Outros. Como escreveu Henry Joly, «o que fica é uma *categoria da coisa*, não é ainda uma *categoria da pessoa*».[186]

O estrangeiro permanece rigorosamente de fora do ordenado cosmo grego, dos limites tanto da *pólis* como do *lógos*. As exceções confirmam a regra e assumem uma trágica exemplaridade. Édipo é a imagem mais impressionante disso. Estrangeiro ao nascer, adotado pelo rei Políbio, estranho tanto em Corinto quanto em Tebas, entregue ao exílio — uma vez conhecida a verdade sobre a incestuosa união com a mãe —, destinado a ser excluído e *ápolis*, sem cidade, apto a ver apenas depois da cegueira repentina, é estrangeiro até mesmo na morte e no túmulo secreto perto de Colono.[187] Nenhum lugar é concedido a ele, nem para o luto.

Alijado do pensamento ao longo dos séculos, o estrangeiro aparece nas formas mais desconhecidas e imprevistas, no horizonte da modernidade que, com o planeta todo palmilhado, vai

---

185 Cf. PLATÃO. *Sofista*, 241d. [Ed. bras.: *Diálogos I: Teeteto, Sofista, Protágoras*. São Paulo: Edipro, 2007.]

186 JOLY, H. *La questione degli stranieri. Platone e l'alterità* (1992). Milão: et al. edizioni, 2010, p. 80.

187 Cf. SÓFOCLES, *Edipo re* e *Edipo a Colono*. In: Id., *Tragedie e frammenti*, org. de G. Paduano. Turim: UTET, 1982, I, pp. 423-523; II, pp. 721-831.

perigosamente ficando mais restrito. Mas, vítima da conquista colonial e submetido à assimilação evangelizadora, o «selvagem» levanta acima de tudo uma questão antropológica. A filosofia segue ignorando isso só enquanto os efeitos de uma ordem global, cujo centro foi perdido, não repercutem no descentramento do sujeito e na articulação plural da razão, que, além de se revelar histórica, aparece sendo falada em diversas línguas. É assim que o estranho, florescendo no núcleo do que é familiar, inaugura as aventuras da modernidade. Mas, novamente, tudo isso levará muito tempo antes que seja oferecido um espaço ao estranho e seja concedida uma voz ao estrangeiro. Claro, fala-se de estranhamento, ou melhor, de alienação. Fazem isso, como é já sabido, Hegel e Marx — para indicar que a autoconsciência, e até mesmo o fruto do trabalho, quanto mais próprio deveria ser, mais acaba sendo, pelo contrário, entregue a uma expropriação radical. No entanto, o estranho continua aqui como uma diferença a ser podada, superada, em função de um processo dialético vitorioso.

Somente no pensamento do século XX, o outro, em sua profunda e iludível alteridade, abre uma fenda nas múltiplas correntes: da fenomenologia à hermenêutica, até a desconstrução. Se a filosofia se põe a compreender é porque tudo isso que antes era familiar revela-se subitamente estranho e inquietante. Já não é possível sentir-se em casa no mundo, enquanto o sujeito perde o domínio atávico de si. O ponto de partida não poderá mais ser o *cogito* do ego, devido a um outro lugar de que o ego sempre provém e que, mais que um *alter ego*, faz disso um *alter tu*. Assim, a alteridade não poupa o eu que se descobre outro, estranho. Descoberta a um só tempo cheia de temores e plena de promessas.

O estranho toca o que é próprio em seus recônditos mais íntimos e familiares, nas suas propriedades mais evidentes. Isso não quer dizer, porém, que o desafio do estranho seja aceito. Se não acabar sendo eliminado, resta muitas vezes o privilégio ambíguo da margem, que oferece uma reflexão do sujeito alienado. Mas não se completa o passo decisivo da margem para a marginalização. O estranho pode até estimular certo comprazimento, reflexões altruístas sobre a alteridade, própria e dos outros, sem, no entanto, abrir espaço para o estrangeiro, nem fazer depreender-se daí uma questão política.

Quem é o estrangeiro? Como defini-lo, se parece escapar a toda definição? Se aparece caracterizável só em negativo? Como falar dele sem sobrepor a própria voz à sua, sem abafá-lo, antes ainda de lhe ter oferecido hospitalidade? São as perguntas levantadas por Bernhard Waldenfels, que, em diversas obras, e em várias ocasiões, definiu uma fenomenologia do estranho que é ao mesmo tempo uma topografia do estrangeiro. E por topografia deve-se entender, no sentido literal, a escrita do lugar ou dos lugares.

Pelo menos isto está fora de questão: que o estrangeiro em si não existe, nem existe o estrangeiro em absoluto. Mais que um conceito, o estrangeiro indica um *tópos*, um lugar, ou melhor, é indicado por um lugar. A etimologia esclarece: estrangeiro, do latim *extraneu(m)*, remete sempre à dimensão do *extra*, isto é, do externo. E é, além disso, sempre um externo visto de dentro, um lá que não é aqui, numa relação espacial que não deve ser perdida de vista, pois é dentro dela que se situam também uma esquerda e uma direita, um acima e um abaixo. Estranho e familiar são, portanto, correlatos. Por isso, o estranho é sempre determinado e contextual. Pode-se dizer até que «estrangeiro» não significa nada além de uma relação. Disso já sabia bem Simmel, que, em seu célebre *Excursus sullo straniero*, de poucas mas significativas páginas, escritas em 1908, tinha percebido na espacialidade o campo em que se situa o estrangeiro, que, como tal, não pertence ao interno, mas vem antes do externo. Na reciprocidade entre distância e proximidade, que marca as relações humanas, se o distanciamento é «o ser distante do próximo», o estrangeiro, ao contrário, é «o ser próximo do distante».[188] Isso já sugere que a condição do estrangeiro, submetido à síntese impossível de próximo e distante, mais que uma condição, abre para a questão do deslocamento. O estrangeiro é, por definição, aquele que se desloca. Até porque é privado de propriedade, de uma base, de um território. O judeu europeu seria a figura exemplar disso. Simmel não se detém no jogo recíproco de *fern* e *nah*, próximo e distante. É o primeiro, aliás, a colocar a questão do estrangeiro decidido a ficar, do migrante que se torna imigrante.

> O estrangeiro não é entendido aqui no sentido, como várias vezes mencionado até então, de alguém que hoje vem e amanhã se vai, mas sim como aquele que hoje vem e amanhã fica — por assim dizer, o viajante potencial que, embora não tenha continuado a se mover, não superou de todo a fluidez de quem chega e parte novamente.[189]

---

188 SIMMEL, G. *Sociologia* (1908), trad. it. de G. Giordano. Turim: Edizioni di Comunità, 1998, p. 581.
189 Ibid.

A questão é retomada anos depois, com acentos bem mais dramáticos e com um viés autobiográfico, por Alfred Schütz, em uma breve contribuição de 1944 chamada *O estrangeiro*.[190] Forçado a deixar a Áustria em 1938, para se acomodar primeiro em Paris, depois em Nova York, Schütz foi influenciado por Husserl. A ambiguidade que a fenomenologia tinha mostrado ao tratar da estrangeiridade, que se constitui «dentro e por meio» do familiar, que é, portanto, sempre originário, ressurge também nas páginas de Schütz.[191] Seu mérito está, porém, em ter introduzido a figura do imigrante, de quem fala em primeira pessoa, precisando que «o termo ‹estrangeiro› indica um indivíduo adulto do nosso tempo e da nossa civilização que busca permanentemente ser aceito ou no mínimo tolerado pelo grupo de que se aproxima».[192] Infelizmente, Schütz não constrói uma fenomenologia do imigrante. Despontam aqui e lá a experiência negativa, a amargura de quem se sente fora de lugar, a desorientação, o golpe desferido na confiança e na forma particular de pensar e viver. As intuições são várias: Schütz percebe a novidade da «crise», capta a diferença entre o turista, espectador desinteressado, e o estrangeiro que precisa se estabelecer, vê a exigência de tradução de um modelo cultural a outro, caminho nada óbvio, dado que o novo país, mais que um refúgio, é um campo de aventura para o imigrante. Contudo, faltam as coordenadas políticas mais amplas, que afloram, por exemplo, nas reflexões de Arendt, referentes à mesma época. Schütz vê o

---

190 Cf. SCHÜTZ, A. *Lo straniero. Um saggio di psicologia sociale* (1944), trad. it. de A. Izzo. Trieste: Asterios, 2013.
191 Cf. HUSSERL, E. *Lezioni sulla sintesi passiva* (9118-26), trad. it. de V. Costa, org de P. Spinicci. Milão: Guerini & Associati, 1993, p. 192.
192 Cf. SCHÜTZ. A. *Lo straniero*, op. cit., p. 11.

imigrante como um «aspirante», o futuro cônjuge, o recruta que se alista, o filho do agricultor que entra na universidade, o novo membro de um clube privativo — imagens destinadas a reaparecer no debate anglo-saxão. Mas essas imagens apagam com uma esponja o aspecto relacional do estrangeiro, aquele seu ser fora de lugar que não pode deixar de repercutir mesmo dentro da comunidade.

Eis por que é importante uma fenomenologia que, sem ceder à vontade de apreender, dominar domesticar o estrangeiro, neutralizando sua carga explosiva, limite-se a indicar o lugar, numa topografia que acaba por se revelar também uma tipologia. Somente assim é possível salvaguardar o que Waldenfels chama de «radicalidade do estrangeiro», uma fórmula não de todo convincente, voltada de alguma forma para sublinhar a impossibilidade de extrair o estranho do que é próprio ou de superá-lo no universal.[193] A partir de um levantamento a respeito dos muitos modos como o estranho foi e é referido, nas línguas clássicas e modernas, vêm à tona ao menos quatro nuances semânticas que permitem distinguir várias facetas. O lugar parece ser o aspecto mais relevante.

— O estrangeiro é o *xénos*, *externus*, *peregrinus*, *foreign*, *extranjero*, *étranger*, *fremd*, é exterior, um fora em relação a um dentro, uma atribuição de lugares que estabelece limites, marca limiares, abre ou fecha passagens. O território já foi ocupado, as fronteiras traçadas. Para que haja o estrangeiro é preciso haver o limite. O estrangeiro vem de outro lugar, habita além dos confins. Essa

---

193 O que não convence na escolha lexical é a palavra «radicalidade» e a referência metafórica a raízes. Cf. WALDENFELS, B. *Fenomenologia dell'estraneo* (2006), trad. it. e org. de F. Menga. Milão: Cortina, 2008, p. 66.

discriminação permite diferenciar o externo do interno, excluir e incluir, conforme estruturas que, sendo convencionais, deveriam ser flexíveis. A determinação territorial segue em geral uma ordem concêntrica, revela-se uma centralização. O interno é um centro circundado por uma periferia externa. O estrangeiro é, portanto e por definição, periférico, relegado à província, não urbanizado, por assim dizer.

— O estrangeiro é o estranho, *allótrion, alienum, alien*, em oposição ao próprio e à propriedade. Trata-se de uma determinação baseada na posse e no pertencimento — conforme a tríade hegeliana, uma outra família, uma outra sociedade civil, um outro Estado. O estrangeiro é estranho, pois apresenta documentos que atestam uma outra identidade, fala uma outra língua, tem um outro passaporte.

— O estrangeiro é estranho, extravagante, é *insolitum, strange, extraño, sonderbar*, heterogêneo em relação a quem deveria ser familiar. Isso aparece nos modos, no estilo, no aspecto, nas roupas. Desvia das normas, é bizarro, destoa da pretensa harmonia coletiva. É a estranheza do que, por um lado, antecipa-se no tempo, segundo uma sequência filogenética ou ontogenética, e, por outro, corre paralelamente, caindo na vertigem patológica. Misturam-se aí as figuras da criança, do selvagem, do louco, do bufão, que tradicionalmente delimitam a razão, às quais se podem juntar, integrar, o animal e a máquina.

— O estrangeiro é, enfim, o extraordinário, é *deinós, insolitum, extradordinary, außerordentlich*, que i-limita, des-confina, excede a ordem, é extra-ordinário. Exibe singularidade, excepcionalidade, talvez até genialidade. Após sua passagem, a ordem não é mais a mesma. É um subversivo, ou um fundador, um poeta, um revolucionário, mas também até um terrorista.

Mesmo que essas diversas facetas coloquem em foco a figura, como num caleidoscópio, o estrangeiro escapa a toda fixidez, a toda definição, que permanece, por isso, negativa. Impossível apreender o estranho em si. Vem daí a ambivalência, sedutora e inquietante, da sua poliédrica e iridescente aparência, promessa de novas conexões, ameaça de divisão e conflito. Como oscila o limite entre o dentro e o fora, assim também oscila o estrangeiro. Os critérios para reconhecê-lo dão reviravoltas o tempo todo, invertem-se. Mas o que é feito então da identidade do seu oposto, do não estrangeiro? A pergunta é mais que legítima, a partir do momento em que o estrangeiro é, frequentemente, critério mais ou menos implícito para definir a identidade do outro. Com a intenção de contrapô-lo ao *xénos*, que ia e vinha, os gregos chamavam o proprietário de uma terra de *idiótes*, de *ídios*, próprio. A identidade idêntica a si, a propriedade privada de sentido, é a idiotia clara e evidente da normalidade. Somente o estrangeiro, com sua intromissão, pode salvá-la.

Mas existe realmente um idêntico a si? Isso não seria talvez uma potente ficção? O estranhamento não está exclusivamente em algo externo. Deve-se então acreditar que o estrangeiro não é somente aquele que não mora comigo, mas também aquele que habita em mim. Freud já havia sugerido isso, com o seu *Unheimlich*, o não familiar que, das profundezas, inquieta o ego. O estranhamento é um fora que pode vir de dentro, que pode afetar a ipseidade, a individualidade de cada ser. O eu é um outro, estranho, estrangeiro a si, mesmo nos lugares mais robustos da sua identidade. A começar pelo nascimento e pela morte, fronteiras que o humano não controla, signos do estranhamento no coração do que é próprio, do que é familiar.[194] A existência é um albergue provisório de que não se terá jamais as chaves. *Étrangers à nous-mêmes*, «Estrangeiros para nós mesmos» — como sugere o título de um belo livro de Julia Kristeva.[195] Eis o que se descobre durante a viagem no estranhamento do estrangeiro. A descoberta não se restringe ao inconsciente, ao pensamento repentino, às obsessões, aos sonhos. As experiências multiplicam-se e tocam até a corporeidade. O que quer dizer que o estranhamento se manifesta em carne e osso. É o corpo que se percebe, é o olhar que se olha no espelho, o nome que se sente chamado. Nem mesmo a língua é lastro inequívoco de identidade, dado que a língua é sempre do outro e falar não é outra coisa senão um contínuo estranhar-se.

O estrangeiro interpela quem imagina estar seguro no idêntico da sua propriedade. Se aceito, ao menos em parte, o desafio revela um mundo em que ninguém pode se sentir em casa. As consequências advindas daí são, porém, não apenas existenciais, mas também políticas.[196]

15. PASSAGENS CLANDESTINAS, HETEROTOPIAS, ROTAS ANÁRQUICAS

O mar não está no começo. É uma passagem que se abre após outras passagens e travessias — de desertos, planaltos, montanhas, planícies. A extensão das águas funde-se no horizonte com

---

194 Sobre o tema do nascimento, cf. CAVARERO. A. *Tu che mi guardi, tu che mi racconti. Filosofia della narrazione*. Milão: Feltrinelli, 2001, pp. 29 ss.
195 Cfr. KRISTEVA, J. *Estrangeiros para nós mesmos*. Rio de Janeiro: Rocco, 1994.
196 Nas consequências existenciais se detém Waldenfels.

a abóbada celeste. E a indistinção confunde. As ondas favoráveis, propícias, indicam a rota, confirmam o caminho. Mas a ponte líquida pode subitamente erguer-se em muralha intransponível. Ambivalência de um espaço que abre e fecha, que une e separa.

O mar é passagem anárquica, que escapa aos limites, que apaga todo traço de apropriação, que contesta a *arché* da ordem, que subverte o *nómos* da terra. Por isso, o mar também guarda a memória de outra clandestinidade, a de oposições, resistências, lutas. Não a clandestinidade de um estigma, mas sim a de uma escolha.

Anarquia de uma passagem extra-ordinária, transgressão que navega fora de lugar e no contratempo. Heterotopia — diria Foucault. Entendida como «contestação de todos os outros espaços». E, no contraespaço ucrônico, no espaço fantástico do mar, o «navio é a heterotopia por excelência».[197]

O próprio Foucault reconstrói, em sua *História da loucura*, o caso misterioso e inquietante do *Narrenschiff*, a *stultifera navis*, a nau dos loucos. Registrada pela literatura e pela pintura, do poema satírico de Sebastian Brant ao quadro de Hieronymus Bosch, a nau não foi apenas criação artística. Barcos sem guia, à mercê das águas, corriam pelos rios, em direção à foz, para avançar pelo mar aberto. Não voltavam. Levavam embora consigo uma carga de loucos de que as cidades não sabiam como se livrar. No princípio da modernidade, a *stultifera navis* inaugurou o manicômio. Na paisagem medieval, os loucos, em sua maioria vagabundos, estavam previstos e eram tolerados, mas geralmente fora das

---

197 FOUCAULT, M. «Spazi altri» (1967). In: Id., *Spazi altri. I luoghi delle eterotopie* (1994), trad. it. de P. Tripodi e T. Villani, org. de S. Vaccaro. Milão: Mimesis, 2001, pp. 19-32.

cidades, onde eram abandonados à própria sorte. Não que faltassem hospícios, dormitórios, casas especiais, verdadeiros lugares de detenção. Somente aos concidadãos, porém, algum espaço de hospitalidade estava ainda reservado. Parece, por outro lado, que tal costume atingiu acima de tudo os loucos estrangeiros, os estrangeiros malucos, que acabavam por engrossar a fila das peregrinações. Foucault avança na hipótese de que antes as naus deviam simplesmente conduzir os loucos a uma viagem simbólica em busca da razão perdida. Em seguida, a preocupação de excluir levou a melhor sobre aquela de cuidar. Assim, recolhidos dos grandes centros de trânsito e de comércio, os loucos eram entregues aos marinheiros, para que os levassem com eles, liberando a cidade de sua presença. O louco, entregue à loucura subjacente do marinheiro que desafiava o mar aberto, enfrentava aquela imensa extensão de água agitada, sem mais vínculos com a pátria, correndo o risco de perder, junto com a razão, também a fé. Heterotopia do mar e da loucura. Eram os anos das grandes descobertas e das grandes expulsões. A partida dos loucos, porém, mais do que engajá-los numa navegação onírica, inscrevia-se em uma sequência de frágeis rituais. Impossível encontrar um motivo preciso naquele barco que, cheio de loucos, alienados, vagabundos, estrangeiros, partia em seguida sem ao menos um timoneiro. Não é difícil, no entanto, imaginar que se tratasse de um rito de purificação. As naus partiam das cidades do Reno, mas também das belgas. Até de Veneza. Acontecia no fim do Carnaval, na preparação do período de Quaresma.

Não deve passar despercebido o valor altamente simbólico daquele rito desconcertante que conserva uma profunda atualidade. Claro que recorrer à *stultifera navis* significava limpar a cidade de uma incômoda presença. Mas a água escura, além de levar embora, deveria também purificar. O louco partia para outro mundo, assim como o marinheiro, que nunca sabia se regressaria. Cada embarque era — e é — potencialmente o último. Contudo, para o louco, era separação definitiva, passagem absoluta.

Prisioneiro no navio de que não vai escapar, o louco é entregue ao rio de mil braços, ao mar de mil estradas, a essa grande incerteza exterior a tudo. Ele é prisioneiro em meio à mais livre, à mais aberta das estradas: solidamente acorrentado à infinita encruzilhada. É o Passageiro por excelência, ou seja, o prisioneiro da Passagem. E não se sabe em que país aportará, como, quando colocará outra vez os pés em terra firme, não se sabe de que país vem. Ele não tem verdade nem pátria, a não ser essa extensão estéril entre duas terras que não pertencem a ele.[198]

A heterotopia do louco, marginalizado, rechaçado nos portões da cidade, poderia revelar-se um privilégio. Percebe-se o potencial subversivo escondido na situação-limite. Então nem mesmo o limiar é agora concedido a ele. Deve ser mantido no lugar de passagem, relegado ao externo de um interno, a cidade, recluso no interno de um externo, o mar.

É para tirar dele o traço extraordinário. Seria a quarta faceta, na heterotopografia traçada: o estranho que não tem mais nada de extra-ordinário, que não des-confina, não extrapola a ordem, porque está parado na passagem. Não se abriria mais nenhuma rota anárquica.

As embarcações dos migrantes são a versão recente da nau dos loucos. Os migrantes como loucos, porque tentariam a sorte

---

198 Id. *Storia della follia nell'età classica*, op. cit., p. 71.

de maneira imprudente, merecedores de um fim sem sentido, decidido pelas ondas. Nenhum remorso por aqueles extraterrestres prisioneiros do mar. «Que afundem!» O imaginário histórico da geografia europeia é o horizonte imediato e iminente de que ele se aproxima.

Mas remover do estranho a *atopía*, o seu fora de lugar e seu contratempo, a sua heterotopia, significa fechar o além-fronteiras em que o lugar do devir da utopia pode ser apenas antecipado. Não restaria nada além da ordem — reafirmada de maneira policialesca na marca da normalização e da acomodação das coisas. Claro, também às custas do estranho que está em seu próprio país. Admitindo que a idiotia da propriedade possa durar muito tempo sem o estranho.

A rota anárquica do mar indicaria, ao contrário, o desafio do alhures, a reviravolta da ordem, um revolvimento fundamental. Assegurar que a «poética do espaço» não seja privada de todos os *ex-*, de todos os externos, de todo *outsider*.[199] Não é suficiente, no entanto, mover-se a partir do estranho que está no familiar, nem é suficiente elogiar a alteridade do outro, uma *xenophilía*, o oposto da xenofobia, que muitas vezes correu o risco de ser mal-entendida, reduzida ou autorreduzida, a uma ética sem política. Antes, é necessária uma política que tome os movimentos do estrangeiro como fundamento e critério da comunidade, dativo ao qual responder liberando a sua passagem.

---

199 BACHELARD, G. *La poetica dello spazio* (1957), trad. it. de E. Catalano. Bari: Dedalo, 1975, p. 222.

III. ESTRANGEIROS RESIDENTES

> Pela primeira vez, a história dos judeus
> não está separada, mas sim ligada
> à de todas as outras nações.
> H. Arendt, *Nós, os refugiados*[200]

> A terra não será vendida perpetuamente, pois que a terra Me pertence e vós
> sois para mim estrangeiros e residentes.
> *Vaicrá*/Levítico[201]

1. SOBRE O EXÍLIO

O terceiro milênio é a era da diasporização do mundo. Durante séculos, a modernidade negou exílio, varreu o estranho de todos os lugares. Foi um modo potente, mas ineficaz, de enfrentar as primeiras grandes ondas migratórias. O resultado político de tal varredura foi o aprisionamento dos povos em Estados-nação, uma forma de habitar que promovia a convergência entre o eu e o lugar. Impulsionada por populações que se estendiam para além do Estado, tal convergência foi rompida, e a relação entre o eu e o lugar praticamente se dissolveu. Emergiu assim o fenômeno de um eu que, podendo habitar diferentes lugares, já não se sente

---

200 ARENDT, H. *Noi profughi*, op. cit., p. 49.
201 *Vaicrá*/ Levítico 25:23.

em casa em nenhuma parte do mundo. Ao longo da história, só houve um precedente: o exílio judeu, um aparente paradoxo, verdadeiro ultraje para os outros povos. Mas, depois da era sedentária, a norma de um eu que se identifica com o lugar deixa de ser norma. Se pode haver um eu desterritorializado, então a terra não deve ser considerada pressuposto da existência. A diasporização deixa entrever a possibilidade de um novo modo de habitar, elevando a uma norma o que antes era exceção: a condição do exílio.

Colocado ou não à prova da emigração, todo mundo é um exilado que ignora sê-lo. O estrangeiro, sem raízes, sem pátria, sem refúgio, deixa descoberto, em sua nudez exposta, o exílio que inquieta profundamente cada existência. Daí o horror que provoca. As circunstâncias históricas e biográficas desvelam a todo momento a conexão íntima que liga exílio e existência. Embora a etimologia seja incerta e controversa, «exílio» partilha com «existência» o prefixo *ex-* que indica um *emergir de*, um passo fora, uma saída. O exílio incita a existência a recuperar esse valor, arrancando-a de sua inércia, de sua evidência despreocupada. Antes do exílio não se sabe da existência, já que existir significa alcançar um fora, um além de si mesmo.

O exílio cai subitamente com a violência de uma tempestade. Nada mais é como antes. Ruptura definitiva, fratura irremediável, despedaça a identificação do eu com o lugar, interrompe a relação imediata do indivíduo com seu mundo, expropria-o de toda solidez. A existência não pode mais imaginar que faz com a terra um só corpo, que é um produto natural dela, fruto do solo. Evento traumático, sofrido passivamente, o exílio é uma fissura irremediável que uma vida inteira não conseguirá recompor.

A marca da interrupção se dá no instante da partida. Mas de vez em quando, em meio à vertigem, ao espasmo amargo da separação, esse instante escapa. Somente na lembrança ele florescerá mais nítido. Privação, apagamento, ruína: tudo parece perdido para sempre. Fragmentos de uma felicidade passada são a bagagem do exilado, que flutua quase sem gravidade. Uma longa cadeia de gerações, milhares de vidas, às quais coube a infelicidade de estarem submersas, clama por sobrevivência. Séculos são recapitulados naquele instante em que quem parte volta um último olhar para os túmulos deixados atrás de si. Da costa ele promete, para o futuro, memória.

Com a distância, evanescem as imagens familiares e os fragmentos de vozes conhecidas, os sons, as cores, os perfumes da paisagem nativa. Planícies, colinas, cursos d'água, bosques, praias: tais lugares eram o recôndito íntimo da sua sensibilidade. O mundo terá sempre aquelas formas e aquelas luzes. Só de longe começa a vê-las com clareza. Nunca mais poderá reencontrar aquela intimidade imediata. O exílio o separou de sua terra, em que estavam mergulhadas todas as suas fibras. Sente-se como uma árvore arrancada. É a experiência dramática do desenraizamento. Suas raízes ficam expostas em sua nudez. Em nenhuma outra terra poderão mais se firmar. Restará apenas o espaço do céu para alcançar.

O desenraizamento é a separação definitiva da terra, que aparenta ser uma entidade distinta e inexoravelmente perdida. No entanto, o exílio reserva uma surpresa: a terra se torna de certo modo mais presente à medida que o exílio continua a evocá-la. Descobre-se então que é a terra quem habita. Emancipar-se da ideia de uma atribuição natural a um lugar marca o início de uma liberdade inédita: o espaço se temporaliza. A própria terra adquire uma nova presença. Não é um pedaço de terra do passado, mas a promessa do futuro. Ao olhar para trás, o exilado olha para a vida que teve, para um modo de existir a que, sem se dar conta, havia se conformado, e que de repente lhe parece um mero costume em meio a outros; a diferença é que chamava aquele habitar de pátria.

Náufrago, sobrevivente da tempestade, abandonado à margem, reduzido a si mesmo, enquanto o mar se retira. Assim lhe parece não haver mais lugar no mundo — e até mesmo não haver mais mundo, fugido junto com o mar. Nada mais o sustenta. Mas, naquele abismo, onde ele só pode confiar em si mesmo, intui que não é o mundo que o leva, mas é ele quem leva o mundo.

Talvez seja esse o momento da sua identidade absoluta? Livre de todo vínculo, o que mais deveria permanecer nele? Enquanto observa que sobrevive a essa ruptura, semelhante à da morte, sente como se os olhos de um outro o perscrutassem. É invadido por uma íntima estranheza. Essa duplicação é perturbadora. Não pode fugir daqueles olhos que o contemplam na nudez do desenraizamento. No entanto, justo nessa clivagem, percebe o corpo morto de sua primeira identidade. Está ali o radicado, em detrimento do desenraizamento, que busca no eu outra vida. Dois rostos dentro dele se encaram — nesse poço ele poderia afundar. O mal-estar toma-o de assalto. Contudo, a destruição da velha casa faz vir à tona uma nova possibilidade. É devolvido a si, mas não como si mesmo, e sim como potência de ser. Na perda de todos as sustentações, desperta para o eu, nasce para si mesmo. Por isso, estar em exílio significa subtrair-se do firmamento em que se nasceu, da identidade caída intempestivamente sobre aquele eu que, por isso, em sua inércia, acreditava-se idêntico.[202] Mas o estranhamento, que agora está em casa, convida-o a desfazer-se de si, a re-nascer.

---

202 Cf. DI CESARE, D. «Esilio e globalizzazione», *Iride*, 54, 2008, pp. 273-86.

Encontro providencial, então, com o estranho que surgiu de sua pobre bagagem, que o acompanha na fuga arrebatadora, que ainda o conduz na migração do exílio que finalmente ganha um sentido. «Vá em direção a si mesmo!» Assim soa o apelo, antigo como o imperativo imposto a Abraão: «Sai-te da tua terra, da tua parentela e da casa de teu pai, para a terra que eu te mostrarei».[203] O exilado deixa para trás a ruína e se projeta além, na imensidão do exílio, onde o vazio abre para ele um céu de luz e descanso.

2. NEM DESENRAIZAMENTO, NEM ERRÂNCIA

Depois de partir, o exilado pode exasperar-se com o desenraizamento ou render-se à errância. Se prevalece a nostalgia das raízes perdidas, o arrependimento torna-se o signo da existência. O desenraizado vive voltado para o passado, em desilusão contínua, numa espera trágica. Nada pode consolá-lo. A felicidade do enraizamento dissolveu-se para sempre. Mas era felicidade verdadeira, era êxtase? Já desde sempre o radicado foi tomado por uma penosa incerteza. O desenraizamento é a prova definitiva de que no Jardim do Éden ele não habita mais. O radicado é, de fato, um desenraizado que ignora ser como tal, que imagina ser uma árvore plantada na terra.

Como não pode ser reduzido ao desenraizamento, assim o exílio não é sequer errância. A casa foi arruinada, pois não era mais que uma quimera. Seria, portanto, impossível habitá-la. Assim o desenraizado cai num desespero niilista, arrasta-se pelos caminhos da errância. Também o seu é um luto tétrico pela raiz perdida. Só que aqui domina o desencanto de um presente vivido

---

[203] *Bereshit*/ Gênesis 12:1.

em uma vertigem obsessiva. O errante gira em falso, sem direção, sem objetivo, chafurda perigosamente no deserto, abandonando-se ao acaso, devotando-se à insensatez, embora, no fundo, tenha esperança de encontrar um sentido. Não acredita na possibilidade de um retorno.

Antes ainda de se perguntar sobre o retorno, é preciso se perguntar sobre o significado de «habitar» e o de «migrar». Para entender qual papel a residência pode desempenhar em uma política da hospitalidade, percorreremos um caminho inverso, que não segue, porém, um ritmo cronológico. As etapas são Atenas, Roma, Jerusalém. Esses três modelos históricos, de cidade e de cidadania, permanecem tipificações ideais.[204] Da autoctonia ateniense, que explica muitos mitos políticos de hoje, distingue-se a cidadania aberta de Roma. A estranheza, ao contrário, reina soberana na Cidade Santa, onde o pivô da comunidade é o *gher*, o estrangeiro residente.

3. FENOMENOLOGIA DO HABITAR

A questão do habitar vem à luz, em toda a sua complexidade, muito tarde na filosofia. Emerge quando começa a temer a ruína anunciada da terra, que faz dela, mais que um útero colhido e acolhedor, um planeta palmilhado e explorado em cada canto remoto, atravessado e escavado em toda amplitude e profundidade, abarrotado de edificações, sistematicamente domesticado. É paradoxal: justamente quando a terra parece uma moradia familiar, seus

---

204 Sobre cidade antiga, cf. FUSTEL DE COULANGES, N.-D. *A cidade antiga* (1864), 5ª. ed. São Paulo: Martins Fontes, 2004; AMPOLO, C. (org.). *La città antica. Guida storica e critica*. Roma/Bari: Laterza, 1980.

habitantes, que poderiam por fim sentir-se em casa em qualquer lugar, não estão em casa em lugar algum. A territorialização se transforma irremediavelmente em desterritorialização. Como se já não fosse possível fincar raízes no campo técnico-industrial que cobre a terra e dispõe dela para seus cálculos astronômicos; como se a progressiva eliminação do estranho tivesse minado a própria possibilidade de qualquer relação.

Fenômeno demasiadamente íntimo e próximo para ser considerado com justo distanciamento, o habitar torna-se tema filosófico quando perde a obviedade. Não se trata nem do habitar entendido como construção, sobre a qual se desenvolveu uma reflexão no contexto da arquitetura, nem da «questão da habitação», isto é, da crise habitacional, da carência de moradias, denunciada já por Engels em 1872.[205] Mais que isso, a questão filosófica diz respeito ao significado do habitar humano.

O latim *habito* é uma forma frequentativa do verbo *habeo*: habitar significa «ter habitualmente, continuar a ter».[206] No habitar, insinuam-se desde a origem a propriedade e o pertencimento. É a ideia ancestral da posse permeando a semântica. A frequência vira hábito e, por sua vez, o hábito dá origem a dominação e a domínio. Principalmente do lugar. Possuir, permanecer, instalar-se, estacionar, tornar próprio, identificar-se, legar a si, ligar-se — a tudo isso o habitar é comumente remetido, entendido como uma reelaboração do mundo circunstante. O sujeito, protagonista do habitar, escava profundamente e traça em torno de si os limites

---

205 Cf. ENGELS, F. *A questão da habitação* (1872). São João del-Rei: Estudos vermelhos, 2013.
206 Cf. CORTELAZZO, M. e ZOLLI, P. *Dizionario etimologico della lingua italiana*. Bolonha: Zanichelli, 1979, p. 35.

da apropriação. O corpo instala-se em um espaço, mergulha nele quase a ponto de se fundir, de se tornar uma unidade. Aquele espaço lhe pertence pela permanência, pela frequência com que o habita, é seu lugar de habitação, de cuja matéria orgânica a sua fisicalidade, ali encarnada, e que foi crescendo, não pode mais ser separada. O preço seria uma amputação, um corte violento de membros vivos grudados firmemente àquele lugar, enraizados no terreno, atracados no solo. A amputação seria projetada para o entorno, investindo as «coisas» que povoam aquele espaço, em relação aos quais se criou um forte sentimento de pertencimento. O habitar seria essa posse, que se torna uma adesão, pertencimento mútuo. O eu identifica-se com o lugar que habita, enquanto, a partir dele, extrai sua identidade. A formação de um corpo, do habitante com a habitação, que se estende e se renova no tempo, disseminando traços que confirmariam a posse, abre espaço para a «casa» e para o *sentir-se em casa*. Somente nesse espaço escolhido para habitação, mesmo na solidão e miséria de um casebre ou de um refúgio austero, pode subir a chama de uma fogueira, pode se desprender a experiência singular de um ser consigo mesmo. Cuidado e proteção do lugar por meio do eu e cuidado e proteção do eu por meio do lugar.

A semântica do habitar funda-se sobre uma série de passagens em cadeia que vão do estar ao possuir. Como se «estar» representasse o fundamento legítimo da posse. Impõe-se assim a ideia de que ficar — no sentido de manter-se, permanecer, estacionar — permite acesso exclusivo a um lugar, autoriza o direito de propriedade. Embora seja particularmente evidente no latim e nas línguas neolatinas, a proximidade entre «habitar» e «ter», prescrita pelo frequentativo, emerge também em outros línguas. O verbo alemão *wohnen*, que, como sugere o dicionário etimológico dos Grimm, deriva do antigo *wunian*, significa primeiro usar, ser usual, até chegar ao ficar, habitar. A passagem é análoga à que se realiza em latim: «eu costumo ficar aqui»; portanto, «habito», «possuo este lugar». Os dois significados, que podem ser combinados, sobrevivem no alemão de hoje.

Percebe-se aqui a dificuldade de desvincular o habitar do ter, e de, em vez disso, ligá-lo ao ser, para inscrevê-lo na existência e fazer dele um verbo existencial. É o que acontece no célebre § 12 de *Ser e tempo*, que marca uma reviravolta na reflexão sobre o habitar. Heidegger volta ao tema mais vezes, é quase um fio condutor do seu pensamento. Porque habitar é uma característica constitutiva da existência humana, que está no mundo de formas diversas, sob configurações históricas variadas.

A existência não deve nunca ser entendida, segundo os critérios da metafísica tradicional, como algo real, que está simplesmente presente; antes, ex-sistir quer dizer «vir para fora», «emergir de». A existência, em sua dinamicidade, em seu contínuo poder-ser, é sempre extática e excêntrica. Como deve ser então interpretado o seu ser *no* mundo? O que significa esse *in*, a preposição que deveria indicar o lugar ocupado pela existência no espaço? Heidegger revolucionou não apenas a relação entre ser e tempo, mas também entre ser e espaço. O ser-aí, o *Dasein* — como ele prefere chamar a existência, para sublinhar a sua «derrelição», a condição a termo a que é entregue e da qual emerge sempre com esforço — é sempre um *ser-no-mundo*. Muitas vezes se é levado a crer que o ser-aí exista autonomamente e que além disso se encontre no mundo, ou melhor, dentro do mundo. Imagina-se, em resumo, uma relação espacial, para a qual se está dentro do mundo como se está dentro de um recipiente. Mas, para desconstruir essa crença, basta recorrer à etimologia de *in*, que deriva do gótico antigo *innan* — ou *wunian* —, ou seja, *wohnen*, que em latim é habitar. Heidegger esclarece que *an* indica aqui o ser usual, habitual, que remete, portanto, à familiaridade.[207] Ser-no-mundo não quer dizer estar dentro do mundo, ocupando um posto, mas implica uma relação que se manifesta na permanência no mundo, em uma estreita intimidade.

Não é de admirar que, a partir dessa relação, Heidegger deduza as consequências mais radicais. A ponto de sustentar que apenas onde o ser-aí existe é que se faz mundo. Porque é o ser-aí que, permanecendo ali, traz sempre luz ao mundo. De outra forma, não é possível sequer ser-aí sem mundo. Ser-no-mundo aponta para o existir em seu sentido mais profundo e mais amplo, onde o ser-aí emerge da sua derrelição para descerrar o mundo e, por sua vez, tornar-se mundano. Assim, habitar é o traço fundamental da existência.[208] Eis por que é digno de ser pensado.

A fenomenologia do habitar que Heidegger delineia — uma novidade sem precedentes na filosofia — gira em torno do tema da estadia, do abrigar-se provisório, da estadia fugaz sobre a terra. Nada a ver, portanto, com o ter, com a ocupação de um espaço, com a posse de uma moradia. Esse é, aliás, o modo limitado como o habitar sempre foi entendido. Mas a «*crise do habitar*» não consiste na falta de habitações; está antes na exigência de repensar a estadia humana sobre a terra. É preciso ainda «*aprender a habitar*».[209]

---

207 HEIDEGGER, M. *Essere e tempo* (1927), trad. it. de P. Chiodi, revista por F. Volpi. Milão: Longanesi, 2014, p. 78.
208 Cf. Id. «Construire, abitare, pensare» (1951). In: Id. *Saggi e discorsi* (1954), trad. it. e org. de G. Vattimo. Milão: Mursia, 1976, pp. 98 e 107.
209 Ibid., p. 108.

A insistência na posse deve dar lugar a uma reflexão sobre o modo de ser no mundo, que diferencia os «mortais», chamados assim porque nascem e morrem, não permanecem para sempre, mas passam. A transitoriedade marca sua estadia, mede sua «permanência» — um lapso de tempo e de espaço que dura até quando o dia resiste e a luz não desaparece. É o intervalo entre a chegada e a partida. Quem permanece não pode esquecer isso. O risco seria o de faltar a medida, de tomar a permanência efêmera por uma permanência duradoura. A passagem prolonga-se em um adiamento indefinido, na pretensão de escapar da transitoriedade, na obstinação de uma existência que não se aquieta com a constância do transcurso, mas se fixa no querer ficar e, agarrando-se à sua permanência, torna-se desrespeitosa, levanta-se contra os outros.[210] Se a eternidade de uma simples presença vale para os objetos, não pode, ao contrário, valer para os «mortais». Para eles, a existência é uma passagem.

4. O QUE QUER DIZER MIGRAR?

Habitar significa, portanto, permanecer temporariamente, ficar por um tempo, como em uma viagem, o bastante para habituar-se, para familiarizar-se, sem nunca realmente poder se ligar ou radicar. Porque a viagem exige sempre um distanciamento. Habitar quer dizer migrar.

A palavra a que Heidegger recorre é *Wanderung*, migração. Devem-se perceber aqui os ecos de um uso já atestado pela filosofia, em que o latino *migrare* não indica apenas deslocamento

---

210 Cf. Id. «Il detto di Anassimandro» (1946). In: Id. *Sentieri interrotti*, op. cit., pp. 331 e 343.

físico ou superação de um limite, mas é também metáfora da passagem extrema. Assim Cícero fala em *migrare ex hac vita*, no sentido de «sair desta vida».[211] No entanto, para Heidegger, o migrar não designa somente a permanência «terrena» dos mortais, em sentido metafísico-cristão, não assinala um início e um fim, mas incide sobre a existência, sobre aquele «habitar ex-tático», sobre o contínuo sair de si, separar-se de si mesmo, o que é um migrar perene.[212]

Não poderia ser mais decisivo o abandono daquelas figuras lexicais que tradicionalmente circunscreveram a semântica do habitar: ficar, possuir, apropriar-se, identificar-se. Na paisagem em que Heidegger adentra, parece não haver nem permanência, nem enraizamento; nem mesmo a imobilidade de um perene ser si mesmo. Ao contrário, a existência parece descentrada em um movimento que é sempre também uma confrontação com o outro.[213] Habitar é um migrar que evoca o curso de um rio.

Água e não terra. Não, porém, a vasta extensão oceânica; antes, o fluxo conduzido por um leito, que o escava, modela e ainda assim segue, enquanto desenha seus traçados, abre caminhos, desvela lugares onde o espaço aberto vê a luz, abre trilhas na floresta, pontilhando clareiras na mata, ou mesmo estradas. Corrente, fluxo, quer dizer que o habitar não pode ser concebido

---

211 CÍCERO, *De re publica*, op. cit., VI, 9, p. 323.
212 HEIDEGGER, M. «Lettera sull'‹umanismo›» (1947). In: Id. *Segnavia* (1976), trad. it. e org. de F. Volpi. Milão: Adelphi, 1987, p. 295; cf. Id. *L'inno «Der Ister» di Hölderlin* (1942), trad. it. de C. Sandrin e U. Ugazio. Milão: Mursia, 2003, p. 30.
213 Sobre a trama da alteridade no espaço de Heidegger, cf. VALLEGA, A. A. *Heidegger and the Issue of Space. Thinking on Exilic Grounds*. University Park: The Pennsylvania State University Press, 2003, pp. 65 ss.

como um ser-aqui, mas sim como um ser ali e além, para onde se dirige o rio. O habitar ex-tático encontra seu habitat no fluir, em que paradoxalmente o ser consigo já é sempre um ser fora de si, segundo a dinâmica excêntrica da existência.

Se a corrente do rio é o lugar da estadia humana sobre a terra, é seu único domicílio, então o habitar não pode encontrar legitimidade no sangue ou no solo. Nem o *Blut* nem o *Boden* do nacional-socialismo, assim como também não o *jus sanguinis* ou o *jus solis* que, de diversas formas, segue predominando. Em vão se buscaria aqui uma apologia ao sedentarismo, um culto ao lugar, um elogio ao enraizamento, uma ligação incondicional à terra. A corrente arrasta com ela todo título de posse, toda pretensão de herança. No balanço do rio fica somente a promessa de uma estadia provisória.

Essa mudança de elemento — da terra para a água — não deve passar despercebida, pois permite delinear uma nova fenomenologia do habitar. Heidegger segue Hölderlin e seus hinos, em que o canto dos rios se funde ao da poesia. Mas os rios não são imagens poéticas, metáforas, sinais que remetem ao outro; interpretá-los assim seria um grave mal-entendido. O rio é *Wanderung*, migração «em modo pleno e único».[214] É aquele ir embora e além, em cuja transitoriedade somente pode se dar um aqui, um lugar. A corrente — especifica Heidegger — «administra a essência do lugar, ou seja, a localidade».[215] Ganha luz assim o enigmático movimento do rio, que é a um só tempo «localidade do que é errático» e «erraticidade do que é local». *Ortschaft* e *Wanderschaft* são as duas palavras

---

214 HEIDEGGER, M. *L'inno «Der Ister» di Hölderlin*, op. cit., p. 30.
215 Ibid., p. 28.

que se entrecruzam para pontuar o curso da água, para revelar a lei secreta do rio que, enquanto habita, deixa-se habitar, oferecendo uma casa que não tem nada de estável, que concede a parada para uma recuperação, a paz de um abrigo, um refúgio de passagem. O lugar, por causa de sua essência fluvial, é sempre errático. O habitar histórico do homem recebe uma companhia nessa migração, nas incessantes fluidez e passagem em que a localidade de uma possível estadia se abre. A corrente é seu domicílio.

Migrar quer dizer ir embora. Mas ir aonde? Qual a meta? Ou trata-se de uma simples errância? A erraticidade não deve ser confundida com a errância. O caminho do rio, seguido por Hölderlin, e novamente percorrido por Heidegger, não conduz simplesmente ao alhures, não vai do próprio ao estranho, mas sim volta do estranho ao próprio. A meta é a *Heimat* e o caminho é um «fazer-se-de-casa» que se abre só depois de se ter realizado a experiência da mais remota distância, suportado o confronto com o que há de mais inquietante, atravessado o território do inabitual e do inabitável, até o limite extremo do estranhamento.

O caminho é desconcertante: não conduz da pátria a outro lugar, mas do outro lugar à pátria. É um fazer-se-de-casa no ser *não*-de-casa, um *Heimischwerden* no *Unheimischsein*, onde esse ser desterritorializado precede sempre a familiaridade. Já em *Ser e tempo*, Heidegger tinha advertido que o «não-a-casa», o *Unzuhause* é sempre o fenômeno mais originário.[216] Habitar quer dizer tornar. No entanto, tornar não implica necessariamente um retorno. É preciso estar atento e não tomar a chegada pelo

---

216 HEIDEGGER, M. *Essere e tempo*, op. cit., p. 294.

retorno.[217] O caminho lento, que leva para casa, é, no caso, um incessante aproximar-se. À separação, sempre necessária à partida, não se segue o cumprimento da meta. No seu segredo, no seu *Geheimnis*, a *Heimat*, a casa pátria, se subtrai; está sempre além, num alhures imemorial.

Por isso, migrar é esse contínuo debruçar-se para fora, que corresponde ao próprio compasso da existência, à sua inerente excentricidade. Seria possível dizer que o movimento se desenrola em círculos, de dentro para fora, não fosse o fato de que dentro e fora já são termos de uma dicotomia metafísica. O movimento é, antes, aquele revolutear das águas de um rio, em seu vertiginoso redemoinho. Entre os rios que Hölderlin «põe em poesia» — do Meno ao Necar ao Reno —, é o curso do Danúbio que torna mais explícita a singular viagem de retorno.[218]

O tema da migração, em sua profunda relevância filosófica e em seu potente fôlego histórico, é desenvolvido em dois célebres comentários, o do hino *Der Ister*, de 1942, e o do hino de *Andenken*, de 1943.

Que rio é o Danúbio?[219] A elegia de Hölderlin começa com a evocação de uma luz que surge na noite dos tempos, fogo originário, sol da civilização. «Estamos ansiosos para ver o dia.» O instante esperado chega somente quando a errância remota parece prender-se à margem do rio, porque são os rios que tornam a terra fecunda. «Agora, aqui queremos construir.» O rio, porém, já tem

---

217 É a diferença que passa entre *Heimkunft* e *Heimkehr*. Cf. HEIDEGGER, M. «Rammemorazione» (1943). In: Id. *La poesia di Hölderlin* (1981), trad. it. e org. de L. Amoroso. Milão: Adelphi, 1988, p. 154.
218 HEIDEGGER, M. *L'inno «Der Ister» di Hölderlin*, op. cit., p. 110.
219 *Ister* é o rio Danúbio, em grego. (N. T.)

um nome. «Mas chamam-no *Ister*. Belo é o seu habitar.» *Ístros* é o nome que os romanos, na trilha dos gregos, deram ao curso inferior do Danúbio, já que o curso superior permanecia *Danubius*; em alemão, *Donau*. Dois nomes para um rio cuja identidade parece suspensa, quase cindida, entre a nascente e a foz. De um lado, as margens amareladas e o negro da floresta de abetos, o *Schwarzwald*, de outro o istmo incandescente, à procura de sombra, o delta das águas que se abrem lançando-se no Ponto, o mar Negro, chamado na antiguidade também *Póntos Eúxeinos*, mar Hospitaleiro, bacia interna do Mediterrâneo que separa e une Europa e Ásia. Mas o *Íster*-Danúbio liga firmemente a Grécia e a Alemanha, em uma inversão das coordenadas espaçotemporais e em uma reestruturação dos tempos históricos. Seu curso corre ao contrário, *rückwärts*: «parece quase andar para trás, enquanto penso que deve vir do Oriente». Suas ondas se movem em turbilhão e, às vezes estagnando-se, ou hesitando entre as rochas, empurram em direção à nascente a água que vem do lugar em que o rio desemboca no mar estrangeiro.[220] Assim, entre vórtices, águas revoltas e contrastes, o rio traz de volta a aurora grega da civilização até a noturna fonte alemã, une o início ao fim e o fim ao início, confunde as águas da nascente e da foz. Danúbio-*Íster*, *Íster*-Danúbio. Após a imersão no mar do estranhamento, o de um Oriente grego, por sua vez já fora de si, mais balcânico do que clássico, o rio, como que suspenso na aporia dessas duas direções, torna a entrar, fiel à nascente, em direção à qual não cessa de retornar.

Claro, só pode voltar quem partiu, quem atravessou o estranho, seguindo o curso dos rios. É «o abrir-se e o consolidar-se

---

220 HEIDEGGER, M. *L'inno «Der Ister» di Hölderlin*, op. cit., p. 131; Id., «Rammemorazione», op. cit., pp. 97-8.

dos rios que arrancam o homem do meio-termo em que ordinariamente transcorre sua vida, para que seja um centro fora de si próprio, para que seja, portanto, excêntrico».[221] Quem presume estar em casa não pode tornar-se-de-casa. Nem pode acusar saudades da *Heimat*. Só quem está distante é consumido pela pátria e, no estranhamento inquietante, aprende a retornar ao próprio, aprende a habitar. Figura exemplar é a de quem se lança de tal modo para fora que chega até o mar. Mesmo com medo, os navegantes navegam, separam-se das florestas sombrias da pátria, rumam para o espaço aberto, na vigília de uma espera ansiosa — vigiando a noite. Os navegantes são os poetas que mesmo em alto-mar não perdem a rota, seguem o caminho indicado pelo destino, em direção à terra que os espera e a que aspiram. Não são aventureiros, jamais poderiam sê-lo. Para os aventureiros, o estranho não é mais que o exótico, tem o gosto do exuberante, é o fascínio pelo maravilhoso. Por isso, não têm sequer uma rota — perdem-se em uma errância sem retorno.[222] Ao contrário, os navegantes mantêm sob vigilância a rota e, passando para o lado estrangeiro, desde o início já fazem o retorno ao próprio. Sem que jamais seja possível uma apropriação.

5. A «DESORIENTAÇÃO MUNDIAL»

Heidegger denuncia a dupla ilusão que há no habitar. Sobretudo a ilusão daqueles que estão convencidos de já estarem em casa, enraizados firmemente na terra natal, numa relação de pertencimento incontestável, com sua identidade inabalável.

---

221 Id., *L'inno «Der Ister» di Hölderlin*, op. cit., p. 29.
222 Id., «Rammemorazione», op. cit., pp. 163-4.

Ao lado dessa estadia ingênua, coloca-se a alternativa de uma errância que não conhece nem rota, nem meta, nem retorno. É a ilusão do desenraizamento, do deslocamento assegurado pela técnica. Se o habitar é uma permanência temporária, então não pode ser entendido como um estabelecer-se na terra, nem ser tomado pela renúncia completa à terra, pela *Bodenlosigkeit*, a falta de chão, que ameaça fazer do homem moderno um «aventureiro planetário».[223]

Na *Carta sobre o humanismo*, Heidegger denuncia a «desorientação», a *Heimatlosigkeit* que, transformada em «destino mundial», ameaça afetar inexoravelmente a «essência humana», isto é, a existência ex-tática que deve sempre reemergir, deixando os vestígios que constituem e comprovam o seu habitar histórico. Porém o que acontece onde — com a nova arquitetura do vidro e do aço, como já havia advertido Walter Benjamin — isso se torna impossível? O inédito «habitar sem deixar vestígios» corre o risco de se reduzir a um hábito vazio transportável a qualquer lugar.[224]

Precisamente na era planetária, em que a inabitabilidade da terra ocorre *pari passu* com a desorientação, é preciso aprender a habitar. Bem antes de construir, ou de continuar a construir. Os termos aqui, para Heidegger, invertem-se: não se constrói para habitar. Somente quem está em condições de habitar sabe construir. Em seu sentido nobre, construir quer dizer cultivar, cuidar,

---

[223] Id., *L'inno* «Der Ister» di Hölderlin, op. cit., p. 46. Os termos que Heidegger usa para indicar o «estabelecer-se» são *Siedlung* ou *Einsiedlung*.
[224] Cf. BENJAMIN, W. *Ombre corte* (1933), trad. it. de E. Ganni. In: Id. *Opere complete*, V: *Scritti 1932-1933*. Turim: Einaudi, 2003, pp. 435-46.

tomar cuidado; o construir faz parte do habitar.[225] Mas para aprender a habitar é necessário descobrir ainda além — e esse descobrir é por sua vez um modo de habitar —, até onde emerge em toda a sua densidade o verso de Hölderlin: «poeticamente habita o homem sobre esta terra». São os poetas que, nomeando as coisas, convocam-nas para ser; que, dando a medida das coisas, articulam o mundo. «O poetar é o fazer-habitar originário.»[226] Como, ao reterem aquilo que iria embora com a correnteza, criam o que resta, os poetas são os arquitetos da morada do mundo.[227] A era do «planetarismo» é aquela cujo domínio tecnoindustrial recobre todo o planeta, já inserida no cálculo a configuração do espaço cósmico e interestelar como habitat futuro. Esse tempo, governado pelo excesso de cálculo, e preocupado com a incapacidade de tomar medidas, é o tempo *impoético* da desorientação mundial. É cada vez mais difícil manter aberto o espaço de um habitar possível. Pois o que se perde não é só e não é tanto a casa em que se pode alegremente repousar, a fogueira reconfortante, mas também o abrigo da poesia, a pausa da palavra do outro, único refúgio que resta no exílio planetário. «Nós hoje vagamos pela morada do mundo que carece do amigo da casa.»[228]

---

225 Cf. HEIDEGGER, M. *Construire, abitare, pensare*, op. cit., pp. 98 ss.
226 Id., «… poeticamente abita l'uomo…» (1951). In: Id., *Saggi e discorsi*, op. cit., p. 136.
227 Id., *Gli inni di Hölderlin* «Germania» e «Il Reno» (1934-35), trad. it. de G. B. Dematra. Milão: Bompiani, 2005, p. 272.
228 Id., «Hebel — l'amico di casa» (1957). In: Id., *Dall'esperienza del pensiero 1910-1976* (2002), trad. it. de N. Crucio. Gênova: il melangolo, 2011, p. 122.

6. «FILHOS DA TERRA». ATENAS E O MITO DA AUTOCTONIA

Na maioria das línguas indo-europeias, os seres humanos são chamados de «terrestres», pois habitam a Terra e não outros planetas, porque têm sua morada sobre tal superfície e não sob as profundezas aquáticas, nem nas rarefeitas alturas celestes. Mas também são chamados assim porque é como se da terra tivessem advindo, como se com aquele elemento tivessem sido criados — assim, do latim *humus*, terra, vêm *homo* e *humanus*.[229]

Essa ligação com a terra é bem sólida na cultura grega, onde assume formas inéditas e contornos singulares. Antes de serem chamados de «terrestres», os seres humanos eram os «mortais» — *brotoí, thnetoí, ánthropoi* —, no sentido de que é seu limite extremo, a morte, que os define. Nascem mortais, entregues a uma estadia breve, destinados a uma vida atravessada pela morte, que assinala o hiato irreparável para com os deuses, a cisão funesta para com os imortais.

Graças a esse destino que os prende à terra, quase um cárcere de que desejam libertar-se, os mortais são também chamados de *epichthónioi*, «aqueles que habitam sobre a terra».[230] A palavra é composta de *epì*, junto, sobre, e *chtón*, o solo terrestre, entre os abismos do Hades e os céus do Olimpo — onde os humanos fundam suas cidades, têm suas casas e seus túmulos. O solo, *chtón*, está ligado ao habitar e à *pólis*, conserva um significado político.

Chama-se, por outro lado, *ghê* a terra primordial. Não existe na Grécia um mito original, como o hebraico *Bereshit*, um Gênesis

---

[229] Cf. DUMÉZIL, G. *Le festin d'immortalité. Esquisse d'une étude de mythologie comparée indo-européenne.* Paris: Geuthner, 1924, pp. XV-XVI.
[230] HESÍODO. *Teogonia*, 372, 564 e 755.

que remeta o ser humano a um ato de criação. Contudo, não faltam os mitos que remontam às mais remotas eras e narram o nascimento dos homens a partir da Terra-Mãe. Apesar da variedade e da riqueza de versões, reina o consenso sobre a proveniência humana a partir da terra. Dois modelos, porém, se opõem. Num deles, a terra é matéria dócil, barro modelado por um demiurgo, um artesão divino que, tal qual um escultor ou um oleiro, fabrica a criatura humana. No outro, a mãe é a própria terra, de cujo útero, espontaneamente fecundado, ou fecundado por uma semeadura aleatória, nascem os homens. Surgem a partir da sua matriz, assim como as plantas brotam da terra. Entre os dois modelos, o do artífice e o da fecundidade, que às vezes se misturam, onde a terra vira argila, prevalece aquele em que a terra — arquétipo solitário de todas as partes femininas, potência produtora de vida — eleva-se à condição de Mãe.

Esse é o mito eminentemente grego da Terra-Mãe, de quem os humanos são os frutos. Reivindicado nas narrativas originárias dos gregos, confirmado nas tradições pátrias das cidades, o mito encontra sua formulação mais célebre no *Político* de Platão, onde se fala do primeiro gênero de viventes, que não derivava do acasalamento, mas brotava diretamente da própria vida da terra. Serão por isso chamados *ghegheneîs*, filhos da terra.[231]

Como toda narrativa originária, também essa levanta interrogações e dificuldades. Como explicar a passagem desse nascimento dos «primeiros homens», a partir da terra, a seus descendentes? Que, por sua vez, nascem do ciclo da reprodução? As hipóteses se multiplicam, as interpretações se acumulam. Entre o início mítico primevo e o tempo humano, interpõem-se eras

---

231 PLATÃO. *Político*, 270e-271c.

díspares, a de ouro, de prata, de bronze. A própria mulher representa um enigma; sua presença parece, no fundo, incômoda. Pois é claro que os seres humanos, os *ánthropoi*, vêm à luz pelo ventre da terra, antes que a mulher possa ter algum papel nisso, antes ainda de existir. E não importa que essa força matriz da terra pareça, antes da mulher, imitar-lhe as funções. O que importa é que a desautoriza. Geia, a terra divinizada, é a grande Mãe. À sombra dela, como uma estranha, a mulher se junta ao *ghénos* humano — mantendo também em seguida um lugar ambíguo na humanidade — enquanto os *ánthropoi*, que se chamavam assim em oposição aos deuses, tornam-se *andrês*, homens, distintos das mulheres. Não sem pesar, porque terão de passar pela *ghuné*, este outro de si, sucedâneo da Terra-Mãe, para se reproduzir. No entanto, se investigarmos o complexo enredo dos mitos sobre os «filhos da terra», não encontraremos sequer uma filha autóctone. Contudo, a mulher, já na figura mítico-poética de Pandora, deverá assumir o papel desempenhado pela terra.

Não pode haver dúvidas sobre a parte que cabe aos *andrês*, que constituem o corpo da *pólis*. Assim, toda cidade reivindica uma tradição ostentando um «filho da terra» como fundador da estirpe, sem dispensar eventuais contaminações, mas — é claro — apenas divinas. Erictônio, talvez o mais célebre, é ao mesmo tempo «filho dos deuses» e *autóchthon* — termo-chave composto de *autó* e *chthôn*, próprio e solo — nascido no *próprio chão*, não só da terra, mas do território definido da cidade.

Esse é o mito fundador da autoctonia, mito grego que não aspira a oferecer uma visão dos primórdios, nem quer reclamar a posse do primeiro ancestral, a quem se reservaria a honra de ter dado o nascimento à humanidade. Nas suas múltiplas versões, moldadas conforme as diferentes cidades, muitas vezes rivais, o mito é o meio não tanto de ressaltar a nobreza de uma genealogia heroica e antiquíssima, mas de afirmar a posse exclusiva do *chthôn*, o território cívico do qual, em uma atribuição coletiva da autoctonia, os cidadãos nasceram e fazem parte.

Não faltam cidades ou regiões que se vangloriam de terem sido fundadas por um estrangeiro prestigioso, vindo de alhures. O Peloponeso deve sua origem ao frígio Pélope. Mas, em geral, os gregos preferem a narrativa que evoca o herói autóctone, surgido da terra que ele civilizou. A celebração da origem serve para reafirmar a pureza do que é próprio, do *autós*, que deve valer e vale, através da linha geracional, também para os descendentes. Como se, mesmo paridos por uma mulher, tivessem todos saído daquela mesma terra, da mesma forma como seus ancestrais. O que legitima sua relação de propriedade. A fim de que essa relação se sustente, é preciso eliminar a distância e fazer com que o presente continue ligado ao passado de origem. De um lado, portanto, proximidade no tempo, memória da transmissão do solo; de outro, estabilidade, permanência no mesmo lugar, no próprio lugar. A repetir isso está Heródoto, que atribui o mérito da autoctonia aos povos, como os árcades, fiéis à sua origem no tempo e no espaço.[232]

Se Esparta é a cidade dórica, dos imigrantes, Atenas é a terra do eu, o exemplo luminoso e inalcançável da autoctonia pura. A rivalidade atávica entre elas deve-se também a essa origem oposta. Todavia Atenas não se limita a celebrar a origem, mas a reitera. A pureza mítica do passado — quando o povo autóctone ganhou, no próprio momento em que nasceu, o chão em que habita, sem nunca precisar ter habitado terras

---

232 Cf. HERÓDOTO. *Histórias*, VIII. Lisboa: Edições 70, 2007.

alheias, nem expulsar ocupantes anteriores — é indispensável para legitimar o direito de posse no presente. Nas recordações sobre aquele início, os atenienses asseguram a própria identidade permanecendo firmemente plantados no *chthôn*, no território ático. Após a supressão das mães atenienses na gênese da *pólis*, vai-se cada vez mais ocultando a maternidade da terra. Como proclama Demóstenes, na oração fúnebre feita aos mortos de Queroneia, os atenienses são filhos autóctones da pátria originária.[233]

O solo ático é a *arché*, o princípio absoluto, o início da humanidade e do mundo, o fundamento da Cidade, a origem com que tem início a ordem patrilinear, a da *patría*, da descendência. A *arché* é o princípio pátrio.

Filhos da própria terra, de onde nunca saíram, os atenienses permaneceram «os mesmos», ligados à identidade de origem, e garantiram a pureza do *ghénos*, do nascimento e da linhagem. Na sua inigualável autoctonia, Atenas proclama-se a Grécia autêntica. Assim acaba sendo elogiada em inúmeros testemunhos de historiadores, poetas, autores trágicos, oradores. Mas é no diálogo *Menexeno*, de Platão, que a celebração da autoctonia ateniense atinge seu ápice. Aqui, o mito parece encontrar legitimação filosófica. Não se deve, porém, entendê-lo mal: parodiando a prosa patriótica das orações fúnebres, Platão faz referência a um motivo imemorial da tradição grega arcaica, um tema retórico, de que ele não ignora a forte finalidade política.

A autoctonia conjuga-se com a *eughéneia*, o bom nascimento, e ambas fazem do *ghénos* ateniense uma linhagem única, a descendência de uma mesma família. Nenhum filho adotivo, nenhum

---

233 Cf. DEMÓSTENES. *Epitáfio*, 4.

bastardo, nenhum intruso, nenhum imigrante. É um movimento, de fato, que faz uma fusão — inclusive de sangue.

A autenticidade do nascimento encontra sua fundamentação na origem de seus ancestrais, que não é estrangeira, pois fica claro que os próprios descendentes não são metecos [*metoikoûntas*] nesta terra, vindos de fora, mas autóctones, que habitam [*oikoûntas*] e vivem na sua pátria, alimentados não como os outros por uma madrasta, mas por uma terra-mãe onde habitavam [*oíkoun*] e onde agora, mortos, jazem em espaços familiares [*en oikeíois tópois*] onde a terra os gerou, nutriu-os, hospedou-os.[234]

Não apenas o nascimento, mas também a morte se realizam sob o signo do autêntico, do próprio. Os mortos repousam nos espaços familiares, regressados ao útero da terra que os pariu. O ciclo da vida se fecha voltando a si mesmo, o que confirma a nobreza da origem pura. A democrática Atenas incorpora tacitamente valores e privilégios da aristocracia. Mas o argumento tem resultados adicionais — e muito atuais — porque serve para incentivar a ideia da uniformidade genética, a homogeneidade da linhagem, e para legitimar a democracia. Paradoxalmente, autoctonia e «bom nascimento» seriam as condições imprescindíveis para uma democracia válida e eficaz. O motivo é logo esclarecido: a igualdade não é buscada, mas pressuposta, e é própria da origem, da linhagem. Somente sobre essa igualdade genética podem ser fundadas as igualdades jurídica e política.

234 PLATÃO. *Menesseno*, 237b-c.

Como todas as outras cidades são compostas de homens desiguais e de todas as proveniências, essa desigualdade se reflete nas próprias estruturas políticas, que são tirânicas e oligárquicas, e os habitantes consideram-se, uns diante dos outros, ou como escravos ou como senhores; nós e os nossos, todos irmãos porque fruto de uma só mãe, não nos consideramos nem escravos nem senhores uns dos outros, mas nossa igualdade de origem [*isogonía*], devida à própria natureza, obriga-nos a buscar igualdade legal [*isonomían*], estabelecida por lei, e a não nos rendermos uns aos outros, a não ser diante da reputação de virtude e de inteligência.[235]

Eis a diferença entre a Atenas autóctone, onde todos são «irmãos», nascidos de uma mesma mãe, e as outras cidades, que não souberam manter a pureza do traço helênico, misturando-se tanto entre eles quanto, até, com os bárbaros. Platão não tem pudor em pronunciar com clareza a palavra «metecos», como são chamados os estrangeiros residentes. Se todo autóctone é necessariamente filho da terra, nem todo filho da terra é autóctone.[236] Quem deixou o lugar em que nasceu para ir a outro não pode ser autóctone, mas sim, no máximo, filho adotivo.

Há um avanço por separação, ou melhor, por exclusão. O critério que discrimina é o do *ghénos* puro. De um lado os gregos, de outro os bárbaros.[237] Assim é inicialmente dividida a humanidade. Eis como a questão grega se dá: de uma parte os atenienses, «o

---

235 Ibid., 238e-239a.
236 Cf. BRELICH, A. *Gli eroi greci. Un problema storico-religioso*. Milão: Adelphi, 2010, p. 138.
237 PLATÃO. *Politico*, 262d-e.

único povo» — como ressalta Heródoto — «que jamais emigrou», em cuja autoctonia exalta-se a grecidade modelar, de outra parte o restante dos gregos, relegados às margens, empurrados para os limites do mundo bárbaro. Portanto, gregos impuros ou semibárbaros.[238] No *Menexeno* triunfa, com tons enfáticos e extremados, o imperialismo ateniense do eu.

> A livre nobreza da nossa cidade é assim sólida e sadia, por isso inimiga por natureza do bárbaro, graças ao fato de que nós somos puramente [*eilikrinôs*] gregos, livres de mistura com os bárbaros. Não existem nem Pélope nem Cadmo, nem Egito nem Danao, nem outros tantos — bárbaros por natureza, mas gregos por convenção — que habitem [*sunoikoûsin*] conosco; somos nós a habitar [*oikoûmen*] com nós mesmos, gregos, sem qualquer mistura de sangue bárbaro, por isso puro é o ódio que se vem infundindo na nossa cidade contra aqueles que têm outra natureza.[239]

Atenas autóctone, Grécia autêntica, Eu puro, Centro sólido do mundo, Cidade por excelência. Onde tudo é posto sob o signo do próprio, do *oikeîon*, do que é íntimo e familiar, habita-se com segurança em solo pátrio, onde se nasceu e onde habitam os seus. Ainda porque o habitar, *oikeîn*, é íntegro, sem contaminações, sem traços estranhos — não é nem um *sunoikeîn*, o coabitar com que a estirpe estrangeira dos bárbaros tenta se insinuar na cidade, muito menos um *metoikeîn*, a residência concedida aos metecos. Composto de *metà*, no sentido de mudança, e *oîkos*, casa, o termo

---

238 HERÓDOTO. *Histórias*, VII, 161.
239 PLATÃO. *Menesseno*, 245d.

«meteco» indica quem se transferiu de uma cidade a outra, ou seja, o estrangeiro residente.[240] A separação entre a fronteira territorial e a barreira cívica surge com clareza: habitar o território da cidade não é o primeiro passo para integrar-se ao corpo cívico. E isso porque a *pólis* é o nome tanto do lugar em que se funda a cidade quanto da comunidade de cidadãos.

Vêm à tona aqui os resultados políticos da autoctonia. Idealizada como permanência no que é próprio, ela é a resposta a uma apreensão que ronda as cidades gregas naqueles anos. Encontram-se os ecos disso na *Política* de Aristóteles, quando se questiona sobre a identidade de uma *pólis*, que não pode permanecer a mesma se a população continua a se diversificar e, retomando o argumento já ressaltado por Platão, chama a atenção para um problema que nenhum estadista deveria ignorar: a estabilidade política de uma cidade onde não só o *ghénos*, mas também o *éthnos* permanecem o mesmo.[241] Uma mesma linhagem — uma mesma «raça»? — é garantia de um governo estável. Até mesmo a democracia seria uma questão de família. Por esse motivo, a «residência não garante a cidadania».[242] O argumento está destinado ao sucesso também na idade moderna. A bela homogeneidade, que se mantém intacta, não deturpada por estrangeiros, não abalada por novas chegadas,

---

240 Cf. para etimologia GAUTHIER, P. «Métèques, périèques et paroikoi. Bilan et points d'interrogation». In LONIS, R. (org.). *L'étranger dans le monde grec*. Nancy : Presses Universitaires de Nancy, 1988, p. 27. Cf. KAMEN, D. *Status in Classical Athens*. Princeton/Oxford : Princeton University Press, 2013.
241 ARISTÓTELES. *Política*, IV, 1295b 21-29.
242 Ibid., 1275a 7.

não desestabilizada por imigrantes nem turvada por escravos, é o modelo grego da *pólis* que leva a deduzir a perfeição do regime político a partir da pureza da origem, e a democracia a partir da autoctonia. Única a ter realizado isso, Atenas é a Cidade em paz consigo mesma.

O resultado posterior e decisivo da autoctonia é, portanto, a cidadania. Apenas os filhos legítimos são *polîtai*, apenas os atenienses são cidadãos. Todos os «outros», aqueles que chegam de outros lugares, os intrusos, não são, nem podem ser, cidadãos. Enquanto nas outras cidades, como Tebas e Esparta, fundadas por estrangeiros, estão previstos graus diversos de cidadania, Atenas distingue-se mais uma vez. E marca um divisor de águas entre cidadãos e estrangeiros residentes. Estes últimos habitam na cidade, onde até estão integrados, mas não gozam dos mesmos direitos civis. Sob uma análise rigorosa, pode-se chegar à conclusão de que os únicos cidadãos no mundo são os atenienses.

Os outros gregos poderão também ostentar esse título, *polîtai*, cidadãos, mas por convenção, não por natureza, já que, na cidade onde moram, são filhos adotivos, descendentes de longínquos imigrantes. Para sermos precisos, seria necessário dizer que são apenas residentes que permanecem estrangeiros, embora aspirem ao direito de cidadãos. Mas, dado que o *chthôn*, o solo pátrio, e o nascimento no solo pátrio decidem a cidadania, então deve-se acrescentar que cidadãos são somente os atenienses, enquanto todos os outros são simplesmente «nascidos». O que diferencia sua relação com a cidade é o residir, é um habitar, *oikéo*, que nunca é puro, pelo simples fato de que é o ponto de chegada de um movimento, de uma errância anterior. Antes do habitante há o errante, o *metanástes*, o migrante, aquele vindo de fora, *állothen*, que cometeu o erro de ter se mudado ou de ter nascido de quem se mudou.

245

O movimento é um erro, uma culpa — é o erro da errância. O eu autóctone define-se por negação, ausência de movimento, i-mobilidade. Mais que um habitar, o seu é um estar, *hístemi*, uma estabilidade que gostaria de exibir uma dimensão outra, não a da horizontalidade, mas a da verticalidade, no sulco do enraizamento profundo e do edifício que se levanta. Dois modos opostos, portanto, de morar. Só que *hístemi* é menos estável do que se presume, e o seu significado, cercado por numerosos prefixos que introduzem movimento, é continuamente desestabilizado. A ponto de ser necessário indagar se existe realmente um *hístemi* imóvel, se não é uma ficção metafísica, como todo o *lógos* da autoctonia.

Ainda mais que, junto ao *hístemi*, desprende-se também o *oikéo*, o habitar ateniense que, não se sabe a razão, se distinguiria do habitar dos outros. Parece não haver outro motivo a não ser o de reiterar a noção de que «somos nós que habitamos com nós mesmos, gregos». Uma precaução que não torna mais pertinente e apropriado o verbo *oikéo*, aplicado não por acaso também aos outros, aos estrangeiros, aos metecos, aos imigrantes, réus por terem um dia ocupado terras alheias, nas quais, porém, habitam. Como o eu se define sempre e só em oposição ao outro, de quem, no entanto, depende, assim o habitar autóctone é um estar fictício que, quando reivindica o grau zero, corre o risco de cair em uma tautologia, na repetição imóvel do eu, e, quando se coloca no terreno do outro, surge uma estabilidade de tal modo precária que cede instantaneamente ao movimento. Assim, a identidade autóctone se esvai, como o seu mito.

7. ROMA: A CIDADE SEM ORIGEM E A CIDADANIA IMPERIAL

Atenas é uma cidade fechada sobre si mesma, com ciúmes da própria identidade, e a cidadania é transmitida de pai para filho. A exigência de proteger a pureza étnica da descendência é decretada pela primeira vez com Péricles (451-450 a. C.), e então imposta com a proibição dos casamentos mistos (341-340 a. C.). O mito da autoctonia chancela a cidadania, a ideologia do enraizamento cava um fosso político, um hiato axiológico entre o cidadão e o estrangeiro residente. Nenhum direito de cidade: a comunidade de atenienses afirma a própria liberdade, a própria autonomia, a própria autarquia, fechando soberanamente suas portas.

O que acontece, porém, com Roma? Existe um «caminho romano» para a cidadania? Estrangeira desde a origem, Roma é uma cidade aberta, inacabada, incompleta, pronta para acolher quem vem de fora em sua já imensa população de cidadãos livres.

O lugar do estrangeiro na cidade é o indício, a prova graças à qual podem brotar duas formas espelhadas — porque invertidas — de comunidade e de pertencimento. Atenas e Roma, para além das realizações históricas, estão destinadas a representar dois paradigmas ideais. A inversão exprime-se até no vocabulário: se a *pólis* grega define o *polítes*, a *civitas*, em vez disso, é definida pelo *cives*.[243] No modelo ateniense, é a comunidade que prevalece sobre o indivíduo, enquanto no modelo romano é o indivíduo que determina a comunidade. Vêm daí também a relação distinta com o estrangeiro e as duas formas de cidadania: a ateniense, exclusiva

---

243 Cf. BENVENISTE, É. «Deux modèles linguistiques de la cité». In : POUILLON, J. e MARANDA, P. (orgs.). Échanges et communications. Mélanges offerts à Claude Lévi-Strauss. Paris/La Haye: Mouton, 1970, pp. 589-96.

e estática, e a romana, inclusiva e dinâmica. O estrangeiro representa uma ameaça para Atenas, pois pode modificar a comunidade, delimitada e perfeita, pode alterar sua identidade até fazê-la desaparecer. O risco não se dá em Roma, cuja unidade, que se amplia e se estende seguindo critérios inclusivos, não pode ser prejudicada pelo estrangeiro. Não é arriscado reconhecer nesses dois modelos históricos, de cidade e de cidadania, dois tipos ideais que continuam a operar nas fronteiras. Muitas vezes isso resulta, como acontece sempre com os ideais, em formas mistas e híbridas. Permanece, no entanto, o modelo de referência para responder às questões que o ingresso do estrangeiro provoca na cidade.

Nesse confronto, é preciso recordar, porém, as proporções quase incomensuráveis: Atenas é uma democracia direta, constituída por uma assembleia com cerca de 30 mil cidadãos, que não dura mais que um século ao todo, enquanto Roma ostenta uma continuidade de mais de seis séculos, durante os quais pode conceder o direito de cidadania a uma multidão de povos que, uma vez vencidos, são integrados ao Império. Pode-se, contudo, inverter o argumento sustentando que, justamente por ter seguido uma política diferente — enquanto Atenas entra em declínio —, Roma é uma potência imperial graças à sua enorme população de cidadãos livres de origem estrangeira. É o que reconhece Dionísio de Halicarnasso, o historiador grego que viveu na era augusta, que elogia a sabedoria e a abertura dos romanos.[244]

Já no primeiro século, Roma distribui coletivamente a cidadania aos povos itálicos livres, que, embora derrotados e sempre em revolta, não são subjugados, mas se fundem ao *populus romanus*, conservando seu pertencimento originário. São duas leis que

---

244 Cf. DIONISIO DE HALICARNASSO. *Antichità romane*, II, 16-17.

já em 90-89 a. C. atestam esse procedimento: a *Lex Julia* e a *Lex Plautia Papiria*.[245] A extensão progressiva encontra seu ápice no famoso édito de Caracala, que, em 212 d. C., concede a cidadania a todos os homens livres do Império. Não é generosidade, mas sim expansionismo. Esse irrefreável impulso cosmopolita leva a uma subdivisão do mundo, que coincide com os limites imperiais, entre romanos e não romanos. Abdica-se propriamente do conceito de estrangeiro, que seria como que um não romano, ou melhor, como um ainda-não-romano. É de fato somente uma divisão que diz respeito à lei. Eis então aqui a novidade: os romanos inauguram juridicamente a cidadania. Para isso, separam claramente cidadania e cidade, direito e política, indivíduo e comunidade. A cidadania torna-se cada vez mais móvel. Essa exigência coincide com a passagem da República para o Império, que marca também uma mutação morfológica da paisagem política, bem mais diversificada e ampla, em que o cidadão surge vestido de *homo legalis*. Se a cidadania é concedida coletivamente a todos os povos, é de todo modo o indivíduo quem se torna cidadão romano, adquirindo sobretudo direitos civis. Como se pode imaginar facilmente, embora seja individual e igualitária, a cidadania revela-se politicamente discriminatória.[246] Afinal de contas, é o soberano quem decide se liberta um escravo, se lhe permite ser um *cives*.

A residência não assegura a cidadania. Resta, assim, a complicada figura do estrangeiro residente, isto é, que habita dentro

---

245 Cf. NICOLET, C. *Le métier de citoyen dans la Rome républicaine*. Paris: Galimard, 1976; SHERWIN-WHITE, A. *The Roman Citizenship*. Oxford: Clarendon Press, 1973, esp. pp. 147-53.

246 Sobre a ambivalência na política de imigração, cf. BARBERO, A. *Immigrati, profughi, deportati nell'Impero romano*. Roma/Bari : Laterza, 2006.

dos limites do Império, mas vem de uma colônia ou de um município que ainda não recebeu a cidadania. O direito romano, porém, não se recusa a integrar o estrangeiro. E o faz distinguindo do domicílio a cidadania, essa ligada à proveniência. À *origo*. Nessa palavra mágica, condensa-se a peculiaridade da cidadania romana.[247] O que isso quer dizer? Trata-se de uma ficção jurídica que não tem correspondente na filosofia grega. Todo cidadão tem um lugar de ancoragem no Império, uma *origo*, herdada de pai para filho, que o liga a uma cidade. A uma colônia ou a um município que, como coletividade, recebeu a cidadania de Roma. Pode ser um vilarejo perdido na costa oriental do Mediterrâneo, uma cidade da Espanha ou um município do Lácio. Todo romano tem assim uma dupla cidadania: a do lugar de que provém sua família, e onde pode até não ter nascido nem jamais morado, e a cidadania romana. Para evocar um exemplo ilustre, Cícero proclama-se «tuscolano de origem» e «romano por direito de cidade».[248] Desse modo, a cidadania jurídica é desvinculada tanto do nascimento quanto, principalmente, do domicílio; basta a *origo* para ligar o cidadão romano a um lugar no território do Império. A *origo* designa a ligação a um lugar, que continua válida mesmo quando se está distante dele. Mesmo sendo grego, judeu, dácio, pode-se ser cidadão romano. Graças a esta dupla cidadania, de origem e de direito, Roma pode estender facilmente seu domínio, salvaguardando a alteridade dos povos incluídos — a começar pelos gregos.

---

247 Sobre o tema do *origo*, cf. THOMAS, Y. «*Origine*» *et* «*commune patrie*». Étude de droit public romain (89 av. J.-C. — 212 ap. J.-C.). Roma/Paris: École Française de Rome, 1996.
248 CÍCERO, M. T. *De legibus*, II, 5.

Roma não se apoia, quem sabe, na figura de um estrangeiro? Quem não conhece a história de Eneias? Após escapar com o pai Anquises e o filho Ascânio da destruição de Troia, encontra refúgio na costa do Lácio, onde se casa com a filha do rei Latino e funda Lavínio. Não distante dali, depois de sua morte, Ascânio por sua vez funda a cidade de Alba Longa. Algumas gerações mais tarde, de Alba vêm Rômulo e Remo, filhos gêmeos de Reia Silvia, rainha destituída de seu trono, que o deus Marte tinha tornado mãe. Os dois gêmeos, abandonados em um cesto à correnteza do rio Tibre, são salvos por uma loba que os acolhe e alimenta. São eles que, com o bando de arruaceiros, nômades e pastores com quem cresceram, fundam Roma sobre o monte Palatino. Com a morte de Remo, que havia cometido um sacrilégio atravessando a fronteira onde estariam os muros da cidade, Rômulo reina sozinho e Roma, graças à instituição do asilo no monte Capitolino — onde podem se refugiar todos os exilados das cidades vizinhas —, prospera até se tornar capital da República.

Essa lenda, que tem uma grande quantidade de versões — há quem tenha enumerado 25 delas —, ainda gera muita discussão.[249] E já aparecia como um quebra-cabeça aos olhos dos historiadores antigos. No labirinto narrativo, confundem-se temas fabulares, características mitológicas, narrativas pseudo-históricas. Certo é que só essa lenda fala de pelo menos duas fundações, Lavínio e Roma, difíceis de associar, e que os grandes protagonistas são também dois: Eneias e Rômulo. De resto, a narrativa, geralmente tomada como mito fundador, representação da identidade

---

249 Quem contribuiu com uma leitura mítica foi DUMÉZIL, G. *La religione romana arcaica, con un'appendice su La religione degli etruschi* (1966), trad. it. e org. de F. Jesi. Milão: Rizzoli, 1977.

originária, revela-se muito difícil de destrinchar. Em comum, entre as diferentes versões, sobra no final apenas o nome próprio *Roma*, cuja etimologia é um enigma. O equivalente grego do nome latino leva a *rhóme*, força, em latim *valentia*. Havia uma *Valentia* antes de Roma.[250]

Mas que significado têm Eneias e Rômulo? E por que uma dupla fundação? Embora fosse troiano — mas os troianos, no final das contas, nem se diferenciavam tanto dos gregos —, Eneias representa a origem grega. E, como é sabido, uma cidade ou é *pólis* ou não é — não parece haver modelos alternativos. Roma se reconhece grega, com uma variante troiana. Até os gregos consideram os itálicos povos de origem grega, com um ou outro traço arcaico. Foram os antigos pelasgi, ou talvez os árcades primitivos, que se misturaram com os locais, com os aborígenes, inaugurando a civilização na península. Para alguns historiadores, porém, até os aborígenes teriam sido gregos. As coisas nunca são verdadeiramente claras na Itália, a começar pelas origens — que, em todo caso, não são autóctones. Isso vale para todas as cidades itálicas, ainda mais para Roma.

Quando a Roma republicana narra suas origens, apega-se às lendas gregas. No entanto, em uma posição tão privilegiada, aberta para o Mediterrâneo, encruzilhada de migrações incessantes, de leste a oeste, de norte a sul, e vice-versa, Roma não é de todo grega, tampouco quer sê-lo. A desvelar novos elementos estão os rituais de culto público, rigidamente observados pelo povo romano, que em Lavínio oferece sacrifícios aos penates, deuses dos lares, que Eneias havia levado consigo, e que inclusive

---

250 Cf. DUPONT, F. *Rome, la ville sans origine. L'Énéide, un grand récit de métissage?* Paris: Gallimard, 2011, pp. 28 ss.

lhe haviam indicado o caminho. O culto é, portanto, distante, no lugar onde havia terminado a errância de Eneias, sem que começasse alguma outra. Entre Eneias e Rômulo existe um hiato, representado pela distância entre Lavínio e Roma.

Se por um lado Atenas é uma *pólis*, que se identifica tanto com o território quanto com os cidadãos — os atenienses, todos descendentes de pais e mães atenienses —, por outro a *Vrbs* romana tem o cuidado de não se limitar ao *populus romanus*, fechado em uma definição genealógica. Ancorada no solo, muito terrena, a *Vrbs* não possui, porém, um território unificado. O *Imperium romanum* não coincide com Roma e estende-se à medida que municípios e províncias são anexados. O chão de Roma está potencialmente em qualquer lugar, em qualquer remoto vilarejo de seus cidadãos. Nesse sentido, o *Imperium* é como uma constelação em movimento. Os romanos nunca fundaram, nem pretenderam fundar, um Estado territorial. A *Vrbs* é o lugar de uma cidadania aberta.

E os cidadãos romanos? Não seriam então mais cidadãos que os outros? Não, nenhuma diferença. Eles vêm igualmente de vários lugares, de outra cidade, de Lavínio. São por isso devedores do «pai» Eneias, não como precursor de uma genealogia, mas como aquele que, por meio do culto aos penates, transmitiu aos habitantes de sua «casa» o enraizamento no chão onde cada um se estabeleceu, aquela *origo* que lhes consente ser cidadãos romanos. Tal fato equipara-os aos cidadãos das outras cidades itálicas. No rigor do termo, ninguém é cidadão romano em sentido puro. Todos os cidadãos romanos vêm de alhures, têm uma *origo* externa.

As coisas teriam sido bem diferentes se Eneias, com seus penates, tivesse chegado a Roma em vez de parar em Lavínio. Roma teria sido uma cidade grega qualquer, consumada, completa, reduzida à descendência. Aquilo que vale para os romanos, vale também para a *Vrbs*: é Lavínio, por assim dizer, sua *origo* externa, que abre Roma para o mundo.

Se então um romano, esquecendo-se de sua proveniência de Lavínio, quisesse ostentar ter nascido dentro do perímetro da *Vrbs*, aí teria de se haver com Rômulo, que, mais que fundar uma cidade, acolheu no *asylum* bandidos, arruaceiros, fora da lei, escravos fugidos, todos aqueles a quem se chamaria de «rejeitos da terra», para fazer dos romanos, os *patres*, os antepassados dos futuros senadores. Em resumo, haveria bem pouco do que se vangloriar. Se Dionísio de Halicarnasso, o historiador grego, convencido de que os romanos não eram nada mais nada menos do que gregos, grita indignado, denunciando o que seria apenas uma mentira, Tito Lívio reivindica a fundação ingloriosa, ressaltando que é preferível admitir essa verdade, de toda forma muito comum, a fingir serem «autóctones», filhos da terra.[251]

Ao contrário, os romanos sabem que são estrangeiros antes de se tornarem cidadãos romanos. Porque vêm simbolicamente de Lavínio, cidade latina. Devem essa origem a Eneias, um estrangeiro, um pouco troiano, um pouco grego, tão estrangeiro a ponto de não chegar a ser fundador de Roma. Até que surja Rômulo, devem esperar três gerações, que representam o tempo romano da memória e do esquecimento. A estranheza dos romanos é no mínimo dupla, assim como a separação que marca o ato com que se funda a *Vrbs*. Eneias e Rômulo impedem toda genealogia direta, proíbem toda a autoctonia mítica. Quanto aos aborígenes —outro modo de chamar os itálicos, ou os italianos —, seu nome, que

---

[251] DIONISIO DE HALICARNASSO. *Antichità romane*, I, 4, 2; TITO LIVIO. *Ab urbe condita*, I, 8, 5-7.

deixa ver a *origo*, significa aqueles que existem *ab origine*, desde a origem, e indica um limite temporal, não o nascimento a partir de uma terra.[252] A *Eneida* de Virgílio é o poema épico da *origo* romana, é o seu *monumentum*.

8. O MAPA TEOLÓGICO-POLÍTICO DO *GHER*

A paisagem judaica é habitada por figuras incomuns, insólitas, singulares e atípicas para a tradição ocidental, que tentou em vão domesticá-las. O personagem principal, o estrangeiro que bate à porta, é o *gher*. A abrir-lhe está o *ézrakh*, o cidadão. Mas a estrangeiridade é marcada também de outros modos, e ao lado do *gher* estão os termos *nokerì* e *zar*. Uma terminologia tão diversificada remete a uma constelação complexa. Lidos em tradução, esses três termos, que não são intercambiáveis, podem ser mal compreendidos e dar margem a uma generalização abusiva. O risco mais grave é o de abstraí-los do contexto político em que foram sendo desenvolvidos, prescindindo, portanto, da Cidade Santa. É o que acontece na hermenêutica mais difundida (tanto cristã quanto judaica), que, movida por uma inspiração religiosa, tende a apagar a filigrana política. Presume-se tacitamente que, sendo o povo judeu um povo «errante», e por isso transitório, não represente uma entidade política e que não exista por causa disso nenhuma Cidade judaica. Nos raros casos em que ela é reconhecida, assume as tonalidades mais obscuras da teocracia violenta, da etnia tribal ou do particularismo nacionalista. O resultado oposto, que emerge também na filosofia judaica do último século, é uma interpretação espiritualizada que lê as passagens bíblicas

---

252 DIONISIO DE HALICARNASSO. *Antichità romane*, op. cit., I, 10.

sobre o «estrangeiro» com uma chave puramente moral, exaltando no judaísmo uma ética do outro.

No entanto, a Cidade Santa, com seus pontos fortes e fracos, existe e é sobre esse cenário — caracterizado não só por uma ética, mas também por um direito constitucional e por um direito público — que a questão do estrangeiro é delineada no seu valor político.

A constituição da Torá é atravessada, e quase regida, por um verdadeiro guia do «estrangeiro residente», o imigrante que vive com o povo de Israel. Qual é sua condição? Quais são seus direitos? Como se configura a relação entre o *gher* e o *ézrakh*, entre o estrangeiro e o cidadão?

Se alguém vai diretamente de Atenas ou Roma para Jerusalém, como acontece muitas vezes, acaba projetando os conceitos gregos e romanos na paisagem judaica. Se *gher* vem traduzido com «estrangeiro», *ézrakh*, assumido como polo antitético, acaba vindo em muitas traduções — inclusive a do rabinato — como «autóctone», e até mesmo como «nativo». Reside aqui o erro decisivo que prejudica toda a hermenêutica do estrangeiro e da estrangeiridade no judaísmo. Consolidada ao longo dos séculos, a antítese entre o *gher* e o *ézrakh* retoma não apenas a tensão interna à *pólis*, mas acompanha ainda a bem conhecida dicotomia paulina entre universal e particular. Assim, haveria de um lado o *ézrakh*, o autóctone, que encarna o particularismo judaico, e de outro o *gher*, o estrangeiro, chamado a revelar o universal.[253]

Mover-se dessa antítese entre o autóctone e o estrangeiro significa já presumir que não existe uma Cidade Santa com suas peculiaridades. Na paisagem judaica, predominaria o *ézrakh*,

---

253 Para isso contribuiu também certa leitura dos textos de Paulo de Tarso.

privado de seu contexto político. Se Atenas é a *pólis*, com suas leis e suas instituições, Jerusalém não é reconhecida da mesma maneira. E, mesmo que a autoctonia seja o fundamento sagrado da cidadania, visto que o ateniense se proclama filho do solo, fala-se de *polîtai*, de cidadãos, não de *autóchthones*. Ao contrário, os *ezrakhîm*, vistos como os expoentes de um tribalismo étnico, são chamados simplesmente de «autóctones».

Mas como estão as coisas na Cidade Santa? Quem é o *ézrakh* e quem é o *gher*? Assim que se ultrapassa o limiar desse espaço político, emerge uma exigência de subverter a visão difundida, de lançar mão de uma hermenêutica que recupere o hebraico dos textos.

Quem reserva a primeira grande surpresa é a palavra *gher*, que contém em si um paradoxo capaz de bagunçar muitos esquemas. A língua hebraica recorre de fato à mesma raiz verbal para designar tanto a habitação quanto a estrangeiridade. O *gher* deriva seu nome de *ghur*, que significa habitar. Por causa dessa ligação imediata na língua, o estrangeiro está ligado ao habitar, e o habitar ao estrangeiro. O que contradiz toda a organização da terra e toda a lógica da autoctonia. De um ponto de vista grego, parece, com efeito, uma contradição em termos, como se na semântica de *gher* estivessem juntos dois conceitos que se autoexcluem. Porque em geral o estrangeiro é aquele que vem de fora, que ainda não reside, que não pertence à esfera do habitar, enquanto essa esfera é consagrada ao habitante, ou melhor, ao autóctone. O significado de *gher* sugere, ao contrário, uma ligação recíproca entre o estrangeiro e o habitar, que promete modificar os dois.

Literalmente, *gher* quer dizer aquele que habita. O estrangeiro, que no texto bíblico indica quem chega do exterior, e se junta a Israel como hóspede ou como aliado, em uma acepção, portanto, muito vasta, é ao mesmo tempo o habitante. O curto-circuito produzido pela semântica do *gher* joga uma luz nova sobre o estrangeiro e sobre o habitar. A estrangeiridade não pode ser nem objetivada, nem absolutizada; indica, ao contrário, uma condição transitória, passageira. O estrangeiro está sempre de passagem. Logo, a diferença que o distingue, que marca sua estrangeiridade, não é uma diferença identitária, mas sim múltipla e individual. Todo estrangeiro é diferente por via de sua singularidade. Sua figura, fugaz e híbrida, contribui para cavar o vazio na identidade, para torná-la diferente, para mantê-la em movimento. Justamente por isso, a estrangeiridade que ela incorpora, e que introduz na habitação, não é sem efeitos para esta última. O *gher* é testemunha de que é possível outro habitar, confirma uma relação outra com a terra, remete a um modo outro de ser no mundo. Se o estrangeiro é sempre um habitante, inversamente um habitante é também sempre um estrangeiro. Habitar significa permanecer estrangeiro. A presença de quem habita não parece jamais plena — sobra no fundo sempre uma ausência. Assim, o habitar não é posse e apropriação, não é a fusão do corpo com o solo, o enraizamento da autoctonia, mas se realiza na passagem. Pode-se permanecer sem fincar raízes, pode-se residir estando separado da terra. Se é o contrário da familiaridade, em relação à qual se coloca como contínua antítese, a estrangeiridade não se opõe ao habitar, mas modifica-o.

O estrangeiro lembra ao habitante: você havia se esquecido de que era um estrangeiro. O *gher* remete ao passado o judeu que, tendo vindo de outro lugar, como diz a etimologia de *ivrì*, não pode ser do lugar. Dissipa-se a ilusão do pertencimento. Para o judeu tanto quanto para o *gher*. Por sua vez, de fato, o habitante — isto é, aquele *gher* que poderia ter extirpado sua *gherùt* inerente, sua «estrangeiridade», imaginando ser nativo — redescobre, na sua relação de proximidade com Israel, que é estrangeiro.

Nesse complexo jogo de espelhos, em que os papéis se invertem, as partes são trocadas, qualquer pretenso autóctone é obrigado a ver no outro a sua estrangeiridade. Todos devem reconhecer que vivem como estrangeiros.

Sintetiza-se aqui o papel decisivo do *gher* que habita entre o povo de Israel. O estrangeiro, enquanto habita, não é oposto ao *ézrakh*, cuja cidadania não se baseia na autoctonia. Quem bate à porta não se desconcerta com a etnicidade telúrica, com o particularismo enraizado. Como a Cidade se funda sobre a Lei, assim o *gher* passa a fazer parte da comunidade por meio da ligação com a Lei. É um ingresso no universo da aliança e do direito. Passar a fazer parte não quer dizer identificar-se. O estrangeiro mantém sua estrangeiridade, enquanto seus direitos são reconhecidos.

Não existe um estatuto especial para o estrangeiro, pois a estrangeiridade está inscrita no coração da cidadania judaica. Ambos, cidadão ou habitante, *ézrakh* ou *gher*, encontram-se sob a égide de uma mesma constituição. Assim está dito: «Uma só Lei haja para o natural da terra [*ézrakh*] e para o estrangeiro [*gher*] que habitar [*gar*] entre vós».[254] Eles são frequentemente colocados em pé de igualdade tanto nos direitos que compartilham — são membros da comunidade política que celebra o *Pessach*, a festa da cidadania — quanto nas obrigações recorrentes dirigidas a ambos: «Vós, porém, guardareis meus estatutos e minhas orientações e não cometereis nenhuma dessas

---

254 *Shemot*/ Êxodo 12:49.

abominações, nem o israelita natural da terra, nem o estrangeiro que habita entre vós».²⁵⁵ Em suma: é um só o estatuto do *gher* e do judeu. Aquilo que vale para o estrangeiro vale para toda Israel em sua estrangeiridade inerente. Mais do que reconciliar-se com o pacto de Abraão a partir de uma posição exterior, o *gher* já faz sempre parte dele.

Isso não quer dizer que a Torá não contenha realmente um guia do «estrangeiro residente», voltado para protegê-lo considerando sua fragilidade, o possível isolamento, a pobreza. Os apelos são endereçados ao povo judeu que o acolhe e que, por isso, tem deveres adicionais em relação ao *gher*. Aqui não se discute se se deve admitir ou recusar o estrangeiro. Ao contrário, prescreve-se uma conduta a ser seguida em seus conflitos.

O estrangeiro não afligirás, nem o oprimirás; pois estrangeiros fostes na terra do Egito.
Também não oprimirás o estrangeiro; pois vós conheceis o coração do estrangeiro, pois fostes estrangeiros na terra do Egito.²⁵⁶

Os apelos que remetem o povo judeu à sua *gherùt*, à sua condição de estrangeiro, para compreender assim a condição do *gher*, não se limitam a sugerir certa disposição ética, uma atitude empática. Tornam-se logo concretos. Não afligir significa não oprimir, pois o estrangeiro corre o risco de ser explorado. É o trabalhador

---

255 *Shemot*/ Êxodo 47:49; *Vaicrá*/ Levítico 18:26. Cf. também 16:29, 17:15, 24:16-22.
256 *Shemot*/ Êxodo 22:20 e 23:9.

diário, o assalariado, que, para sobreviver, depende daquele salário, sem outros recursos, sem defesas, exposto ao abuso.

Não oprimirás o diarista pobre e necessitado de teus irmãos, ou de teus estrangeiros, que está na tua terra e nas tuas portas. No seu dia lhe pagarás a sua diária, e o sol não se porá antes disso; porquanto pobre é, e sua vida depende disso; para que não clame contra ti ao Senhor, e haja em ti pecado.[257]

No código da aliança, o «teu estrangeiro» é equiparado ao «teu irmão» não apenas pelo direito de residência, mas também pelo direito de trabalho. E, de fato, o *gher* festeja o *Shabbat*, descansa no sétimo dia, participando do ócio que faz emergir a comunidade dos iguais.[258] A equiparação, repetida diversas vezes, vale também quando o cidadão ou o *gher* tenha cometido um pecado.[259] Mas, em tal caso, para este último se abrem as portas da cidade-refúgio, onde o *gher* pode encontrar amparo para a cólera dos parentes de um morto a quem tenha matado por engano.[260] Porém equiparar quer dizer não somente dar acesso aos mesmos direitos, mas ainda equilibrar situações injustas. O *gher* é assemelhado constantemente à viúva e ao órfão, àqueles que não têm nem família, nem terra para cultivar e requerem, portanto, uma proteção particular.

---

257 *Devarim*/ Deuteronômio 24:14-15.
258 Cf. *Shemot*/ Êxodo 20:10.
259 Cf. *Bamidbar*/ Números 15:29; mas também *Shemot*/ Êxodo 12:19; *Bamidbar*/ Números 9:14, 15:29, 19:10.
260 *Bamidbar*/ Números 35:15.

Não perverterás o direito do estrangeiro nem do órfão; nem tomarás em penhor o vestido da viúva. Lembrar-te-ás de que foste escravo no Egito, e de que o Senhor teu Deus te resgatou dali; por isso eu te dou este mandamento para o cumprires. Quando no teu campo fizeres a tua sega e esqueceres um feixe no campo, não voltarás para tomá-lo; ficará para o estrangeiro, para o órfão, e para a viúva, para que o Senhor teu Deus te abençoe em todas as obras das tuas mãos. Quando bateres a tua oliveira, não voltarás para colher o fruto dos ramos; ficará para o estrangeiro, para o órfão, e para a viúva. Quando vindimares a tua vinha, não voltarás para rebuscá-la; ficará para o estrangeiro, para o órfão, e para a viúva.[261]

Às normas que permitem fazer a colheita, somam-se inúmeros dízimos, o do período de três anos, o do ano sabático, bem como a parte das ofertas que devem ser concedidas aos necessitados. A hospitalidade garante o alojamento e o sustento em primeiro lugar.

Se é óbvia a ligação do estrangeiro aos mais fracos, àqueles que estão isolados e sem família, menos clara é a insistência com que os *gherîm* são comparados aos levitas. Mas a resposta está na condição do levita, que «não tem nem propriedade nem herança».[262] Ambos, portanto, tanto os *gherîm* quanto os levitas, são separados do corpo do povo e espalhados dentro dele. A diferença é que os levitas são uma tribo, entre as doze tribos de Israel, a única chamada para manter o vazio da ausência dentro da Comunidade e para recordar, despossuída como é, a estrangeiridade e

---

261 *Devarim*/ Deuteronômio 24:17-21.
262 *Devarim*/ Deuteronômio 14:29; cf. também 16:11 e 26:13.

o exílio. Análoga é a vocação dos *gherîm*, distribuídos horizontalmente entre todas as doze tribos, até mesmo dentro dos levitas.[263] Assim, em toda parte, em cada tribo, habitam membros separados, estranhos por uma dúplice estrangeiridade. A separação do levita é tribal e religiosa, a do *gher* é extratribal e política. E, enquanto a primeira «permanece tribal, a outra é global».[264] Assim, levitas e *gherîm*, residindo somente no território urbano, inscrevem de duas maneiras diferentes, no interior da Cidade, o vazio da separação. Vem daqui a comparação inesperada e desconcertante que o Talmude se atreve a fazer entre o *cohen* e o *gher*, entre o sacerdote, pertencente aos *cohanîm*, internos mas distintos dos levitas, e o estrangeiro, agregado ao povo de Israel, cujo mérito, não adquirido por nascimento, é maior quando marca a separação.[265]

9. JERUSALÉM. A CIDADE DOS ESTRANGEIROS

A arquitetura da Cidade Santa não é compacta e unificada. Tampouco sua identidade política. No sulco da divisão aparecem e se confrontam sempre duas entidades, duas partes, duas figuras — inclusive para a estrangeiridade. A Cidade copia fielmente essa duplicidade que é princípio estrutural do judaísmo. E isso explica por que também a cidadania é duplicada: de um lado o *ézrakh* e

---

263 Como é interpretado pela tradição judaica o versículo: «o estrangeiro que se encontra dentro das tuas portas». *Shemot*/ Êxodo 20:10.
264 TRIGANO, S. «La logique de l'étranger dans le judaïsme. L'étranger biblique, une figure de l'autre?». In: Id. (org.), *La fin de l'étranger? Mondialisation et pensée juive*. Paris: Éditions In Press, 2013, p. 101.
265 Ibid.

do outro o *gher*. Mesmo sob a égide de uma mesma constituição, a cidadania não é única e unitária, mas sim clivada entre o *ézrakh*, o cidadão, e o *gher*, o estrangeiro, que habita dentro das portas da Cidade, mas remetendo mesmo assim, com sua presença, ao vazio da ausência. O cidadão poderia, de outro modo, habituar-se à familiaridade, satisfazer-se com a unicidade. Logo, é decisivo o papel do *gher*, que expande a cidadania e, além de fazê-la extravasar, eleva-a ao controle da Lei. O *gher* é a casa do povo de Israel. No seu habitar manifesta-se uma relação diferente com o mundo, que não é o contrário da soberania, sobre a qual se apoia a cidadania, mas é uma soberania completamente diferente.

Quem encarna esse papel, e dele é, aliás, o arquétipo, não é um estrangeiro, mas sim uma estrangeira: Ruth, a moabita. Mas quem é essa mulher, pobre e viúva, que deixou seu país? Ruth vem dos reis de Moabe e de um povo nascido do incesto de Ló com suas filhas, que — tendo sobrevivido à destruição de Sodoma, em virtude de sua hospitalidade, e convencidas de que não existia mais vida — embriagaram o pai para procriar com ele e dar um futuro à humanidade. Ruth representa o ápice da estrangeiridade que se torna parte do povo judeu. Excluída dos excluídos, filha bastarda de filhas bastardas, é ela a esperança de Israel, a ponto de se transformar em «mãe da realeza», pois a partir dela deriva a dinastia davídico-messiânica. Eis por que a *gherùt*, a estrangeiridade, é a fonte da soberania judaica.[266]

Na Cidade Santa reina soberana a estrangeiridade. Em tal sentido, distingue-se da *pólis* grega, pois não se situa em uma ordem cósmica, mas é fundada sobre a presença-ausência de Deus. O esquema sobre o qual se edifica é aquele do acampamento

---

[266] O livro de Ruth é de certo modo a carta da soberania judaica.

no deserto que — como explicado no início do livro dos Números — é de tempos em tempos levantado em torno da «tenda da congregação», tenda do encontro, onde se acolhe e se é acolhido. Espaços vazios e vacantes atravessam a residência da comunidade, e impedem a plenitude. O estar-juntos desdobra-se em volta do vazio deixado à estrangeiridade. Sem esse vazio, não seria possível deixar o hóspede entrar, nem haveria habitação. A comunidade é colocada constantemente à prova da estrangeiridade, como se no fundo de si houvesse sempre um outro. A arquitetura da habitação, reunida em torno do vazio, corresponde à comunidade do povo que é assim sempre graças à retração de uma parte. Aqui não há nem compacidade, nem completude, nem autoctonia. A estrangeiridade é o fundo e o fundamento. Subtrair-se para dar lugar ao outro é o modelo da criação. É assim que Deus, retraindo-se e retirando-se, deixou o vazio de onde surgiram o homem e a mulher. O vazio é fonte de vida. E deverá ser protegido em um mundo que, por causa do exílio de Deus, não está realizado, não está completo. Por sua vez, o ser humano é chamado a repetir tal retiro, a manter o vazio, por meio da separação — separando-se principalmente de si. Vem daí sua estrangeiridade inerente.

Na sugestiva narrativa do *Gan Eden*, lugar eletivo da morada humana na terra, ressoa inconfundível essa estrangeiridade. Tirado da terra, *adamà*, o homem, *adàm*, que recebeu um sopro vital, é «colocado» no jardim do *Eden*, para que o cultive e o proteja.[267] Plantado por Deus na terra de *Kédem*, a leste, o jardim, rico de árvores e frutas, é um refúgio dentro do mundo, um lugar de intimidade. A expulsão do *Gan Eden* é um exílio sobre a *adamà*, um estranho exílio existencial que rejeita o ser humano na terra,

---

267 *Bereshit*/ Gênesis 2:7 e 15.

de que é parte, mas que não é, nem pode ser, o lugar da sua completude. Recordar o *Gan Eden* quer dizer ficar separado da terra onde se está em exílio. A Cidade Santa levanta-se para oferecer o lugar onde a lembrança do jardim perdido inscreve-se sobre a terra. Essa separação da terra, que está na base da Cidade Santa, torna vazia toda autoctonia.

Mede-se aqui a distância entre o autóctone e o judeu. Considerado «estrangeiro», o judeu reside no *Gan Eden* em relação aos «enraizados», aqueles que são prisioneiros da *adamà*. O Egito indica não apenas a escravidão, mas a ligação com a terra. Em sua estrangeiridade, o judeu se contrapõe à ilusão da autoctonia. O *gher* é, nesse caso, o habitante ainda iludido de ser autóctone e que, entrando na Cidade dos estrangeiros, onde ganha cidadania, *des*-naturaliza-se — mais que naturalizar-se — saindo do cativeiro da terra.

Mas de onde vem o *gher*? Talvez fossem os membros das tribos do norte que se deslocaram para o sul? Ou talvez fossem os habitantes de Canaã, que permaneceram no mesmo território, mas passaram, com Israel, à condição de estrangeiros? Mais plausível é que o *gher*, dado seu estatuto político, seja o descendente da *érev rav*, a «grande multidão» que, na saída do Egito, uniu-se a Israel.[268] A presença dos *gherîm* confere ao êxodo um alcance universal.

Os estrangeiros são os escravos de um tempo, que se aproveitaram do fosso aberto na totalidade egípcia para fugir. A saída do povo judeu não põe fim somente à sua opressão, mas quebra também o princípio da escravidão. Qualquer um, a qualquer momento, sabe que não deve mais ser escravo.

---

268 *Shemot*/ Êxodo 12:38.

A saída é uma entrada: enquanto sai do Egito, de dentro de um outro povo, Israel se constitui. A cena da fundação é uma travessia, uma passagem. A fundação não tem um princípio, um início. A saída do outro precede cada identidade que será sempre marcada por aquela lembrança. O povo judeu é já sempre precedido de outro povo — e reconhece-o desde a cena da sua singular fundação, que é a do êxodo. A autoctonia fica impossível. O aparecimento de um povo, seu ingresso na história, é uma saída. Nessa insólita e extraordinária inversão entre o interior e o exterior, a abertura permanece gravada na imagem da habitação.

Os *gherîm* desempenham papel ambivalente nesse fora-dentro que marca o habitar de Israel: de um lado perpetuam a saudade do Egito, a tentação da idolatria, o lamento do passado, e de outro constituem a necessidade de se libertar, a impossibilidade de se fixar, o olhar apontado para o futuro. A *érev rav*, a grande multidão, se de um lado atesta o vazio deixado no Egito, de outro mantém as pegadas do exílio em Israel, impede seu enraizamento, provoca uma saída suplementar e permanente, na saída do povo judeu. Em um jogo de espelhos, a *érev rav* é outra Israel dentro de Israel: seu lado mais difuso e incompleto, a singularidade identitária imóvel a que poderia regredir, junto com a alteridade eletiva a que Israel é chamada, o vazio a ser protegido entre as nações.

O estatuto político do *gher* indica uma condição transitória. Não há um enfraquecimento da *gherùt*, a estrangeiridade que testemunha o exílio, mesmo inserindo-se o indivíduo *gher* dentro do povo. Mas a inserção é uma desnaturalização, pois o *gher* é o habitante que, deixando atrás de si toda ilusão de se fundir à terra e de «ser do lugar», torna-se estrangeiro entre os estrangeiros, tendo assim acesso à cidadania sinaítica. Porque é residente na Cidade Santa quem não se esquece de que veio de outro lugar.

Isso pode acontecer porque o *gher* é considerado estranho só em relação ao lugar de sua estadia. O termo não contém outras acepções.[269] Não há aqui, portanto, a contraposição entre gregos e bárbaros, a mais elaborada, talvez, no mundo antigo, onde o estigma da eloquência — *hoi bárbaroi* são os que balbuciam, aqueles que não falam nenhuma língua — apenas esconde o indisfarçável hiato étnico. Por outro lado, é só a relação com a Divindade o que distingue Israel das nações, já que esta é *goy kadòsh*, «nação separada/ santa», chamada somente para levar ao mundo a separação. Por isso, a cidadania sinaítica não pode ser a ateniense.

Na terminologia bíblica, ao lado do *gher* aparece o *nokerì*, de quem se diz, no Deuteronômio, que «não é o teu irmão».[270] Ao contrário, a propósito do *gher*, encontra-se com frequência a formulação «o teu *gher*», pois se trata do habitante que está a caminho de Israel.

Mais que estrangeiro, *nokerì* indica o «distanciado», o alienado — *nikùr* significa alienação. Portanto, é o autóctone radical que, orgulhoso de fincar suas raízes no solo pátrio, rejeita passar para a *ezrakhùt*, para a cidadania que se apoia na separação da terra. Em tal sentido, o *nokerì* não habita, pois está enraizado; chama-se fora da Lei e por isso é reconduzido às divindades estrangeiras *elohei-néker*. Próximo da raiz *makar*, que significa vender, o *nokerì* é a representação trágica do autóctone assentado nas suas

---

269 Cf. BULTMANN, C. *Der Fremde im antiken Juda. Eine Untersuchung zum sociale Typenbegriff «ger» und seinem Bedeutungswandel in der alttestamentlichen Gesetzgebung*. Göttingen: Vandenhoech & Ruprecht, 1992, p. 22.

270 *Devarìm* | Deuteronômio 17:15.

certezas, do proprietário que defende e reclama a propriedade, tomado nas relações de medição, prisioneiro da troca.

A alienação também é chamada de *zarùt*, que não por acaso é uma qualidade do *nokerì*. Novamente, trata-se de um conceito muito distante da estrangeiridade reivindicada pelo *gher*. Como *nokerì* é a antítese de *ézrakh*, assim *zar* é a antítese de *kadòsh*. É chamado *zar* quem não quer se separar sobretudo de si mesmo, caindo por isso numa idolatria estranha, *avodà zarà*, de quem sacraliza a própria identidade enraizada. O versículo «nenhum estranho [*zar*] estava entre nós na casa» tem duplo sentido: quer dizer não apenas que em casa não há quem é *zar*, mas também que não se dá casa onde existe quem é *zar*.[271]

Ganha cada vez mais relevo a importância do *gher*, o estrangeiro vindo de alhures, que reside na Cidade Santa e que, assim, ostenta sua pedra angular. Sem sua presença, o vazio da ausência seria perdido, a cidade acabaria por ser uma metrópole plena de luzes, privada de postos para oferecer asilo, para dar refúgio. Longe de ser um pária, o estrangeiro constitui um modo outro de habitar, uma outra cidadania, uma outra soberania.

A idolatria do enraizamento tem por efeito imediato a guerra — de defesa ou de conquista da terra. Em um mundo cheio demais, onde não houve nenhuma «retirada», a guerra se torna o primeiro modo de se relacionar com esse mundo. O *gher* que, entre os espaços plenos e ocupados, desarticula o simulacro da autoctonia, manifestando o vazio — intolerável ao poder, inadmissível ao seu império —, é a vítima privilegiada da guerra e daquele *modo de ser* regido pela guerra. A antítese entre guerra e *gherùt* não poderia ser mais direta.

271 *Melachim alef*/ I Reis 3:18.

No guia do «estrangeiro residente», o princípio fundamental é aquele que ordena acolhê-lo como cidadão. Porque o *gher* relembra ao povo judeu, saído do Egito, que ele foi estrangeiro, e incentiva-o a manter o exílio na sua morada.

> Como um natural [*ézrakh*] entre vós será o estrangeiro [*gher*] que peregrina convosco; amá-lo-eis como a vós mesmo, pois estrangeiros [*gherîm*] fostes na terra do Egito. Eu sou o Senhor vosso Deus.[272]

A figura do estrangeiro abala o habitar, provoca estranhamento e desenraizamento da terra. Despoja da posse, do pertencimento, do ter, transfere tudo para a ordem do ser, remete a uma existência no mundo que é uma permanência provisória. Segundo a constituição política da Torá, todos os cidadãos são estrangeiros, todos os habitantes são hóspedes. O conceito de hospitalidade amplia-se e aprofunda-se até convergir para o da cidadania. Não pode ser a terra, o solo, nem a propriedade, o fundamento desse duplo direito que se legitima no habitar.

> Também a terra não se venderá em perpetuidade, porque a terra é minha; pois vós sois estrangeiros e peregrinos comigo.[273]

Da inalienabilidade da terra, proclamada com todas as letras, deriva a condição político-existencial do habitante, que é *ao mesmo tempo* estrangeiro e residente. A contradição é gritante: um estrangeiro não pode ser residente e, de outro lado, um residente

---

272 *Vaicrá* / Levítico 19:34.
273 *Vaicrá* / Levítico 25:23.

não pode ser estrangeiro.[274] No entanto, a contradição contida na semântica do verbo *ghur* é explicitada aqui. Assim, vizinho ao termo *gher* aparece *toshàv*, que quer dizer «residente temporário», mas também «hóspede». Os habitantes da terra, a quem a terra não pertence, e que não pertencem à terra, são *gherîm vetoshavîm*, estrangeiros e residentes temporários. É bem quando se é estrangeiro que se pode ser residente e, vice-versa, bem quando se é residente que não se pode não ser estrangeiro.

O estatuto do *gher toshàv*, do «estrangeiro residente», baseado unicamente na lembrança compulsória da estrangeiridade, uma estrangeiridade por sua vez sustentada pela lembrança, torna o exílio inevitável, faz dele uma categoria não apenas teológica, mas também existencial e política.

10. SOBRE O REGRESSO

Seria enganador acreditar que o estrangeiro residente esteja condenado à errância. Como se não pudesse retornar. Mas o que quer dizer «retorno»? A pergunta nunca foi posta pela filosofia. Sem dúvida porque o retorno, entendido simplesmente como um retorno à origem, é considerado óbvio, não é mais do que um regresso, um repatriamento. Até então, há uma espécie de consenso em torno de uma preferência sem reservas pela errância, à qual foram tecidas loas entusiasmadas.

A exceção é constituída por Heidegger. Em sua reflexão sobre a permanência provisória e sobre a migração, tomando

---

274 É a objeção que, em seu comentário, Rashì faz ao versículo de *Bereshit*/Gênese 23:4, no qual Abraão se declara *gher vetoshàv*, «estrangeiro e peregrino sou entre vós».

cuidado para não levantar uma louvação fácil à errância, como fariam alguns «aventureiros», ele segue mais a trilha dos navegantes que, sem perder a rota, ficam de olho no retorno, mesmo em mar aberto. Que «retorno» não seja apenas uma palavra poética, retomada pelos hinos de Hölderlin, mas assuma um conceito filosófico é algo confirmado por toda a fenomenologia do habitar. Sobretudo onde Heidegger aponta para o duplo engano, que é também duplo perigo: a permanência efêmera e ingênua de quem acredita estar solidamente enraizado na terra nativa e a errância planetária promovida pela mobilidade da técnica.

Migrar não quer dizer errar — como muitos rapidamente creem. A ida é um fazer-se-de-casa que comporta sempre um retorno. Na paisagem de Heidegger, uma terra silvestre, onde o caminho tem mais uma profundidade vertical que uma horizontalidade aberta, procede-se de um lugar distante em direção à casa. Mas à casa já não se chega. Heidegger adverte contra o risco de tomar a chegada por um retorno. O caminho acidentado, lento, que conduz à casa, é uma aproximação incessante. Como a casa é subtraída, assim também se subtrai o retorno.

Introduzido como conceito filosófico, em uma fenomenologia do habitar e do migrar que marca um decisivo ponto de virada, o retorno, entretanto, desaparece em um alhures imemorial. Até Heidegger parece ceder à ideia de que o retorno nada mais é do que um simples repatriamento. Talvez fosse necessário, porém, contrapondo-se à sua advertência, assumir o risco da chegada. O navegante terá mesmo de chegar a certo ponto, deverá mesmo, como sugere a etimologia, tocar a margem. O que acontece com o retorno, então? É possível um retorno outro?

O instante em que, após o exílio, toca-se a margem talvez seja o mais difícil. Quem chega pode ser levado a acreditar que a terra, aquela terra alcançada, seja propriedade sua, pode regredir a uma imanência espacial, de que o exílio o havia liberado, iludindo-se sobre ter sido superada sua condição de estrangeiro, e que a estrangeiridade seja revogada por uma nova identidade enraizada. Imagina novamente poder fincar raízes no solo, fundir-se à terra. Como se não tivesse já percebido o vazio em que todo mundo vive. Como se jamais tivesse vivido o exílio. A tentação é a de extirpá-lo. A fascinação pela posse e a atração pela estabilidade podem tomar conta. Naquela incipiente vida sedentária, em que fantasia ter se estabelecido e se fixado em um lugar que lhe pertence, e a que pertence, e ser, de fato, desde sempre um autóctone, lança em torno olhares de hostilidade obstinada e ameaçadora. É no instante da chegada que a violência se prepara.

Seria preciso então evitar o retorno, contorná-lo? Ainda mais que não existe um lugar originário para onde voltar, que a morada se perdeu, a raiz despedaçou-se? Ao contrário, é indispensável se perguntar em vez disso se não é possível um retorno outro, que não apague o exílio. Não se deveria de fato renunciar ao retorno que constitui a diferença fundamental, pois distingue o exílio tanto do desenraizamento quanto da errância. O desenraizado quer voltar ao ponto de partida, seguindo a quimera da origem; o errante condena-se a uma errância trágica, sem início e sem meta.

No exílio, o retorno comporta um ponto de virada, um momento de inversão. A palavra inglesa *re-turn*, que contém o *turn* dentro de si, esclarece bem isso. Como o imigrante não renega a emigração, também o exilado assume a ferida do exílio, que se torna uma porta de entrada inesperada, uma abertura insuspeita. É no retorno que o exílio pode manifestar sua carga liberadora. Se não for abolido, se não for anulado com um pretenso enraizamento no idêntico, revela-se matriz de renascimento. O retorno adquire um valor novo; sua semântica se dilata em uma direção inédita, acena para uma interpretação divergente. De um lado, o retorno é determinante para o exílio, que de outra forma seria somente desenraizamento e errância, de outro o exílio é decisivo para o retorno. É necessário conservar sua memória e testemunhar sua falha indisfarçável. É o exílio que mantém aberto o retorno.

Quando o exilado, em seu caminho de diáspora, se prepara para voltar, descobre agora que o lugar de partida, ilusoriamente tido como originário, já era lugar de exílio. Ainda que voltasse àquela que considerava sua cidade natal, deveria se repensar expondo-se à desoladora experiência de uma incurável estrangeiridade. O porto do qual se partiu já não está acessível. Como para os marinheiros depois da circum-navegação do globo — Sevilha já não é Sevilha.

Nesse deixar para trás a origem, o exilado se encaminha na direção de um retorno que não pode ser nem regresso, nem repatriamento. Parte para retornar: não ao lugar a que pertenceria por princípio de origem, mas ao lugar a que é chamado por escolha, não ao lugar de um enraizado ser-em-si, mas ao de um eletivo ser-em-outro. O que não significa que o retorno seja efêmero ou fictício. A terra do retorno é uma terra concreta. Muda, porém, a relação com a terra que, por ser prometida, já não é apropriável. A promessa continua a impedir enraizamento, posse, propriedade.

Mesmo depois do retorno, o exilado não pode se esquecer de que é um hóspede sobre a terra, não pode eliminar sua condição de estrangeiro residente. Habita na separação, como aprendeu no exílio. A nova habitação, que resistirá ao assalto do tempo, é um habitar outro. O lugar em que mora não coincide com o eu, nem o eu com o lugar. Estranho na sua casa — estranhos os outros. Migrantes sobre uma terra prometida, todos hóspedes, endereçados uns aos outros, em um acolhimento da estrangeiridade que é o único vínculo desse habitar.

IV. COABITAR NO TERCEIRO MILÊNIO

> ... porque os homens são a Cidade,
> não muros nem barcos vazios de homens.
> Tucídides, *Storie*, VII, 77[275]

> ... e temo vê-lo ferido por pontas afiadas e arames farpados, temo vê-lo cair.
> Os sonhadores dos confins muitas vezes caem do alto. Tocam o solo
> com uma força de inércia multiplicada pelas suas esperanças.
> O. Weber, *Frontières*[276]

1. A NOVA IDADE DOS MUROS

Die Mauer ist weg!, «O Muro caiu!». À meia-noite de 9 de novembro de 1989, tombam as paredes que dividiram Berlim durante décadas. Entre incredulidade, surpresa, alegria, milhares de alemães orientais se lançam pelas ruas da parte ocidental, da Kurfürstendamm à Kantstraße. É o fim de uma época: a da Guerra Fria. O Muro de Berlim, do momento de sua construção, em 1961, havia representado a quintessência da *iron curtain*, a

---

275 TUCÍDIDES. *Le storie*. trad. it. e org. G. Donini. Turim : UTET, 2014, II, p. 1181.
276 WEBER, O. *Frontières*. Paris : Paulsen, 2016, p. 273.

«cortina de ferro» — não uma figura retórica, mas sim uma barreira militarizada, que havia cruzado a Europa separando-a em dois blocos contrapostos. Não à toa, o muro mereceu ser grafado em maiúscula: o Muro.

Talvez ninguém como Wim Wenders tenha conseguido, com seu filme *Asas do desejo*, rodado em 1987, retratar esse desespero sombrio. Do alto dos céus, os anjos, condenados à incomunicabilidade com os homens, observam a vida cotidiana dos berlinenses prisioneiros, de Leste a Oeste, de uma solidão irremediável. Em um quadro político-existencial, pincelado com as mais variadas tonalidades de cinza, a cidade dividida vem à tona como paradigma do novo exílio.

Como sempre, os números oficiais erram por padrão: 136 pessoas mortas enquanto procuravam passar para o outro lado, mais de 5 mil tentativas de fuga e 75 mil prisões. Auge da exclusão, o Muro de Berlim parecia, naquele tempo, recapitular em si todos os muros do passado. Símbolos de apropriação, fronteiras militares, bastiões da civilização, os muros pontilharam a paisagem humana desde a mais remota antiguidade: da Grande Muralha da China ao *limes* dos romanos, da Linha Maginot à Muralha do Atlântico. Novidades do século XX foram, porém, os muros políticos — muros soberanos, erguidos para ostentar a soberania, antes ainda de exercê-la com o poder da delimitação. Não simples fortalezas defensivas — cujas ruínas são agora monumentos protegidos —, mas muros ofensivos, cujo intento é dissuadir com agressividade, parar com violência.[277] De todos os muros políti-

---

[277] Para um olhar histórico, em que falta, contudo, uma reflexão filosófico-política, cf. QUÉTEL, C. *Muri. Un'altra storia fatta dagli uomini* (2012), trad. it. de M. Bono. Turim: Bollati Boringhieri, 2013.

cos, o Muro de Berlim parecia a hipérbole última, depois da qual teriam sido apagados os resquícios de obscurantismo que aqui e ali ainda deturpavam a terra.

Não foi assim. Pode-se dizer que o significado do Muro foi mal compreendido. Não marcava um fim, mas antes um início, ou um indício, o sinal de uma passagem: da divisão entre Leste e Oeste à de Norte e Sul. Após o Muro de Berlim, o terceiro milênio se abriu com uma nova era dos muros. Os já existentes não foram destruídos e, em vez disso, foram reforçados. Trata-se principalmente das «fronteiras conflitantes»: o muro entre as duas Coreias, a «linha verde» que corta metade da ilha de Chipre, entre uma parte grega e outra turca, o muro de areia do Saara ocidental que, construído a partir do Marrocos por diversas vezes, e terminado em 1987, estende-se por 2.730 quilômetros protegidos por valas e mais de 6 mil minas terrestres, os muros entre Índia e Paquistão. Nas áreas do planeta com maior tensão, as barreiras foram se multiplicando. As ex-fronteiras do império soviético, tornadas incertas e controversas, foram marcadas e remarcadas por muros e arames farpados: do Uzbequistão ao Quirguistão, do Turcomenistão à Abecásia, da Geórgia à Ossétia, do mar Cáspio ao mar Negro, sem esquecer a Ucrânia. Para não falar de todo o Oriente Médio, onde guerras e invasões tiveram por efeito, entre outros, a construção de muros, barreiras e trincheiras de toda espécie no Iraque, na Arábia Saudita, no Kuwait, no Catar, no Iêmen, na Jordânia. Dentre todos, destaca-se o muro erguido por Israel na Cisjordânia e em torno da Faixa de Gaza, após a segunda Intifada e depois da incidência traumática de diversos atentados. É o primeiro grande muro antiterrorismo, cujo objetivo, porém, como se vê claramente em particular nos territórios do Leste, é também o de proteger, se não mesmo o de ampliar as fronteiras. Os muros híbridos, erguidos com um propósito e empregados com outro, estão destinados a multiplicar-se.

Mas a novidade por excelência são os muros contra a «imigração clandestina». O mais célebre é o «muro de Bush» na fronteira dos Estados Unidos com o México. A *tortilla border*, a mais longa barreira do mundo, que se estende entre o Atlântico e o Pacífico por 3.141 quilômetros, foi construída para gerir, governar e, por fim, impedir o ingresso dos *migrantes*. Complexa, intricada, multiforme, como a história da imigração «hispânica» na América, pontuada pela exploração, violência, ilegalidade deliberada, a fronteira é uma espécie de canteiro de obras sempre em andamento, e que Trump prometeu terminar para selar de uma vez por todas aquela *Linea*. Enquanto isso, a fronteira é legalmente atravessada todos os dias por mais de um milhão de pessoas que passam por 36 pontos de checagem; carros e caminhões não entram no cálculo. É ainda mais impossível calcular o tráfego ilegal. A fronteira é pontilhada por nada menos do que dez cidades, a começar por Tijuana, principal ponto de cruzamento, situado no Pacífico. Na parte central, em torno de El Paso-Ciudad Juarez, a zona fronteiriça — nas duas margens do rio Grande — é tão grande que passou a ser chamada de *Tercera Nación* ou ainda *Mexicamerica*. O nome apaga a fronteira e a possibilidade de fechá-la para sempre. Fortalecido segundo o *Patriot Act* — a lei antiterrorismo que, depois dos atentados de 2001, fornecia também diretivas para a proteção das fronteiras — e refeito por mais de 1.100 quilômetros após a votação do *Secure Fence Act* de 2006, o muro é muito mais heterogêneo do que se possa imaginar. Barreiras de metal, fossas antiveículos, paliçadas de concreto, cercas rudimentares, tubos de aço, até «ouriços checos» — barras metálicas entrecruzadas — fazem parte do caminho traçado pela fronteira.

Sobretudo no deserto, entre o Arizona, o Texas e o Novo México, ficam frente a frente de um lado as guardas da Border Patrol, ladeadas por milicianos da extrema direita, como os *Minutemen*, de outro os migrantes que, para passar, pagam os *coyotes*, e são frequentemente auxiliados por organizações humanitárias como a *No more Death — No más muertes* ou a *Human Borders*. O muro em vias de construção deve ser mais homogêneo, uma espécie de *tower system*, composto de pilastras de metal com trinta metros de altura, sobre as quais se instalou um sistema eletrônico altamente sofisticado de infravermelho e de sensores termoacústicos. A ver, porém, se isso será suficiente para deter os migrantes, cujo drama já está na literatura e no cinema. A Europa, que havia criticado duramente o «muro de Bush», não hesitou por sua vez em erguer barreiras de todo tipo, a começar por aquelas nos enclaves de Ceuta e Melilla para defender o espaço Schengen.[278] Sobre essas barreiras, e sobre os muros políticos, a discussão está muito aquecida. Há quem os condene sem meios-termos e quem, em vez disso, evitando talvez recorrer ao termo «muro», que depois do de Berlim parece depreciativo, use a emergência como trunfo para justificar uma «linha de proteção» qualquer.

A questão filosófica refere-se ao significado do muro como o emblema — assim ressaltou Wendy Brown — de uma soberania em declínio que, para se impor, precisa de teatralização.[279] Não é difícil, logo, reconhecer os termos de uma questão que se recoloca sob diversos aspectos. Uma psicopolítica dos muros remete à tragicidade de uma segregação que, apesar de todo

---

278 Cf. o que já se falou *supra*, cap. 2, § 3.
279 Cf. BROWN, W. *Stati murati, sovranità in declinio* (2010), trad. it. de S. Liberatore, org. F. Giardini. Roma/Bari: Laterza, 2013.

o aparente sentido de segurança, é sempre também autossegregação. Quem escolhe construir um muro, devido ao medo que tem do outro, devido à necessidade de se proteger de tudo aquilo que é estranho, acaba por sofrer suas consequências. Uma geopolítica dos muros não pode deixar de notar o impasse da globalização, o bloqueio reativo em face da mobilidade acelerada. O muro anti-imigração, desejado pelo Estado-nação, não é, contudo, somente o ícone da sua erosão. Sobre o mapa, marca também a clivagem de um novo confronto: aquele entre Norte e Sul — embora esses pontos cardeais sobre um globo pudessem ser virados de ponta-cabeça. Confronto novo porque não nasce somente de um desequilíbrio profundo, mas de uma lacuna que parece impossível de preencher, mas é exasperada, exacerbada por uma hostilidade fora do radar. Nenhuma compaixão, nem indulgência, nem solidariedade. O Sul não é para o Norte mais que uma ameaça. A nova fronteira é aquela de um Norte que, ainda hesitante e constrangido de admiti-lo, está não obstante decidido a conter o impulso da imigração que vem do Sul, mesmo ao custo de murar a democracia e de ignorar os direitos humanos.

2. LAMPEDUSA: FRONTEIRA É O NOME DE QUÊ?

Talvez haja certo mito da globalização querendo nos fazer acreditar que um mundo sem fronteiras esteja próximo. Pelo contrário, essas tradicionais linhas de separação, que pareciam superadas, multiplicaram-se e fortaleceram-se em toda parte, onde existem Estados, novos Estados, Semiestados, Estados-fantasma, Estados falidos ou em vias de falência. Longe de serem abolidas, as fronteiras continuam sendo o fundamento do alfabeto geopolítico. Como se, por reação ao rolo compressor globalizante e ao *horror vacui* provocado pela desorientação planetária, fosse indispensável recorrer a velhos e confiáveis estratagemas. Assim as fronteiras — epifania de uma soberania erodida e em perigo, que precisa de muros vigiados — voltaram a ser atuais, junto com muitos outros tipos de barreiras. Vingança do «glocal», como dizem alguns, ou do local. Revanchismo particularista, pequeno-burguês, nacionalista, em cujas rochas se chocou o antigo sonho cosmopolita, sonhado durante um tempo por aquela classe *inter*-nacional, o proletariado que, ao contrário da burguesia, não teria nunca conseguido se reconhecer nos interesses nacionais, nem jamais abdicar dos ideais de uma justiça mundial.

Na paisagem sórdida e conflituosa do terceiro milênio, um experiente geógrafo como Michel Foucher verifica, conta, enumera, sobre o globo terrestre, uma quantidade cada vez mais elevada de fronteiras políticas — ao menos 322 — por um número realmente desconcertante de quilômetros — mais de 248 mil.[280] A esse propósito, não se pode deixar de lembrar que as fronteiras nasceram junto com os mapas, que documentavam e ratificavam a ocupação humana da terra. Foram, como é sabido, os europeus que exportaram, com suas conquistas, a cultura cartográfica e a ideia de que era lícito, na verdade conveniente, reportar com precisão as fronteiras dos territórios repartidos. O mapa se tornou a condição de existência política dos Estados-nação.

---

280 Cf. FOUCHER, M. *L'obsession des frontières*. Paris: Perrin, 2012; Id., *Le retour des frontières*. Paris: CNRS Éditions, 2016. Cf. também GRAZIANO, M. *Frontiere*. Bolonha: il Mulino, 2017.

Montanhas, rios, costas, vales têm sido constantemente tomados como pretexto para dar uma impressão de naturalidade aos limites artificiais.[281] Talvez até por isso pareça tão difícil desprender-se do conceito de fronteira, que, por exemplo, soa tão óbvio para uma península como a Itália. Ao norte, os Alpes, e o mar em todo o restante do entorno. Com a abertura do espaço Schengen, essas fronteiras se transformaram nas portas fechadas da Europa. De outro lado, a África. O Mediterrâneo, mar com que se deparam 22 países diversos, tornou-se uma das linhas de fissura mais profundas do mundo e ao mesmo tempo a passagem mais atravessada pelas embarcações de migrantes.

Lampedusa — Itália. Bem ao sul: latitude 35°30' N. Mais ao sul que Túnis, mais ao sul que Argel. Sob o ponto de vista geográfico, a ilha não deveria ser território italiano porque está situada na «plataforma africana», ao contrário de Linosa, que faz parte do mesmo arquipélago das Pelágias. As distâncias falam claramente: 205 quilômetros da Sicília, 113 quilômetros da Tunísia. Lampedusa e Lampione são ilhas africanas na Itália; logo, na Europa.

Os gregos chamavam-na *Lutadússa*, e os romanos *Lompadusa*. O nome vem de uma raiz que significa luz, fogo. Ilha luminosa, ilha quente, entre rochas dolomíticas, paredões frágeis, falésias recortadas, enseadas profundas, cavernas misteriosas, baías abertas. A mais famosa das praias é a da *Isola dei Conigli* [Ilha dos Coelhos], que não tem nada a ver com coelhos, mas que é, em vez disso, o domínio das tartarugas marinhas e dos gaviões-reais.

---

281 Cf. AMILHAT SZARZY, A.-L. *Qu'est-ce qu'une frontière aujourd'hui?* Paris: PUF, 2015, pp. 21 ss.

Lampedusa — Europa. O lugar mais importante da ilha é o farol de Capo Grecale. Durante anos, desde o primeiro desembarque em outubro de 1992, orienta a rota dos migrantes. Quando o avistam à distância, sabem que a costa italiana está próxima. O farol de Capo Grecale é a versão contemporânea de uma Estátua da Liberdade toda europeia, sem rosto e sem memória, não acompanhada por versos poéticos, nem por palavras de indignação, esperança, acolhimento. Aqueles que desafiam o mar, depois de terem desafiado o deserto, são os mal-vindos. Esperam por eles rochas afiadas.

No entanto, a história narra uma incessante sucessão de povos: fenícios, gregos, romanos, árabes, e depois ainda franceses, malteses, ingleses. Até mesmo os russos andaram querendo se estabelecer por lá. Claro, também não faltaram passeios piratas. Mas por muito tempo Lampedusa permaneceu aberta e hospitaleira. No século XIX, como todas as terras do sul, ela passou dos Bourbon para o Reino de Itália. Já naquele tempo, os contornos e as características mudaram, pois foi construída na ilha uma colônia penal. Escolhida como ponto estratégico para a defesa do Eixo, entre as duas guerras mundiais, virou base de baterias navais e antiaéreas — até o desembarque aliado. Para o imaginário italiano do pós-guerra, era a ilha do tomilho e do orégano, das águas cristalinas e da areia branca, das férias ensolaradas e da vegetação mediterrânea alisada pelos ventos diversos, mistral, siroco, gregal que, contidos, nunca entraram em conflito.

A *Porta d'Europa* é uma escultura inaugurada em 28 de junho de 2008, em uma colina não distante do porto, no promontório mais meridional. Com cinco metros de altura e três de largura, construída com uma cerâmica que absorve e reflete a luz, mesmo a da lua, é um monumento aos migrantes e ao mesmo tempo um farol simbólico. Números, calçados, tigelas são as esculturas em baixo relevo.[282]

Entre dificuldades, obstáculos e contradições de toda a espécie, algumas vezes sofrendo sanções legais, os pescadores e os habitantes da ilha socorreram os náufragos, acolheram os migrantes, inspirados por uma antiga hospitalidade mediterrânea, sagrada e impossível de quebrar.[283]

Os migrantes aportaram e espalharam-se aos milhares; milhares jamais chegaram. Aos corpos que o mar devolveu, Lampedusa deu sepultura no novo e no velho cemitério. Primeiro as lápides eram breves, quase feitas com pressa, como se tudo não passasse de uma emergência efêmera.

> 29 de setembro de 2000
> Migrante não identificado
> Aqui repousa

No cemitério branco, entre os túmulos dos moradores da ilha, as lápides dos migrantes assumiram em seguida um tom narrativo.

---

282 A escultura é obra do artista Mimmo Paladino. Os promotores do projeto foram a organização não governamental Amani Onlus, Alternativa Giovani Lampedusa e Arnoldo Mosca Mondadori. Ao longo da costa de Lanzarote, nas Canárias, onde no fundo do mar encontra-se o Museu Atlântico, o artista Jason deCaires Taylor elaborou uma escultura, *The Raft of Lampedusa*, «A balsa de Lampedusa», que representa um bote com treze refugiados à deriva e se inspira no quadro *A balsa da Medusa*, do pintor francês Théodore Géricault.

283 Sobre Lampedusa e o acolhimento, cf. CAMARRONE, D. *Lampaduza*. Palermo: Sellerio, 2014.

Em 1º de agosto de 2011
duas unidades navais da guarda costeira alcançam uma embarcação, com 15 metros de comprimento, proveniente da Líbia, e seguem-na até Lampedusa. Então o motor sofre uma pane e os náufragos são transferidos para os barcos de patrulha. 271 pessoas, entre as quais 36 mulheres e 21 crianças, são salvas. No barco pesqueiro são encontrados os corpos de 25 pessoas, asfixiadas durante a travessia.
Seis deles repousam aqui.

Não faltam cartazes curtos, folhas de papelão. Eram os tempos em que os desembarques se multiplicavam e os corpos a serem sepultados eram numerosos. Mas as lápides que rememoram as formas, o tempo e o lugar do naufrágio são uma contribuição à história não escrita da imensa tragédia da emigração no terceiro milênio.

Em 17 de março de 2012
a Capitania dos Portos e a Polícia Fiscal, seguindo um alarme lançado durante o amanhecer via telefone por satélite, socorrem uma barca à deriva do canal da Sicília, a 70 milhas de Lampedusa, em águas internacionais. Na embarcação avariada, encontram-se 52 pessoas exaustas devido à longa permanência no mar. A bordo, os corpos sem vida de cinco pessoas, que morreram de fome durante a travessia. São três homens e duas mulheres, estando uma em estado de gravidez. Deles não se conhecem o nome, a idade, nem a proveniência.
Aqui repousam
Homem de idade entre os 25 e 30 anos
de provável origem subsaariana.

Homem de idade presumivelmente inferior aos 18 anos
de provável origem subsaariana.
Homem de cerca de 30 anos
de provável origem subsaariana.
Mulher de idade entre 20 e 25 anos em estado de gravidez
de provável origem subsaariana.

Em Lampedusa também há o cemitério das embarcações. Parecem ter encalhado ali mesmo, à espera de reencontrar o mar. E, em vez disso, sob a tinta azul, vermelha e verde, onde os escritos em árabe se destacam, vê-se a madeira podre. São os barcos dos migrantes, maiores, menores, outro pequeníssimos, que conseguiram levar a melhor sobre as ondas. Aqui e ali aparecem os botes de borracha, nos quais — dizem — sobem somente aqueles com menos de trinta anos.

Nada parece mais distante do que a Europa, e a União que não é uma união. Assim, ao longo dos anos, Lampedusa foi «abandonada», como muitos dizem, largada a si mesma, isolada — mais ilha do que nunca. Mas isso é apenas parcialmente verdadeiro. Porque a «política de imigração» da Europa está justamente numa deserção deliberada, e não casual. Se os migrantes se afogam, o número de vítimas servirá para «interromper os fluxos» e as mortes ainda serão responsabilidade dos «contrabandistas», promovidos nesse meio-tempo a «traficantes de seres humanos». Quem se põe a caminho deve entender que é rejeitado já na partida.

Se, então, com uma pergunta, que parafraseia um título de Alain Badiou, questiona-se de qual fronteira é o nome Lampedusa, a resposta é o nome de uma trincheira, uma barreira, uma fortaleza. Lampedusa é o posto avançado onde a Europa, tendo transformado as nações costeiras em guardas de fronteira, faz a sua guerra não declarada — que se passa por «luta contra os traficantes» — contra os migrantes. Aliados, apoiados e armados estão os Estados africanos — mesmo que sejam regimes violentos — de forma que vigiem a costa com afinco, que não permitam o deslocamento dos migrantes, mantendo-os «presos» nos campos de internamento ou acampamentos de refugiados. A fronteira é reforçada. Quem quer complicar essa situação são as ONGs, as organizações não governamentais: Médicos sem Fronteiras, Proactiva Open Arms, SOS *Méditerranée*, MOAS, Save the Children, Jugend Rettet, Sea Watch, Sea Eye, Life Boat. Contra elas há uma artilharia a fim de neutralizá-las. Nos espaços de mar livre, transfronteiriços, agem todos aqueles que levantam ainda a bandeira da justiça, que creem na humanidade, tenha ela qualquer forma e cor, e que por isso acabam chamados de «humanitários».

3. A CONDENAÇÃO À IMOBILIDADE

As fronteiras não são apenas políticas; podem ter outras funções e outros objetivos. Reais ou simbólicas, pertencem ao diversificado alfabeto espacial da delimitação e da exclusão. Para compreender a ambivalência que atravessa e permeia a «fronteira», é preciso refletir sobre a etimologia e distingui-la também do confim e do limite — termos que viraram sinônimos. O «confim» é a linha que marca o fim de dois territórios, um fim que, como sugere o *con-*, é compartilhado, reconhecido por ambas as partes.[284] Ao contrário, o «limite», vocábulo de origem latina,

---

284 Cf. MARRAMAO, G. *Passaggio a Occidente. Filosofia e globalizzazione.* Turim: Bollati Boringhieri, 2009, pp. 94-6 e 210-3.

é o *limes* estabelecido unilateralmente. O *limes* mais famoso é aquele entre o Império romano e as terras germânicas. Fora das línguas latinas, a semântica dos limites muda. Se o inglês *boundary* remete a *to bind*, que quer dizer coligar, conectar, o alemão *Grenze*, empréstimo eslavo, como visto no *Wörterbuch* dos Grimm, indica o término de um espaço, a linha de separação.[285] A palavra «fronteira» revela já de início a origem proveniente do léxico militar e indica um enfrentamento, uma confrontação. Contudo, a imagem fronteiriça contém também um frente a frente, ou ainda um face a face, que abre para um confronto não necessariamente bélico.

Ao contrário do que em geral se acredita, a fronteira não é uma linha, mas sim um lugar — um lugar de contato e de conflito, de encontro e de tensão, entre o eu e o outro. Sob o ponto de vista político, a fronteira reproduz uma relação de força, representa uma conexão assimétrica, constitui um dispositivo complexo. Se de um lado despeja-se sobre a fronteira todo o poder do Estado, que exerce assim a sua soberania, mesmo que tenha de ser violento contra os não cidadãos, de outro o dispositivo da fronteira é a passagem preferida do capitalismo global, que pode regular os fluxos do mercado. Essas duas forças nem sempre estão em sintonia e, ao contrário, podem perseguir interesses divergentes. O protecionismo dá mostras claras disso, mesmo nas suas formas mais recentes, da política americana de Trump ao Brexit. Mas isso vem à luz também em outro fenômeno inquietante, muitas vezes inobservado: a difusa privatização das fronteiras cujo controle está

---

285 O termo *Grenze* assume um valor relevante na reflexão filosófica de Kant, que o diferencia de *Schranke*. Sobre isso, cf. DI CESARE, D. *Ermeneutica della finitezza*. Milão: Guerini & Associati, 2004, pp. 28 ss. Sobre o conceito de limite, cf. BODEI, R. *Limite*. Bolonha: il Mulino, 2016.

entregue a agências especiais e empresas de vigilância em condições de gerir mecanismos tecnológicos sofisticados. Se o cidadão comum, munido de passaporte, é cada vez mais abandonado ao sistema complexo da fronteira, o migrante, privado de qualquer defesa, pode acabar prisioneiro, barrado pelo muro, e até mesmo perder a vida.

As fronteiras não são iguais para todos. O mundo sem fronteiras é a realização da «metacidade virtual», segundo a expressão de Paul Virilio, a globalidade homogênea favorecida pela aceleração da técnica, do mercado, do conhecimento. É a nova mobilidade planetária. A gozar dela estão sobretudo os novos nômades de luxo, aqueles hipersedentários que, dotados de excelentes passaportes, de vários títulos e muito dinheiro, movem-se em um espaço estandardizado, de um escritório a outro, sem sequer perceber que atravessaram alguma fronteira.[286] O planeta se divide, fragmenta-se, mostra seu rosto enrugado conforme poder e riqueza diminuem. Para os cidadãos da Europa, dos Estados Unidos, do Canadá, cujos passaportes digitais abrem as portas quase em toda parte, e raramente requerem um visto, o mundo sem fronteiras é uma realidade cotidiana. Para todos aqueles que vêm de Estados menos fortes, o mundo é tudo, menos homogêneo. As cidades-mundo, as metrópoles globais, testemunham as inúmeras desigualdades, as chocantes diferenças.[287] Mas é principalmente para os migrantes que as fronteiras se erguem a ponto de serem insuperáveis.

---

286 Cf. ATTALI, J. *L'uomo nomade* (2003). Milão: Spirali, 2006, pp. 483 ss.
287 AUGÉ, M. *O sentido dos outros: atualidade da antropologia*. Rio de Janeiro: Vozes, 1999.

A comparação com os turistas mostra toda a ambivalência que a fronteira guarda. Figura especular à do migrante, o turista, longe da velha ideia da viagem, hoje em ruínas, move-se impulsionado tanto pela exigência do consumo — consumo de lugares, de paisagens, de museus etc. — quanto pela necessidade do conforto, colecionando metas à espera do merecido retorno. Goza de uma extraterritorialidade, no sentido inverso à do migrante. Fica em um grande resort, ou em vilarejo turístico, a fim de se preservar de qualquer risco; o outro não lhe interessa, nem coloca em xeque a própria identidade. Viaja, mas é como se não viajasse, porque não dá um passo além de si.[288] Para o turista, que gasta para viajar, e viaja para gastar, as fronteiras se abrem rapidamente. O contrário ocorre com o migrante, que ganha para viajar, e viaja para ganhar. Para ele as fronteiras se fecham.

Essa não é, então, como em outros casos, uma questão de ser a favor ou contra. O bizarro *Elogio das fronteiras*, escrito por Régis Debray — que reflete bem o declínio de um progressismo que acabou por se unir à causa da fronteira nacional, além de confundir ilimitado com sem-fronteiras —, não capta a relevância de um dispositivo que funciona alternativamente entre deixar circular e interromper a circulação.[289]

No mundo globalizado, onde o sucesso se mede com a possibilidade de deslocar-se livremente, a fronteira pode se tornar meio de exclusão. Não é a primeira vez na história — basta pensar no gueto, na prisão, no manicômio — que a restrição do espaço vira uma marca para discriminar. Assim, os migrantes, que ousaram

---

288 Cf. Id. *Por uma antropologia da mobilidade*. Maceió: EDUFAL, 2010.
289 Cf. DEBRAY, R. *Elogio delle frontiere* (2010), trad. it. de G. L. Favetto. Turim: Add editore, 2012.

deslocar-se desafiando as fronteiras, são condenados à imobilidade sem apelação. Nessa condenação, que casa com a invisibilidade, pode-se reconhecer uma estratégia de se livrar dessas «escórias» humanas — ou desumanas — da globalização.

4. O MUNDO DOS CAMPOS

Abre-se aqui a questão dos campos, aquelas zonas de trânsito, onde ironicamente termina o caminho de muitos migrantes. Como se esquivou do tema da migração, a filosofia, com exceção do pensamento de Agamben, manteve-se bem distante do mundo dos campos.[290] O fenômeno foi examinado sobretudo por historiadores, juristas, sociólogos e antropólogos. Entre estes últimos vale lembrar de Michel Agier, a quem se devem uma pesquisa aprofundada e principalmente um quadro circunstanciado dos campos espalhados pelo planeta, um mapa geopolítico.[291]

Muitas são as questões filosóficas e políticas que o mundo dos campos levanta, também em seus reflexos sobre as cidades,

---

290 Outra exceção é BUTLER, J. *Vite precarie. Contro l'uso della violenza come risposta al lutto collettivo* (2004), trad. it. de A. Taronna e al., org. de O. Guaraldo. Roma: Meltemi, 2004. [Em português, há tradução de um ensaio de Butler, intitulado «Vida precária», trad. de Angelo Marcelo Vasco, *Contemporânea* — Revista de Sociologia da UFSCar, São Carlos, Departamento e Programa de Pós-Graduação em Sociologia da UFSCar, n. 1, 2011 pp. 13-33. Também disponível on-line em: <http://www.rogerioa.com/resources/Diversidade/12repres.pdf>. (N. T.)]

291 Cf. AGIER, M. *Gérer les indésirables. Des camps de réfugiés au gouvernement humanitaire*. Paris: Flammarion, 2008. Cf. também a obra de diversos autores, que traz uma topografia bastante ampla, e de que Agier é organizador: *Un monde de camps*. Paris: La Découverte, 2014.

questões que precisam ser cotejadas em um estudo abrangente. Para dar só um exemplo, não existe ainda uma fenomenologia da vida nos campos, nem uma reflexão sobre a espera.[292]

Embora se tenham criado hipóteses sobre um «retorno dos campos», deve-se acima de tudo reconhecer uma inquietante continuidade. Na retrospectiva que fizeram sobre o século XX, definido como o século dos campos, Joël Kotek e Pierre Rigoulot delinearam as diversas formas de concentração, evidenciando afinidades e diferenças. Qual é o fio que costura os *campos de concentraciones*, instituídos já em 1896 pelos espanhóis em Cuba, para reprimir a insurreição popular, ou os *concentration camps*, em que os ingleses mataram os bôeres sul-africanos, aos lagers nazistas, aos gulags soviéticos, aos campos da China e da Coreia do Norte, até aqueles da ex-Iugoslávia? E o que liga esses campos aos «centros» para estrangeiros, onde o «acolhimento» vira pretexto para o internamento, onde proteção humanitária e controle de polícia acabam por convergir?

A história do sistema de concentração reconstruída por Kotek e Rigoulot segue os estudos pioneiros de Arendt, de quem é retomada a tipologia com o acréscimo de outra distinção. No esquema que Arendt elabora, primeiro são diferenciados três campos que correspondem às três imagens da vida no além: o Hades, o Purgatório e o Inferno. A intenção é ressaltar a insensatez que envolve todas essas formas e que não por acaso beira a irrealidade. «Vistos de fora», escreve Arendt, «os campos, e o que acontece neles, podem ser descritos apenas com imagens retiradas de uma

---

292 Tais temas não podem, portanto, ser tratados somente dentro dos limites de uma filosofia da migração.

vida após a morte, isto é, separada de objetivos terrenos.»[293] Tais denominações simbólicas correspondem cada uma a um tipo diferente de campo: o Hades ao campo de internamento, o Purgatório ao campo de trabalho, o Inferno ao campo de concentração. Quando Arendt escrevia, não estava ainda bem clara a diferença entre campo de concentração e campo de extermínio. Para indicar este último, Kotek e Rigoulot adicionam a imagem judaica da Geena. E esclarecem que entendem por isso «o mundo dos seis centros nazistas de morte imediata, onde não há nem história nem heroísmo, mas somente a morte súbita no anonimato mais absoluto».[294] A Geena indica, portanto, aquilo que os alemães chamavam *Vernichtungslager*, onde a mortalidade superou os 99%, pois a aniquilação era o objetivo imediato. Além de Auschwitz — metade campo de extermínio e metade campo de concentração —, de onde na verdade a maioria dos sobreviventes retornou, esses centros de morte, de que ainda se sabe muito pouco, são: Chelmno, Belzec, Majdanek, Sobibor, Treblinka.

Apesar das diferenças profundas entre um tipo e outro, Arendt percebe um *continuum* que torna plausível a tipologia. Poder-se-ia falar de similaridades, que contribuem também para esclarecer a mistura, em alguns casos, de tipos diversos. O critério distintivo é a função do campo, ou seja, aquilo que acontece em seu interior. Ao contrário do que em geral se acredita, o trabalho forçado não faz necessariamente parte do campo. De resto, a lógica da concentração não responde nem à utilidade e muito

---

293 ARENDT, H. *La origini del totalitarismo*, op. cit., p. 609.
294 KOTEK, J. e RIGOULOT, P. *Il secolo dei campi. Detenzione, concentramento e sterminio 1900-2000* (2000), trad. it. de A. Benabbi. Milão: Mondadori, 2001, p. 28.

menos à economia. A única utilidade econômica é no máximo financiar o aparato de vigilância.

Na base dessa tipologia está o «campo», um terreno equipado de modo provisório e sumário, em sua maioria hermeticamente fechado, no qual são internados indivíduos «indesejáveis», sem que haja respeito por seus direitos humanos. Uma peculiaridade do campo é a detenção administrativa, cujo objetivo primário é a eliminação entendida em seu sentido etimológico, do latim *eliminare*, que significa fazer sair, mandar embora, para fora do *limes*, do limiar, além dos confins. A e-liminação pode se dar de diversas formas e vai da expulsão à aniquilação física.

Forma «branda» de concentração, o Hades inaugura a tipologia porque — bem no sentido em que Platão contava do reino do além-túmulo, que jaz na escuridão, inacessível ao olhar dos vivos — a invisibilidade, a inexistência para os outros, é a sorte que cabe àqueles que são internados. Arendt estava convencida de que o Hades era o primeiro estágio no universo da concentração. Falava por experiência própria, dado que em 1941 foi internada no campo francês de Gurs, um dos tantos que funcionavam na Europa como centros de recolhimento para os estrangeiros.

Além disso, já em 1905 havia sido promulgado na Inglaterra o *Alien Act*, uma lei em que pela primeira vez, na *migration policy*, encontrava expressão o princípio que tornava lícito parar e filtrar os estrangeiros nas fronteiras. No fundo havia a ideia de que quem vinha de fora representava uma ameaça para a estabilidade interna. Os judeus orientais, fugidos dos pogroms, foram as principais vítimas daquela lei que autorizava a possibilidade de expulsar, com base em critérios completamente arbitrários, os estrangeiros que pediam acolhimento.

Para Arendt já estava claro que os campos não constituíam «uma invenção totalitária»: surgidos antes do totalitarismo, teriam permanecido nas democracias para oferecer uma solução rápida ao problema da superpopulação e à superfluidade econômica. Essa profecia se mostrou verdadeira. O campo não é um fantasma do passado; é mais um fenômeno que, como explicou Agamben, representa a «matriz escondida», o «*nomos* do espaço político em que vivemos».[295]

Embora pareça quase natural prender e reter estrangeiros que não cometeram nenhum crime, deve-se recordar que tal naturalidade se inscreve no universo da concentração. Apesar de sua diversidade, os campos para estrangeiros são zonas de espera onde a transitoriedade se torna permanente, são paradas forçadas, onde uma parte da humanidade, vista como excessiva, é capturada e afastada. Nesse excesso normaliza-se o «fora do lugar» dos estrangeiros, excluídos e internados, expulsos e detidos, restos a serem descartados. Aqui o poder age sobre os fluxos humanos da migração, controla a mobilidade, gerencia os indesejáveis.

Os campos pontilhados ao longo das fronteiras da Europa não atestam somente a promessa malograda daquele «nunca mais» que não deveria ter se repetido sobre o território europeu.[296] São um dispositivo de confinamento, no sentido mais amplo da palavra, pois estão no confim, porque confinam, e evocam o espectro do limite infringido, avalizam uma beligerância não declarada, a guerra tácita contra os migrantes.

---

295 Cf. AGAMBEN, G. *Homo sacer*, op. cit., pp. 185-201; Id., *Mezzi senza fine*, op. cit., pp. 35-41.
296 Para dados atualizados, cf. Migreurop: www.migreurop.org.

5. O PASSAPORTE. UM DOCUMENTO PARADOXAL

Serve para cruzar uma fronteira ou para identificar-se? Ou para ambos os propósitos? E, em tal caso, por que seria necessário provar a própria identidade para atravessar uma fronteira? Na invenção do passaporte, e em suas vicissitudes, pode-se ler, como em um caleidoscópio, a história da migração. No entanto, bem pouco se refletiu sobre esse documento tão paradoxal.

Em suas palestras, Foucault não o menciona, enquanto o próprio passaporte foi um dispositivo de segurança determinante para o controle da população e para a administração do poder.[297] Além disso, esse documento está estreitamente ligado ao nascimento do Estado e ao seu monopólio de violência. Mais que atestar a identidade do indivíduo, o passaporte certifica o pertencimento a um Estado. Quem não tem passaporte, não tem cidadania, não tem identidade.

«Documentos!» O pedido parece de todo óbvio na época atual. Quase sempre é a polícia quem pede as informações gerais. O estrangeiro que chega é identificado na fronteira. «Por que está aqui?» «Por quanto tempo?» «Nome e endereço do hotel em que ficará!?» Não lhe é dito, no entanto, que não será parado, ou mesmo rejeitado. Olhando bem para o pedido, que no fundo já corrói toda a hospitalidade, está a confirmação de que quem viaja está «fora de lugar», não está no lugar que lhe foi atribuído.[298] O que não configura um problema, se o desloca-

---

297 Cf. FOUCAULT, M. *Segurança, território, população. Curso ministrado no Collège de France (1977-1978)*. São Paulo: Martins Fontes, 2008.
298 Cf. TORPEY, J. *The Invention of the Passport. Surveillance, Citizenship and the State*. Cambridge: Cambridge University Press, 2000, pp. 4 Ss. Cf.

mento for temporário, como é o caso do turista, do *manager*, do estudante. Torna-se, ao contrário, uma dificuldade insuperável para o migrante. Todavia a ideia de que mover-se significa estar «fora de lugar» não tem nada de óbvio e é relativamente recente. No cenário pré-moderno, seria inimaginável o pedido de documentos que confirmassem a identidade. De fato, documentos desse tipo não existiam. A vida transcorria em sua maior parte dentro dos limites de um vilarejo ou de uma pequena cidade, onde confiança e conhecimento recíproco marcavam as relações, onde a férrea hierarquia social, que delimitava castas, classes, camadas, atribuía a cada um o próprio posto imutável. Talvez se deva ao rei langobardo Rachi (ou Ratchis) o primeiro édito, emitido em 746, por meio do qual se permitia deixar o reino apenas depois de uma autorização escrita. Ao longo de toda a Idade Média, a viagem foi uma exceção. Poucos se deslocavam: mercadores, artistas, cavaleiros, ou peregrinos, mendigos, saqueadores. Dadas as incertezas, recorre-se a uma conduta segura, um salvo-conduto: primeiro uma escolta que acompanhava o viajante pelo território desconhecido, depois um documento de segurança que deveria proteger quem o exibia. Deve-se depreender dessa segunda forma de salvo-conduto o antecedente do passaporte, que de um lado confirmava a identidade da pessoa e de outro exibia o selo da autoridade que o havia emitido, garantindo assim proteção. Documento lendário, muitas vezes protagonista de novelas e romances, por causa das trocas de identidade rocambolescas, o salvo-conduto era concebido sobretudo como permissão de passagem, que

---

também CLAES, T. *Passkontrolle! Eine kritische Geschichte des sich Ausweisens und Erkanntwerdens*. Berlim: Vergangenheitsverlag, 2010.

justificava temporariamente o estar «fora do lugar» de quem o carregava consigo.[299] A reviravolta foi marcada em 1503, quando a Espanha católica proibiu os judeus e *conversos* de deixar o país para embarcar em uma jornada ao Novo Mundo. As medidas, reforçadas em seguida, decretavam um pertencimento, ainda que discriminatório, que basicamente impedia, por meios administrativos, a movimentação das pessoas. Desde então, a função do passaporte mudou. Além de identificar o estrangeiro, passou a servir para controlar a população interna. Os registros contribuíram para facilitar esse controle. Em sua alternância de eventos, a Revolução Francesa representou parênteses significativos. Em uma *cité* onde todos deveriam ser «amigos, hospitaleiros, fraternos», onde a hospitalidade pública era a própria revolução, a «escravidão dos passaportes» deveria ser abolida.[300] Tudo mudou quando o rei tentou deixar o país, e em particular quando os inimigos da França enviaram seus agentes, que se escondiam atrás da máscara de potenciais revolucionários. A soberania do Estado se impôs fechando as fronteiras e reinstituindo o passaporte para os estrangeiros. A guerra determinou então a introdução de um *état civil* para cada um; desde aquele momento, podia-se ser cidadão somente se registrado pela autoridade da cidade. O passaporte serviu não apenas para controlar a passagem do estrangeiro, mas também para certificar a identidade do cidadão.

---

299 Cf. GROEBNER, V. *Der Schein der Person. Steckbrief, Ausweis und Kontrolle im Mittelalter*. Munique: Beck, 2004.

300 Cf. DE SAINT-JUST, L.-A.-L. *Œuvres complètes*. Paris: Champ Libre, 1984 (participação na Convenção de *26 germinale*, ano II — 15 de abril de 1794); WAHNICH, S. *L'impossible citoyen. L'étranger dans le discours de la Révolution française*. Paris: Albin Michel, 1997.

Ligado ao Estado-nação, o passaporte seguiu-lhe as peripécias, tornando-se um potente instrumento que atingiu seu ápice no Terceiro Reich e na legislação atrelada a ele, que, depois das Leis de Nuremberg, visava à «proteção do sangue alemão». Em 5 de outubro de 1938, foi emitida a «Lei sobre o passaporte dos Judeus», aos quais se impôs a devolução do documento de identidade, cancelado sumariamente pelas autoridades alemãs. Os judeus receberam um novo, com um grande J de *Jude* impresso no documento. Era o bilhete de entrada para o *lager*.

No novo século, quando a mobilidade se tornou um fenômeno de massa, o passaporte adquiriu uma relevância decisiva, assumindo funções adicionais e cada vez mais sofisticadas. Após o 11 de setembro de 2001, cresceu enormemente para o Estados a exigência de possuir informações sobre os estrangeiros que entram em seus territórios, bem como sobre os próprios cidadãos. Ao passaporte digital juntou-se a identificação biométrica, a avaliação de características como a foto do rosto, as digitais, a íris, fatores que tornam uma pessoa única. Se os dados tradicionais clássicos — nome, sobrenome, data de nascimento, residência e nacionalidade — ainda permitiam uma manipulação, os dados biométricos eliminaram definitivamente qualquer lacuna antiga que pudesse haver entre pessoa e documento. O registro dos dados no microchip do passaporte biométrico levanta muitas perplexidades. Pode-se imaginar que num futuro muito próximo o documento seja totalmente eliminado, enquanto o próprio corpo, com suas características biométricas, esteja destinado a se tornar ao mesmo tempo a prova inequívoca da identidade e a fronteira móvel que cada um traz consigo diante de cada fronteira. Sem limites, surge então o controle exercido pelo Estado também e principalmente sobre os corpos não registrados por um microchip e que por isso podem ser sempre expulsos.

6. «CADA UM NA SUA CASA!» CRIPTORRACISMO E NOVO HITLERISMO

Acima de tudo, nega-se — autonega-se. «Não, não sou racista, mas...» Parece já não ter a coragem de se declarar publicamente. Tem vergonha de si e principalmente teme a condenação que, depois de Nuremberg, deveria ser universal. Procura dissimular--se, turva as águas, confunde, tergiversa, despista. Assim o novo racista da época pós-nazista recorre a subterfúgios e artifícios, distorce as palavras, joga com o mal-entendido, na tentativa de contornar a censura do antirracismo. Pode-se chamá-lo de criptorracista, visto que permanece racista, e de nada serve mascarar-se. Seu próprio «mas» é em parte uma admissão: «não sou racista, mas...». Não é difícil oferecer uma amostra desses modos de se expressar, particularmente abundantes na *web*.

Não sou racista, mas não suporto os ciganos. Não sou racista, mas os negros não deveriam parar no estacionamento. Não sou racista, mas os imigrantes não me agradam. Não sou racista, mas os que vêm para cá trazem doenças. Não sou racista, mas vocês empestearam a Europa. Não sou racista, mas chega de extracomunitários. Não sou racista, mas cada um deveria estar na sua própria casa.[301]

---

301 Cf. FALOPPA, F. *Razzisti a parole (per tacere dei fatti)*. Roma/Bari: Laterza, 2011.

O criptorracista é uma espécie não prevista no horizonte do progresso que já se preparava para festejar o início de uma nova era. Destituído de qualquer fundamento científico, punido pela história, o racismo não deveria mais existir. Se ainda aparece aqui ou lá, não será mais que uma exibição grotesca e folclórica ou a crença de algum nostálgico. Caberá apenas esperar que a história siga seu curso, que apague definitivamente esses traços do passado.

O otimista que pensa assim, confiando na vitória final da «cultura» (como se os nazistas tivessem sido incultos), reduz o antirracismo a um trabalho de denúncia, trabalho ingrato e irritante, porque toda vez que parece concluído precisa recomeçar. E tem mais: o otimista convicto de que o fenômeno estava circunscrito a poucos fascistas periféricos, a qualquer seita neonazista sem relevância, deve repensar sua posição. O que dizer, de fato, do ódio contra os imigrantes, da xenofobia desenfreada, dos inumeráveis episódios de discriminação? Como defini-los? Que palavras usar?

Com suas dissimulações, seus volteios lexicais, suas cambalhotas lógico-gramaticais, o criptorracista consegue trazer à tona a questão da definição. O que é o racismo? Se se admite, com base em critérios canônicos, que é a ideologia da «raça», segundo a qual existiriam diferentes «raças» humanas e haveria uma hierarquia entre elas, então o racismo desapareceu faz tempo e se discute por nada. Porque agora está cientificamente estabelecido que as «raças» não existem, que são uma invenção. O criptorracista procura se esconder atrás do desaparecimento das «raças»; mas é como tapar o sol com a peneira. No entanto, é paradoxal o fato de que, uma vez que as «raças» sumiram, o racismo tenha permanecido.[302] Diante desse paradoxo, o antir-

---

302 Cf. TAGUIEFF, P.-A. *O racismo*. Lisboa: Instituto Piaget, 2002.

racista parece desarmado e acaba num impasse. Involuntariamente, contribuiu para fazer o racismo sumir do horizonte contemporâneo. Assim, não raro, quase reiterando sua gravidade, ele é forçado a recorrer a canais legais, que, no entanto, podem se revelar um bumerangue. Graças às suas máscaras de sincretismo, das inéditas formas de supremacismo às diversas declinações do «choque de civilizações», o neorracismo escapa da prova e foge da denúncia.

Permanece o problema da definição, sobre a qual o criptorracista se apoia. Seria então oportuno, para evitar as areias movediças do racismo, evitar toda veleidade de defini-lo rigidamente, para capturá-lo em flagrante naquele gesto ancestral que para Claude Lévi-Strauss marca o pensamento selvagem. É o gesto com que o selvagem, que é obviamente racista, separa o «nós» dos «não nós», os civilizados dos selvagens, os humanos dos desumanos. A separação é um hiato que coloca no centro o próprio eu e afasta o outro para uma perigosa margem. Tal gesto, que não divide necessariamente as «raças», mas pode distinguir também duas culturas, cristalizadas em estruturas rígidas, assinala uma discriminação imutável, uma exclusão permanente.

Se o gesto é ancestral, o racismo, todavia — essa invenção ocidental, posteriormente tornada universal —, tem uma história e até um marco de nascimento no início da modernidade. São os *Estatutos de limpieza de sangre*, estabelecidos em Toledo, na Espanha, em 5 de junho de 1449, com que se estigmatizavam os judeus convertidos, distinguindo-os dos «cristãos de pura origem cristã». Apontava-se assim, pela primeira vez, a imutável essência metafísica judaica em que não tinha água batismal que desse jeito. A estrutura estará destinada a se repetir, segundo formas e métodos diversos, até culminar no mito do «sangue puro», que deve ser preservado de toda contaminação. Multiplica-se a unidade humana, ensinada pela Bíblia, enquanto a visão evolucionista — da qual emergem as «espécies» classificadas por uma hierarquia — dá início a uma desumanização dos «irrecuperáveis», os subumanos, quase bestas, os quais se torna lícito chamar de «macacos», «ratos», «piolhos», «parasitas» etc., conforme uma obscura lista de metáforas que não parou de aumentar. Natureza e cultura se unem para determinar o lugar dos subumanos, para cuja inferioridade não há remédio, destinados a todo instante a serem definitivamente separados do consórcio humano. Em nome da pureza.

Porém o gesto que discrimina pode não se apoiar apenas no sangue, mas também no solo. Nasce daqui a exigência do enraizamento e a aspiração a garantir que todos permaneçam em seu lugar. A mobilidade é de fato vista como perigosa fonte de mistura e contaminação.[303]

É preciso conhecer para reconhecer. E muito frequentemente se ignora que essa concepção do enraizamento no solo, em suas novas versões do terceiro milênio é uma herança direta do hitlerismo, que, não por acaso, mais do que sobre o sangue, mito em parte ofuscado, insiste sobre o solo. «Cada um na sua casa!» O nazismo foi o primeiro projeto de remodelação biopolítica do planeta que se propunha a estabelecer critérios e formas de coabitação. Até chegar a decidir que todo um povo, o povo judeu, não deveria mais habitar o planeta.

Na era pós-nazista, permaneceu firme a ideia de que seria legítimo decidir com quem habitar. O novo hitlerismo encontra

---

303 Cf. SIBONY, D. *Le racisme, une haine identitaire*. Paris: Seuil, 2000.

aqui seu ponto forte, o neorracismo é o seu trampolim. O medo da sua própria e suposta identidade, posta em risco pelo outro — desconhecido e repugnante —, fomenta o ódio pelo «clandestino», pelo «migrante», acende o temor da degradação que atravessa as classes mais pobres, inflama a xenofobia populista.

O neorracista diz que «cada um deveria viver no próprio país». Não precisa pronunciar com todas as letras frases como «deixemos morrer no mar aqueles negros». Prega a rejeição, aplaude a repatriação. Iguala a imigração a uma «invasão». Sustenta que os migrantes são suspeitos, têm doenças, roubam trabalho, custam demais. Sustenta o combate ao «*business* da imigração», mas na verdade é a imigração que ele não tolera. Amaldiçoa o «cigano», incita a fúria contra o «nômade». Apoia teorias da conspiração falando sutilmente de «deportação escravagista», como se os migrantes fossem incapazes de compreender e de querer, como se fossem não humanos.

7. HOSPITALIDADE. NO IMPASSE ENTRE ÉTICA E POLÍTICA

A hospitalidade parece ter sumido tanto da paisagem contemporânea quanto do vocabulário da política. A questão — como repetido continuamente — se reduz ao modo de «governar» os «fluxos migratórios». O afastamento da hospitalidade, vista de todo como estranha e impossível de admitir, faz com que todas as tensões explodam nas fronteiras: fronteiras entre soberania estatal e liberdade individual, entre direito e justiça, entre instituição e compaixão, entre *governance* política e imperativo ético. As tensões sempre acompanharam a prática da hospitalidade, tão antiga quanto os primórdios da civilização. Mas as que atravessam e agitam o cotidiano político desta nossa época têm motivações peculiares.

Anacrônico, deslocado, inoportuno, o gesto da hospitalidade parece absurdo para muitos, que chegam a estigmatizá-lo, escarnecê-lo, denunciá-lo. É o gesto das belas almas, dos humanitaristas, daqueles ingênuos que ostentam benevolência para com os migrantes e pretendem oferecer hospitalidade a estrangeiros que mais deveriam é ser tratados como inimigos. O gesto é tolerado no máximo nas margens estreitas da caridade religiosa ou naqueles igualmente circunscritos por compromissos éticos. Em resumo, a hospitalidade está relegada a um âmbito suprapolítico ou infrapolítico — se não extrapolítico. Depende dos pontos de vista. Em todo caso, fica fora da política, que certamente não pode governar premida por impulsos do coração, pelos fervores da fé, por obrigações éticas.

Antes de hospedar, é preciso estar — ou melhor, bem-estar. O chauvinismo do bem-estar se une ao novo, ao impetuoso nacionalismo da era pós-nacional para reafirmar o império do direito. A hospitalidade, com sua demanda por justiça, com sua excepcionalidade, o exagero de humanidade, desafia continuamente o direito, suas leis, sua regularidade. Ousada e imprudente, coloca gravemente em risco a ordem político-jurídica, a ponto de parecer irritantemente excessiva. Prudência da regra *versus* virtude da exceção, vontade de instituição *versus* expectativa do acontecimento, capacidade de cálculo *versus* instinto de caridade: o conflito não poderia ser mais agudo. Porque a confrontar-se com a hospitalidade está principalmente a moral liberal, com seus princípios igualitários, ou melhor, abstratamente igualitários, e sua exigência de filtrar as incontáveis condições que permitiriam acolher quem merece hospitalidade. No lado oposto está a moralidade judaico-cristã, fundamentada sobre o modelo do Bom Samaritano, que, sem se perguntar nem como nem por quê, simplesmente socorre o ferido que encontra no seu caminho. Essa prontidão em relação ao próximo encontra eco em Paulo de Tarso e na sua Carta aos Efésios: «já não sois mais estrangeiros nem migrantes, mas concidadãos dos justos. Sois da família de Deus».[304] Resistente a essa prática, acusada de ser parcial, a modernidade liberal tende a neutralizá-la. Não é por acaso que os teóricos do liberalismo dedicaram longos comentários à parábola do Bom Samaritano com a intenção de invalidar seu conteúdo, visto como impraticável.

Dever-se-ia então reconhecer o fim da hospitalidade? Justamente por parecer tão profundamente antimoderna — apesar de ter superado o capítulo da modernidade — e por isso tão decididamente antiquada — tendo preservado uma estreita ligação com o horizonte antigo e com a esfera do sagrado, de onde provém —, a hospitalidade mantém sua capacidade de atração e seu potencial de oposição. Eleva-se a instância crítica da política, abre a brecha que permite um olhar outro sobre o mundo linear e cínico da *governance* liberal.

Instância extrapolítica e ética, a hospitalidade é uma questão filosófica. E está ligada, no passado recente, ao nome de Jacques Derrida, que tem o mérito de tê-la recolocado no debate. A propósito disso, vale a pena recordar os eventos que contribuíram para esse ressurgimento. Conhecido por sua desconstrução, Derrida,

---

[304] PAULO DE TARSO. Carta aos Efésios 2:19. Vale a pena observar que o termo grego usado por Paulo é *paroikós*, que traduz o hebraico *gher* e, ao contrário do que sustentam algumas interpretações, mantém seu significado.

a partir da metade dos anos 1980, vai se concentrando sempre mais em torno de questões abertamente políticas, como atestam os temas de seus seminários. Muitos reconhecem no ensaio *Força de lei*, publicado em 1994, o ponto de virada política do seu pensamento. No entanto, é o próprio Derrida quem nega a virada, reivindicando o compromisso político que sempre caracterizou a desconstrução.[305] O desejo de reafirmar a continuidade se une à necessidade de responder aos ataques de Habermas e de tantos outros, de Luc Ferry a Alain Renaut, que o acusam — quando surge o tema do nazismo de Heidegger, a que seu pensamento se liga — de ser um filósofo apolítico e irresponsável. *La déconstruction est la justice* — «a desconstrução é a justiça».[306] Tal frase, destinada a ser o eixo de sua reflexão, marca a mudança na continuidade. O pensamento sobre a justiça desenvolve-se em uma série de textos, às vezes bastante breves, escritos frequentemente na urgência dos fatos políticos. E, a partir de 1990, a urgência política na França é a questão dos *sans-papiers*, que acende a polêmica. O auge da tensão ocorre em 1996, quando, para protestar contra as leis sobre a imigração e contra o «crime de hospitalidade», que prevê sanções a quem acolhe pessoas irregulares, um grupo de *sans-papiers* ocupa a igreja de Saint-Ambroise e a de Saint-Bernard, em Paris. Também os intelectuais se mobilizam. Em outubro de 1997, é publicado o *Appell des 17*, a que adere em seguida também Derrida, por meio de uma carta aberta. Seu interesse

---

305 Cf. DERRIDA, J. *Stati canaglia. Due saggi sulla ragione* (2003), trad. it. e org. de L. Odello. Milão: Cortina, 2003, p. 66.
306 Id. *Forza di legge. Il fondamento mistico dell'autorità* (1994), trad. it. e org. de F. Garritano. Turim: Bollati Boringhieri, 2003, p. 64. [Ed. bras.: *Força de lei*. 3ª ed. São Paulo: Martins Fontes, 2018.]

pela hospitalidade remonta, porém, a alguns anos antes e é testemunhado, para além do envolvimento nas causas militantes, pela sua leitura desconstrutiva dos textos de Kant sobre o cosmopolitismo.[307] Já em 1991, Derrida realizou uma conferência sobre esse tema na UNESCO.[308] Entre as intervenções públicas, ao lado dos seminários e das palestras, vale relembrar o discurso enviado ao Parlamento Internacional dos Escritores, realizado em Estrasburgo entre 21 e 22 de março de 1996, com o objetivo de estabelecer uma rede de cidades-refúgio para acolher os escritores perseguidos. O título escolhido por Derrida é programático: *Cosmopolitas de todo o mundo, mais um esforço!*

Desde o início, também quando parece limitar-se à desconstrução dos textos clássicos da filosofia e da literatura, Derrida adere à causa da hospitalidade em todas as suas colorações alternativas, seus valores éticos, sua simbologia tão política, em sua essência extrapolítica de poder desafiar o realismo governamental e suas inóspitas leis sobre a imigração. Nenhum compromisso, nenhuma tentativa de delinear, como os filósofos americanos, teorias normativas sobre a comunidade ou sobre a fronteira, nenhum propósito de inventar novos critérios morais. Lei imemorial, com uma história complexa e fascinante, a hospitalidade é mobilizada em todo o seu potencial anacrônico. A ponto de se tornar uma instância utópica, o além a partir de onde se pode olhar direito e política de um modo novo.

---

307 Sobre o trabalho político daqueles anos, cf. RAMOND, C. «Présentation. Politique et déconstruction», *Cités*, 30, 2007, pp. 11-6.
308 Cf. DERRIDA, J. «O direito à filosofia do ponto de vista cosmopolítico». In: GUINSBURG, J. (org.), *A paz perpétua: um projeto para hoje*. São Paulo: Perspectiva, 2004.

Derrida volta-se para a antiga paisagem judaica, atravessada pelo Bom Samaritano, habitada por Abraão e por todas aquelas figuras que, com uma simplicidade desconcertante, hospedam quem chega, acolhem quem se avizinha. *Arrivant* é o chegante absoluto, que aparece sem ser esperado, sem ser convidado, cuja irrupção desfaz toda fronteira, todo limite, toda margem. Não há risco a ser considerado, nem previsão, nem controle.[309] A hospitalidade é pura abertura para o chegante, é hospitalidade incondicional, que nessa hipérbole coincide com a justiça, sempre no «porvir», chamada também de «messianidade sem messianismo».[310]

Mais de uma vez Derrida reconheceu seu débito com Emmanuel Lévinas, em particular na célebre conferência, realizada um ano antes de sua morte, em dezembro de 1996, intitulada significativamente de «A palavra de acolhimento». O texto é movido pela aspiração a reler a obra de Lévinas buscando o timbre que harmoniza e que é também a nota de seu acorde. «Embora a palavra não seja nem frequente nem salientada, *Totalidade e infinito* nos deixa um imenso tratado sobre a *hospitalidade*».[311] Assim escreve Derrida, que vê no acolhimento o gesto que inaugura o pensamento de Lévinas. A esse gesto não segue, porém, uma filosofia do acolhimento. Em vão se buscaria, portanto, um

---

309 Cf. DERRIDA, J. e DUFOURMANTELLE, A. *Sull'ospitalità* (1997), trad. it. de L. Landolfi. Milão: Baldini & Castoldi, 2000, p. 84.

310 DERRIDA, J. *Marx & Sons. Politica, spettralità, decostruzione* (1999), trad. it. e org. de E. Castanò e al. Milão/Udine: Mimesis, 2008, p. 284.

311 Id. «La parola d'accoglienza» (1996). In: Id., *Addio a Emmanuel Lévinas* (1997), trad. it. de S. Petrosino e M. Odorici, org. de S. Petrosino. Milão: Jaca Book, 1998, p. 83.

tratado sobre a hospitalidade. Por isso pode parecer ainda mais surpreendente que Derrida se refira explicitamente àquele gesto. Mas o ponto é que o acolhimento não é para Lévinas um tema, nem ético, nem político. Não se trata nem de se perguntar sobre a possibilidade do acolhimento — o que já significaria reduzi-lo a um problema moral específico — nem de ditar regras sobre como estendê-lo à política. Lévinas não propõe uma ética da hospitalidade; desenvolve mais uma ética *como* hospitalidade.

A crítica de Lévinas é voltada para o sujeito ocidental, «soberano preocupado em salvaguardar os poderes da sua soberania».[312] Incapaz de sair de si, ávido apenas por apropriar-se do outro, por envolvê-lo, integrá-lo, assimilá-lo, foi levado pela quimera da autonomia, assegurada por Kant, percorreu o sonho da autocoincidência proclamado por Hegel. Conciliado com o mundo, bem como consigo mesmo, em casa por toda parte, esse sujeito pleno de si, que aniquilou as diferenças sobre o altar de sua fechada soberania, é o protagonista daquele totalitarismo egocêntrico de que Auschwitz é o desfecho lógico. É preciso enfim reconhecer a precedência do outro. Mas essa precedência foi muitas vezes mal--entendida. Como se o discurso de Lévinas não fosse mais que um sermão edificante sobre o altruísmo. Por trás do gesto de opressão, Lévinas indica o gesto de acolhimento.[313] O mundo não começou pelo eu, que na verdade é sempre evocado, interrogado pelo outro, chamado a responder. Aqui está sua responsabilidade, sem que possa escolher — pois se constitui como eu somente a partir desse

---

312 LÉVINAS, E. e PEPERZAK, A. *Etica come filosofia prima* (1982), trad. it. e org. de F. Ciaramelli. Milão: Guerini & Associati, 1989, p. 49.
313 Cf. LÉVINAS, E. *Totalità e infinito. Saggio sull'esteriorità* (1961), trad. it. de A. Dell'Asta. Milão: Jaca Book, 1980, pp. 81 ss.

voltar-se para o outro. O acolhimento do outro funda o eu, antes que possa se perguntar como proceder, se acolhe ou não acolhe o outro. Quem se pergunta sobre isso imagina ainda ser um sujeito autônomo, já estavelmente fixado. Mas não é possível reduzir o acolhimento a um movimento adicional e acessório em relação à soberania. Pelo contrário, o acolhimento é o procedimento ético fundamental, que define os prolegômenos de toda ética futura. E o inverso é verdadeiro: se não há acolhimento, não pode haver ética. Assim, para Lévinas, não é Ulisses — cuja odisseia foi a passagem para o estranho em vista da reapropriação de si —, mas sim Abraão — que em sua excentricidade original atua para o outro — o paradigma dessa ética que se torna primeiro filosofia. O rosto do outro, na sua unicidade irredutível, remete ao infinito que ultrapassa sempre o eu, que nunca é integrável. O surgimento do outro é um evento inquietante, que perturba a tranquila certeza de si, desmente a evidência de que se esteja em seu lugar. É uma expulsão do eu, que pode reagir gritando contra a invasão, se é um eu soberano. Mas pode também responder sentindo vergonha pela sua plenitude — a vergonha de quem hospeda — e pode deixar seu lugar ao outro, lendo nesse evento o instante de sua livre escolha.

Apesar de ter apontado o acolhimento como gesto imprescindível e inaugural da ética, Lévinas recua diante de um *éthos* da hospitalidade. Prevalece seu resignado messianismo: direito e política, concernentes à hospitalidade, parecem incompatíveis com o Estado e por isso estão no porvir. Olhando bem, semelhante é a posição de Derrida, que de fato afirma com todas as letras:

> Alguém disse que uma certa ética de Lévinas parece estar em contradição com a cidadania republicana. Creio que entre uma certa pureza ética (definida por Lévinas) e o direito exista

313

efetivamente uma tensão... A passagem da pura hospitalidade ao direito e à política é uma perversão, pois há uma imposição de condições.[314]

A lacuna entre a hospitalidade condicionada e a hospitalidade absoluta, ou incondicional, não poderia ser mais clara. Derrida não a preencherá jamais. Vem à luz a aporia da hospitalidade que, para se realizar, não pode prescindir de uma perversão.

A lei da hospitalidade, a lei formal destilada do conceito geral de hospitalidade, surge como uma lei paradoxal, que pode ser pervertida ou perverter. Parece sugerir que a hospitalidade absoluta rompe com a lei da hospitalidade como direito ou dever, com o «pacto» de hospitalidade. Em outras palavras, a hospitalidade absoluta exige que eu abra a minha morada e que a ofereça não somente ao estrangeiro (provido de um sobrenome, de um status social de estrangeiro etc.), mas ao outro absoluto, desconhecido, anônimo, e que lhe dê lugar, que o deixe vir, que o deixe chegar, ter lugar no lugar que lhe ofereço, sem pedir a ele nem reciprocidade (a participação em um pacto) nem mesmo seu nome. A lei da hospitalidade absoluta impõe a ruptura com a hospitalidade de direito, com a lei ou a justiça como direito.[315]

Trata-se de uma antinomia insolúvel: a lei da hospitalidade incondicional requer, para ser implementada, as leis da

---

314 DERRIDA, J. «Un'ospitalità all'infinito» (1999), trad. it. de A. Calzolari. In: PANATTONI, R. e SOLLA, G. (orgs.), *L'ospitalità, l'infrangersi. Per una politica dell'assenza*. Gênova/Milão: Merietti, 2006, pp. 24-5.
315 Cf. DERRIDA, J. e DUFOURMANTELLE, A. *Sull'ospitalità*, op. cit., pp. 52-3.

hospitalidade condicionada, em uma relação paradoxal que é ao mesmo tempo de colisão e conluio. Sem saída. Porque a antinomia «não é dialetizável».[316] Derrida é levado a dizer que é como se «a hospitalidade fosse impossível».[317]

Por outro lado, essa antinomia não faz mais do que exibir o dissenso estrutural entre justiça e direito: inseparável do direito, que a realiza, a justiça permanece, entretanto, irredutível em sua pureza. Assim também a hospitalidade incondicional não consegue traduzir-se na práxis da política. «Impossibilidade» é a palavra recorrente e que remete à tragicidade desse traduzir-se. A cisão é radical e pode ser considerada uma cisão entre uma dimensão ética, que em sua irredutibilidade pura parece suprapolítica ou extrapolítica, e sua transação política, destinada a ser sempre imperfeita e inaceitável. O evento se estilhaça contra a instituição. Mesmo que Derrida não evite se questionar sobre a abertura e o fechamento da comunidade, todavia é o evento, a irrupção do outro, a porta de entrada no horizonte da justiça e da política, que também está junto à porta de saída, ou ponto de fuga, dado que o outro sempre transborda a política.

E a propósito da política, ou do «político», é preciso ressaltar que Derrida permanece preso dentro do paradigma estatal.[318] A exigência de desconstruir continuamente a soberania, muitas vezes sob a orientação de Schmitt, obriga-o a ficar dentro daqueles limites. A política parece então um assunto de Estado. A tentativa de fazer emergir daí o fantasma da autofundação leva-o a explorar

---

316 Ibid., p. 84.
317 Ibid., p. 83.
318 Cf. DERRIDA, J. *A besta e o soberano* (seminário, vol. I: 2001-2002). Rio de Janeiro: Via Verita, 2018.

o eixo vertical da soberania. Enquanto a *arché* da soberania naufraga e se perde, sua posição se torna mais radical, sobrepõe-se à ética na sua absoluta pureza. Contra o poder do soberano, que se camufla neutralizando toda resistência, é necessário esperar que o evento irrompa. Também a hospitalidade, dimensão suprapolítica ou antipolítica, não é a ocasião para desvelar uma horizontalidade, para debruçar-se sobre o além anárquico da soberania.

Desse modo, nada resta senão sempre denunciar a violência: a da hospitalidade incondicional que, não fazendo discriminações entre amigo e inimigo, expõe ao risco mortal, e a da hospitalidade condicionada, que discrimina, interroga, identifica, seleciona. A antinomia é insanável, embora Derrida, sobretudo nas últimas intervenções, olhe consternado para o cenário em que o migrante enfrenta o Estado.[319]

Se a hospitalidade é um evento «poético», então a tradução aparece como desafio aos limites da possibilidade.[320] O acolhimento não resiste ao teste do estrangeiro. O que é tanto mais absurdo, se pensarmos que Derrida é o filósofo que propôs a tradução como modelo político.[321] Mas esse modelo não encontra eco

---

319 Cf. o colóquio com Thomas Assheuer, editor-chefe do semanário alemão «Die Zeit»: DERRIDA, J. «A utopia não, o im-possível». In: Id., *Papel-máquina*. São Paulo: Estação Liberdade, 2004, p. 315.
320 Cf. DERRIDA, J. «Responsabilité et hospitalité». In: SEFFAHI, M. (org.), *Autour de Jacques Derrida. Manifeste pour l'hospitalité*. Grigny: Paroles d'Aube, 1999, pp. 121-4.
321 Sobre esse tema, remeto a DI CESARE, D. *Utopia del comprendere*. Gênova: il melangolo, 2003, pp. 61 ss. O modelo da tradução é retomado também em RICŒUR, P. «Il paradigma della traduzione» (1998). In: Id., *La traduzione. Uma sfida ética*, trad. it. e org. de D. Jervolino. Brescia: Morcelliana, 2001, pp. 51-74; Id. «Straniero, io stesso» (1998). In: Id., *Ermeneutica delle*

em tal contexto, e Derrida permanece no impasse entre ética e política, em grande parte herdado de Lévinas.

A diferença tem repercussões que hoje, com a distância dos anos, podem ser consideradas devastadoras. Infelizmente, há uma aceitação da ideia de que a hospitalidade, além de ser impossível, está circunscrita à ética, ou à moral, de que é em suma uma vertente moralista daqueles bonzinhos que se confortam com o uso da palavra «outro».[322] Dado que a hospitalidade não é mobilizada na política, a não ser como instância absoluta e distante, por sua vez a política permanece imune a isso e se torna campo de ação para quem tem tendências normativas. A filosofia acaba então por dar suporte ao direito que só vai até a fronteira do Estado.

Todos aqueles que, como as organizações humanitárias, encarregam-se do acolhimento, que o praticam nas margens da infrapolítica, todos aqueles que, referindo-se à justiça, ficam por isso visados, pagam o preço desse impasse que acabou provocando uma deserção da hospitalidade.

8. PARA ALÉM DA CIDADANIA

Favorecida pela teletecnologia, acelerada pela difusão de redes planetárias e dispositivos transnacionais, a globalização provocou um deslocamento e uma deslocalização que transformaram inclusive a ligação entre o próximo e o distante, o agora e o tempo futuro. Deve-se reconhecer — em particular, na diferente relação

---

migrazioni. Saggi, discorsi, contributi, trad. it. e org. R. Boccali. Milão/Udine: Mimesis, 2013, pp. 25-39.
322 Cf. DERRIDA, J. *Sulla parola. Istantanee filosofiche* (2002), trad. it. de A. Cariolato. Roma: nottetempo, 2004, pp. 77-8.

com o lugar e a localidade, no sentido alterado de pertencimento — uma convergência entre tais efeitos disruptivos e aqueles produzidos pela migração. Esta última seria de outro modo impensável sem o acelerado processo técnico, sempre agitado e contraditório. As repercussões estão sob os olhares de todos: em uníssono com a expropriação do próprio (da identidade à filiação, da língua à memória), avançam as hibridações, o contato, a «contaminação», e a desterritorialização sem precedentes, para a qual o aqui-e-agora se torna incerto, e o lastro parece perdido. Novamente despontam os velhos fantasmas do sangue e do solo. E, enquanto nesse choque histórico entre forças contrapostas são corroídos os limites entre o dentro e o fora, entre o familiar e o estranho, o *éthos* da permanência aparece comprometido, bem como a moradia fica ameaçada, e a casa, precária e invadida, é de repente muito mais do que «casa». Pois é o vizinho-a-mim, o quase-eu, que parece para sempre dissolvido no frio e vazio do mundo globalizado, e que nenhuma fronteira de Estado consegue administrar. A reação instintiva é a de retirar-se para um espaço confinado, para um nicho fechado, o mais abrigado possível da onda de choque que investe contra o Estado, minando também a soberania, a nação e, por fim, mas não menos importante, a cidadania.

Não é por acaso que o cidadão de hoje foi sido comparado àquele dos tempos de crise, como a era helenística, ou o fim da era imperial, quando distância, ressentimento, desinteresse pelas coisas públicas estendiam a pátria para o universo.

Foram os filósofos gregos que se proclamaram «cidadãos do mundo». Já Hípias, num diálogo platônico, acena pela primeira vez a uma cidadania que ultrapassa o *nómos* da cidade.[323] Mas a

---

323 Cf. PLATÃO. *Protagora*, 337c.

expressão «cosmopolita», combinação dos dois termos *polítes* e *kósmos*, aparece pela primeira vez no cínico Diógenes de Sinope. A quem lhe perguntasse de onde era, geralmente respondia: «sou cidadão do mundo».[324] Mantinha assim a sua condição de *polítes* e a ligação com a *pólis*, integrando, porém, em todo o cosmos a sua cidade. Essa dilatação dizia respeito ainda às conexões com os outros. Zenão de Cítio declarava todos os homens seus «concidadãos».[325] Só que essa cidadania, privada de um estatuto jurídico-político, designava acima de tudo uma atitude moral, um modo de se ver no cosmos e na humanidade. O «cidadão do mundo» sentia-se em casa em todo e nenhum lugar; mas já não estava ligado a uma pátria específica. Para além da moral, o cosmopolitismo permanecia como uma promessa política.

A virada se deu apenas no século das Luzes. Foi Kant que desenvolveu um «direito cosmopolita», cujo objetivo era garantir uma paz estável, de modo que o estrangeiro, estando no território de outros, não fosse tratado como inimigo. Até mesmo Kant, porém, desvia da questão de uma cidadania mundial, tendo ficado assim como uma aspiração difusa, a metáfora de uma visão individual que não necessariamente se traduz politicamente. Retomado no século XX por Hans Kelsen, o cosmopolitismo político foi se desenvolvendo nas últimas décadas, sobretudo no ambiente anglo-americano, e encontrou seus porta-vozes naqueles que, em uma era pós-nacional, pensaram ser indispensável uma reforma no compasso da globalização econômica, capaz de instituir

---

324 DIÓGENES LAÉRCIO. *Vite dei filosofi*, VI, 63
325 ZENÃO DE CÍTIO. In: *Stoici antichi. Tutti i frammenti secondo la raccolta di Hans von Arnim*, org. R. Radice. Milão: Rusconi, 2016, I, 60-61, pp. 117-8. Cf. PLUTARCO. *De Alexandri Magni fortuna aut virtute*, I, 6, 329.

autoridades políticas supranacionais.[326] Mas sobre os caminhos a serem seguidos, e mesmo sobre o objetivo final, não há acordo. Ainda mais que ressurgiria no cosmopolitismo político o pesadelo do Estado mundial. A questão da soberania estatal seria então reproposta em escala planetária. E, além disso, estaríamos caminhando para uma centralização do poder. É o risco evocado, entre outros, por Hannah Arendt.[327]

Isso explica por que a reflexão sobre uma política pós-nacional ou supranacional geralmente prefere se referir com prudência à democracia, mais que ao cosmopolitismo, e autodefinir-se «democracia cosmopolita», entendida assim como uma democratização progressiva da *governance* mundial.

Se o cidadão se constitui dentro dos muros da cidade a que pertence, e não no espaço aberto do mundo, a cidadania mundial parece uma contradição em termos. Por isso foi vista como um conceito negativo, uma não cidadania, ou como uma metáfora. A tendência atual é então pensá-la como um ideal regulador que brota de uma exigência concreta: a passagem das formas nacionais para as supranacionais. Essa passagem não deixa incólume a cidadania, que por isso precisa ser profundamente repensada.

Nesse sentido, que visa a rever criticamente a conexão entre nação e cidadania, é que caminhou Habermas. Em um importante ensaio sobre esse tema, intitulado «Cidadania política e

---

326 Cf. ZOLO, D. *Cosmopolis. La prospettiva del governo mondiale*. Milão: Feltrinelli, 2002; ARCHIBUGI, D. *Cittadini del mondo. Verso una democrazia cosmopolitica*. Milão: Il saggiatore, 2009.

327 Cf. ARENDT, H. *Karl Jaspers cittadino del mondo?* (1957). In: Id. *Humanitas Mundi. Scritti su Karl Jaspers*, trad. it. e org. de R. Peluso. Milão/Udine: Mimesis, 2015, pp. 69-84.

identidade nacional», apontou os perigos inerentes a uma cidadania política que, em um horizonte agora pós-nacional, em que o Estado moderno está em vias de extinção, continua a ser relacionada ao nascimento. Como indica a etimologia, *natio*, nação, vem do verbo *nasci*, nascer. O Estado territorial cria raízes e prospera à base de uma potente ficção: a homogeneidade étnica. A nação, essa entidade «pré-política», torna-se marca da identidade política dos cidadãos, é a fonte, até mesmo, da soberania do Estado.[328] A identificação deletéria entre *démos* e *éthnos*, entre povo e etnia, não faz parte, contudo, nem do conceito de democracia, nem do de cidadania política. Não fica claro de fato por que uma comunidade deve ser regida por uma descendência genética mais do que pela participação dos cidadãos que exercem seus direitos. Seria inútil dizer que estão sendo julgados aqui o *jus sanguinis* e o *jus soli*, o direito do sangue e o direito do solo, critérios de pertencimento — não de participação — herdados da *pólis* grega. Habermas delineia extensivamente os dois modelos antitéticos de cidadania que se foram afirmando com o tempo: de um lado o «republicano», inaugurado por Aristóteles no terceiro livro da *Política*, de outro o «liberal», desenvolvido por Locke. No primeiro modelo, o cidadão é integrado à coletividade que se autodetermina. No segundo, em vez disso, situando-se sempre um pouco fora da esfera coletiva, está o cidadão-cliente que, em detrimento de si mesmo, estipula um contrato, cede poderes ao Estado, de quem, em troca, recebe alguns serviços. Não será difícil reconhecer no ambiente europeu a prevalência do modelo republicano, assim como no ambiente anglo-americano se percebe a predominância do modelo liberal. Habermas chama a atenção para o mérito do primeiro, que está na

---

328 Cf. HABERMAS, J. *Cittadinanza politica e identità nazionale*, op. cit., p. 109.

autodeterminação. Mesmo hoje é necessário reiterar que «a autonomia política é um fim em si que ninguém pode realizar sozinho perseguindo privadamente os próprios interesses ocasionais».[329] A autonomia política demanda comunidade, exige participação. O que não significa negligenciar a inadequação do modelo republicano, fossilizado no solo, esclerosado no sangue. É indispensável sair dessa obstinação genético-nacionalista, pois a cidadania política não precisa ser enraizada numa identidade nacional. Isso a tornaria aberta aos estrangeiros chamados a compartilhar não a tradição étnica, a forma de vida, os valores, mas sim a cultura política, única condição imprescindível. Habermas conclui desejando que uma cidadania democrática, não fechada num sentido particularista, possa «preparar o terreno para o *estatuto de cidadania cosmopolita*, que hoje já se desenha nas comunicações políticas em escala planetária».[330]

A proposta de Habermas, a desnacionalização da cidadania, entendida também como «patriotismo constitucional» — pois constitucional seria a identidade que permanece —, foi retomada por muitos, entre eles a filósofa Seyla Benhabib, que, sob o signo de uma separação definitiva entre *démos* e *éthnos*, falou abertamente de «cidadãos globais».[331] Soberania do povo na condição de *démos*, a democracia não pode mais ser confinada a um *éthnos*, a um pertencimento étnico de memória e destino.

Aqueles que, mesmo com acentos diversos, olham para a cidadania mundial em um horizonte cosmopolita, consideraram

---

329   Ibid., p. 114.
330   Ibid., p. 136.
331   Cf. BENHABIB, S. *Cittadini globali. Cosmopolitismo e democrazia* (2006), trad. it. de V. Ottonelli. Bolonha: il Mulino, 2008.

e consideram com interesse todas as experiências que excedem a cidadania exclusiva ou nacional.[332] Em um território de desencontros está a cidadania europeia, que, instituída pelo Tratado de Maastricht de 1992, representou um passo decisivo na direção da integração comunitária. Entretanto, alguns viram no art. 9, que a explicita, uma reiteração da nação, um excesso de nacionalismo, enquanto outros sublinharam a aspiração declaradamente supranacional, mesmo que muitas vezes somente simbólica. Certamente, trata-se de uma cidadania ultraestatal que poderia ter tido êxitos mais eficazes e aberto novas perspectivas.

Em vez de sair em busca de formas políticas que vão além daquelas do Estado, tanto Benhabib quanto Derrida voltaram a atenção para a cidade. Em um cenário politicamente dispersivo, a cidade parece o local privilegiado para o exercício da cidadania. Benhabib examinou o caso de New Haven, onde os imigrantes receberam um documento de identidade que dá acesso a hospital, a escola para os filhos, a conta bancária etc. O que simplifica tanto a vida deles quanto a do município.[333] Não se trata de um passaporte que concede a nacionalidade americana, mas de um documento que assegura um estado civil e reconhece alguns direitos que são também parcialmente políticos. Tal experiência infranacional representa para Benhabib um precedente importante,

---

332 Cf. JOPPKE, C. *Citizenship and Immigration*. Cambridge: Polity Press, 2010.

333 Vale a pena recordar que um documento de direitos civis é concedido também em algumas cidades europeias, a começar, por exemplo, por Amsterdã. Cf. CROCE, M. (org.). «Toward a Converging Cosmopolitan Project. Dialogue between Seyla Benhabib, Daniele Archibugi», *Cahiers philosophiques*, CXXII, 3, 2010, pp. 115-27.

pois mostra que espaços novos para uma cidadania mundial se abrem justamente nas comunidades locais, aquelas mais capazes de acordar direitos. Diferente é a trilha seguida por Derrida, que, nas suas reflexões sobre o cosmopolitismo, revaloriza por um lado a autonomia da cidade, e por outro olha para uma rede de cidades-refúgio em condições de, quem sabe, encarregar-se daquela hospitalidade da qual o Estado costuma se retirar. Consciente de que se move sobre areia movediça, por causa da força da «mundialização», que desterritorializou a política, que a deslocalizou e deslocou — «o político já não tem lugar, se é que posso dizer isso, já não tem *tópos* estável ou essencial» —, Derrida se pergunta sobre o que ainda significa «cidadão».[334] A resposta é baseada na prudência: «digo ‹cidadão› de uma maneira meio vaga para o momento». E prossegue, sustentando que «este direito não deve ser somente o do cidadão de um Estado, mas também dos ‹estrangeiros›». Parte de fato «de uma nova ética, de um novo direito, na verdade de um novo conceito da ‹hospitalidade›».[335] A desconstrução, porém, para por aqui, assim como em outros lugares ela fica presa nas fronteiras do Estado, da sua soberania vacilante e ressentida, para denunciar sua obsessão pela segurança, a lógica da exclusão, a hospitalidade vigiada. Embora reconheça o imperativo de pensar o político para além do político, Derrida prefere constatar

---

334 DERRIDA, J. *Incondizionalità o sovranità. L'università alle frontiere dell'Europa* (2002), trad. it. de S. Regazzoni. Milão/Udine: Mimesis, 2006, p. 36. Sobre o uso de «mundialização», cf. RESTA, C. *La passione dell'impossibile. Saggi su Jacques Derrida*. Gênova: il melangolo, 2016, pp. 200 ss.

335 DERRIDA, J. e STIEGLER, B. *Ecografie della televisione* (1996), trad. it. de L Chiesa e G. Piana. Milão: Cortina, 1997, p. 39.

a passagem histórica em direção a outras formas vislumbradas por detrás das ruínas do Estado. O ponto é que, como reitera várias vezes, para ele o Estado é um *phármakon*, a um só tempo veneno e remédio, máquina imunitária de que ainda não é possível prescindir.

Isso não o impede de considerar essa nova hospitalidade e essa nova cidadania que vão abrindo uma passagem além dos confins nacionais. Situa-se aqui a reflexão sobre o cosmopolitismo. Não se trata obviamente de avalizar um Estado mundial, mas sim de repropor a cidadania, que já não é concebível segundo os critérios do sangue e do solo. A posição de Derrida pareceria então próxima àquela tomada por Habermas. Só que uma diferença importante imediatamente vem à tona: enquanto no seu constitucionalismo cosmopolita Habermas visa a democratizar a cidadania, desvinculando-a da nação — mas a partir da democracia liberal, que precisa simplesmente ser ampliada —, Derrida mostra-se bem mais crítico, seja com o cosmopolitismo, seja com a democracia, a ponto de recorrer à formulação do «por-vir», *l'a-venir*, para ambos. A ampliação não pode deixar de ser também uma mutação. O olhar se volta para a migração e para o direito internacional. Justamente porque não é possível pensar a política ligada ainda ao pressuposto do lugar, é preciso ir «além da cidadania».[336]

9. OS LIMITES DO COSMOPOLITISMO

A radicalidade emerge quando Derrida, para ir além do político, propõe a rede das cidades-refúgio, retomando assim aquele exemplo bíblico já estudado por Lévinas. Movendo-se na esteira

---

[336] DERRIDA, J. *Stati canaglia*, op. cit., p. 132.

da hermenêutica talmúdica, Lévinas interpreta justamente as cidades-refúgio como forma de asilo, com toda a ambiguidade que caracteriza essa entidade instituída.[337] Derrida queria, em vez disso, vê-la como possibilidade de outra cidadania. A partir então da cidade, em oposição ao Estado, imaginar uma rede de «cidades-refúgio», independentes, mas ligadas entre si: esse seria o primeiro passo para repropor «a ética da hospitalidade». Explícita é a referência à Bíblia judaica e à cidade onde poderia encontrar abrigo quem fosse perseguido por uma «justiça cega», ou pela vingança de sangue, por «um crime de que era inocente» ou «autor involuntário». Derrida insiste nesse «direito cidadão à imunidade e à hospitalidade».[338]

Não se percebe, porém, que assim a política do asilo continua sancionando a lógica exclusiva da exceção, associando o estrangeiro a quem está manchado por algum crime, aproximando a hospitalidade da imunidade. Mas esse modo de entender a hospitalidade, com base no asilo, quase como um abrigo temporário, proteção imunizante e imunitária, não muda o *éthos* da permanência, não afeta a cidade, onde, aliás, graças à defesa autoimune, os cidadãos continuam a habitar impassíveis. As cidades-refúgio não estão abrindo as portas de outra cidadania. De tal forma, não se faz mais do que ressaltar a separação metafísica entre dentro e fora, reafirmando a fronteira axiológica entre cidadão e estrangeiro.[339]

---

337 Cf. LÉVINAS, E. *L'al di là del versetto. Lettere e discorsi talmudici* (1982), trad. it. de G. Lissa. Nápoles: Guida, 1986, pp. 105-24.
338 DERRIDA, J. *Cosmopoliti di tutti i paesi, ancora uno sforzo!*, op. cit., p. 40.
339 Derrida não conhece o modelo da Cidade Santa e por isso recorre às cidades-refúgio.

Em vez disso, é o *gher*, o estrangeiro residente que, a partir daquelas mesmas páginas da Bíblia judaica, cruza essa fronteira, ou melhor, provoca sua implosão, aproximando hospitalidade e cidadania a ponto de fazê-las coincidirem. O modelo é a Cidade Santa, onde o cidadão se esquece de que é cidadão, residindo, nessa clivagem, sempre como estrangeiro. Não é um gesto a mais o que ele deve fazer para ser hospitaleiro, pois a hospitalidade está inscrita na cidadania.

Ir além do velho conceito de cidadania significa também fazer emergirem todos os limites do cosmopolitismo. No final das contas, não se trata de ser proclamado «cidadão», ou «cidadãos do mundo», nem se trata da ampliação da «cidadania mundial», mas sim de dar passos além, naquele espaço onde se deve co-habitar. Isto é importante: coabitar. É nessa direção que se move a Internacional da maneira entendida por Derrida, como aliança e compartilhamento para além dos esquemas da cidadania. Os protagonistas da Internacional serão os estrangeiros residentes.

Em sua ingenuidade vazia, o cosmopolitismo não revela nem garante uma política de acolhimento. Quem sofreu a crueldade da guerra, quem suportou a fome, a miséria, não pede para se deslocar livremente onde quer que esteja; ao final de sua caminhada, espera mais é chegar aonde o mundo possa outra vez ser comum. Não pretende unir-se à comunidade dos cidadãos do mundo, mas espera poder coabitar com outros. O cosmopolitismo é uma espécie de comunitarismo, no sentido de que afirma a primazia da comunidade humana sobre todas as outras instituições. O que não assegura necessariamente o acolhimento. Outro modo de entender a comunidade é possível.

10. COMUNIDADE, IMUNIDADE, ACOLHIMENTO

A filosofia política tradicional contornou a questão do acolhimento. Insinuou-o no máximo como uma questão que viria a ser colocada à margem da comunidade, uma questão marginal, portanto. O que não espanta, já que por séculos, de Hobbes a Rawls, domina o modelo do contrato, voltado para justificar a inclusão na cidade de uma multidão que, para isso, se separa definitivamente do que é externo, rompe seus vínculos. Assim se pode pronunciar um «nós», esse pronome capaz de fazer falar na primeira pessoa do plural, de dar lugar a um sujeito coletivo contraposto aos outros. O «nós», que a um só tempo inclui e exclui, une-se à ideia de fronteira.

Já se disse que o contrato é uma ficção poderosa; aliás, uma ficção dupla, ou até mesmo tripla, que além de tudo é reiterada ao longo do tempo. Assim, projeta-se em um passado mítico a assinatura de um acordo estipulado por indivíduos neutros e sem qualificações que teriam aceitado renunciar a uma parte de suas prerrogativas, começando pela liberdade, em troca da paz civil, da segurança, da vontade geral, garantidas pelo poder soberano. Eis por que surge então o Leviatã, o animal do caos primitivo, o monstro marinho, a serpente tortuosa, pronto para estabelecer a ordem, para governar em nome daquele «nós». Mas o medo é mais o efeito do que a causa desse grande Leviatã securitário. A ficção, todavia, prossegue e faz crer que também as outras comunidades estipularam o mesmo contrato, com base no direito idêntico. Cada um se encontra, sob o signo da ordem e da estabilidade, dentro da própria fronteira, que deve ser imutável. Justamente por isso não será necessário que o contrato seja renovado a todo momento. Seria um esforço inútil. Quem descende daqueles que fazem parte da comunidade ou, no máximo, em casos excepcionais, quem nasce naquele solo, no interior da fronteira, poderá dizer «nós» sem apor uma assinatura. O verdadeiro contrato foi estipulado, de uma vez por todas, pelos assim chamados «pais fundadores», que asseguraram com tal ato a cidadania a seus filhos e descendentes. Continua dominante o modelo ateniense: o contrato é também uma certidão de paternidade que funda a pátria. Ficção na ficção: o nascimento vale como uma assinatura. Basta nascer dentro da comunidade para renovar automaticamente o contrato. Ideia verdadeiramente bizarra que, no entanto, teve impacto enorme. Olhando bem, tal artifício está indevidamente invertido: o contrato já requer e pressupõe a nação, e o direito de nascimento, limitando-se a fazer da comunidade familiar — que se reproduz por filiação — a comunidade política por excelência. Os míticos signatários, os pais fundadores, apresentados como indivíduos isolados, expostos à guerra, vítimas do terror, já são de fato membros de uma nação chamada a se renovar por meio da continuidade das gerações.

A política só vai até os limites dessa comunidade. Natural, porém, fictícia. As questões são enfrentadas dentro de uma ótica estritamente interna ou são desviadas. A justiça social está circunscrita à distribuição dos bens entre os membros da comunidade, a validade das normas está limitada à deliberação dos cidadãos, o poder decisório sobre a eventual admissão do estrangeiro ou, ao contrário, a sua rejeição pertence à comunidade, porque diz respeito à autodeterminação e à legitimidade das suas fronteiras. Em resumo, a teoria do contrato sustenta a tentativa da comunidade, fundada na perspectiva do nascimento, de imunizar-se incessantemente, para salvaguardar a própria integridade contra tudo aquilo que venha de fora e possa ameaçá-la. Enquanto o corpo político é constituído, ganham estabilidade também os princípios que garantem sua imunização.

O acolhimento está entre as questões que mal afloram e já são subitamente evitadas. Não poderia ter sido diferente, visto que a filosofia política tradicional se move a partir do corpo da comunidade, que visa a se preservar em sua coesão e a se reforçar em seu poder de ação. O acolhimento, visto como ameaça e causa de desintegração, é separado da comunidade. Não há comunidade se é exercido o acolhimento. Também essa ideia está destinada a perdurar.

Mas de qual comunidade se fala? E quem fala dela? Qual filosofia? Para a tradição, que fica dentro das fronteiras, o acolhimento revela-se afinal de contas uma insensatez. Pensá-lo seria tarefa de uma filosofia por assim dizer impolítica, capaz de interrogar-se sobre o próprio corpo, mas a partir de suas margens, correndo o risco da vertigem que se abre do lado de fora.

Uma filosofia impolítica, ou melhor, uma filosofia do «impolítico», é aquela delineada por Roberto Esposito quando se pergunta sobre o significado de comunidade.[340] Junto com o acolhimento, também a comunidade pareceria uma insensatez. Observada no caleidoscópio das diversas interpretações, liberal, comunitária, comunista, apresenta-se sempre como propriedade ou identidade coletiva. Como se a comunidade pertencesse com exclusividade a um grupo de indivíduos que, graças a isso, podem reconhecer entre si a sua identidade. Aqui «comum» não quer dizer outra coisa a não ser «próprio». A comunidade é semanticamente levada para os valores do pertencimento e da identidade.

---

340 ESPOSITO, R. *Categorie dell'impolitico*. Bolonha: il Mulino, 1999, pp. 7 ss.

Não deveria significar algo totalmente diferente? Não seria talvez «comum» o oposto de «próprio»?

Antes de concordar, consolidando uma interpretação dominante, Esposito escolhe o percurso da etimologia. A língua latina sugere que *communitas*, por causa do *cum*, implica uma partilha; não se trata, porém, de compartilhar algo como quando se distribuem bens segundo o princípio de uma copropriedade igualitária. O prefixo *cum* refere-se ao *munus*, termo de que provém, conforme Esposito, o radical *co*mun*itas*. A ser partilhado está, portanto, o *munus* — palavra complexa, difícil de traduzir, que não indica uma coisa, é mais uma falta, um vazio de ser, que atravessa, fende a comunidade, impedindo a constituição de um corpo pleno. O *munus* é como a dívida que não pode jamais ser reembolsada, como aquela obrigação mútua, a que se torna inexoravelmente vinculado, sem que seja possível uma compensação definitiva — e que, aliás, vai aumentando à medida que se tenta saldá-la. O *munus* não cabe, transborda, excede — não é algo que possa ser possuído coletivamente; ao contrário, é esse «nada» compartilhado, o nada que deixa florescer o vazio sobre o qual se funda a comunidade. Olhar para tal abismo permite compreender que o vínculo da corresponsabilidade, pelo que cada um está ligado ao outro, evita a queda no precipício.

Pode-se então dizer *res communis*, *res nullius*. O que é comum não pertence a ninguém, ou, ainda mais precisamente, o que é comum não é próprio, e escapa de toda a apropriação. Em tal sentido, a comunidade — considerada sob a ótica aberta pelo *munus*, dentro de uma ética que, enquanto une, deixa sempre um espaço vazio — não pode ser entendida nem como propriedade nem como identidade. Aqui o «nós» é insensato, como também são o «entre nós» e o «nosso»; o *munus* requer o «ser-com». Refratária à gramática do possessivo, a comunidade não dá lugar nem à simples relação e muito menos à integração; não inclui e não exclui dentro de um terreno cujas ligações já são estáveis. A abertura inédita do *munus* é um vazio radical, a prova de uma expropriação, de uma contínua exigência de desapego.[341]

O contrário do comum é literalmente o imune, e não o individual. Ademais, individual e coletivo são duas modalidades espelhadas do regime imunitário, qualidade de um corpo que tentou fechar a ferida para se proteger, de uma subjetividade plena, que se pertence completamente, sem sobra, orgulhosamente idêntica a si, enquanto exibe sua pretensa identidade em primeira pessoa, seja singular ou plural.

O projeto imunitário joga luzes então sobre a derivação que arrastou o comum até ele indicar uma forma de pertencimento. Basta pensar na corrente dos comunitaristas. Mas em geral, para a modernidade, é quase óbvio que comum remeta ao copertencimento. O contrassenso marcou assim paradoxalmente a história semântica e o percurso conceitual da comunidade, que acabou sendo entendida como imunidade. O que determinou seu fechamento, já que se imunizar quer dizer enraizar-se com todas as fibras no fundamento da identidade, fingindo-se de proprietários e depositários únicos, acautelando-se assim quanto ao risco do contato, da exposição ao outro. A filosofia acompanhou a imunização do *cum* da *communitas*, contribuiu para proteger a ligação simples entre os indivíduos jogando-a contra o *munus*, que deixa então aberto o espaço do «com», do ser com os outros, que não poderá jamais ser preenchido. Esposito lê com essa lente as instituições políticas e jurídicas que foram meios e instrumentos do projeto

---

341 Id. *Communitas. Origine e destino della comunità*. Turim: Einaudi, 2006.

imunitário.[342] No entanto, e apesar de todas as tentativas de preservá-la do exterior, a comunidade não parou de ser atravessada em seu interior por aquele vazio que constitui seu fundo abismal. Essa é a visão já imunizada da modernidade que não atravessa a fronteira, que oculta, inclusive, a dimensão do comum, do ser-com em suas potencialidades. O que a política imunizante expulsou, jogando para fora de sua esfera, para poder assim se constituir, tudo aquilo que foi removido, com a intenção de defender o corpo político, é chamado por Esposito de «impolítico». A lista de tal além-fronteiras poderia ser muito longa: do medo à morte, da responsabilidade à fraternidade, da culpa ao êxtase. O impolítico é o insensato da filosofia política, bem mais político do que gostaria de ser, pois é tudo aquilo que remete ao *munus* e à condição comum.

O inapropriável por excelência é a morte. A imunidade fundadora dos mitos patrióticos sugere a perpetuação do corpo político para além da morte dos corpos individuais. Por isso, o sacrifício do indivíduo, na pele do soldado, em nome da comunidade, que ergue monumentos para os mortos, reintegra seus membros ao corpo da nação. É contra o medo de uma morte violenta — que cada um encontraria na sua derrelição e na sua solidão — que o contrato imuniza, suscitando esse medo e servindo-se dele como instrumento de poder. A comunidade política, que se constituiu com base no medo, permanece habitada por ele. Quanto mais ele é empurrado de volta para fora, mais aperta os indivíduos de dentro com sua mordida. O medo do outro culmina com o medo da morte violenta. Assim, no final das contas, é a alteridade que é expulsa. Se o medo é o laço que rege a comunidade, o acolhimento

---

342 Id. *Immunitas. Protezione e negazione della vita*. Turim: Einaudi, 2015.

é impossível. O outro é contágio, infecção, contaminação. A fronteira se torna, também simbolicamente, a liga imunitária indispensável para controlar o interior e excluir toda alteridade, aquela do outro e aquela absoluta da morte. Em tal contexto imunitário da modernidade tardia, quando o perigo da bomba atômica já tenha sido talvez redimensionado, a imigração aparece como a ameaça mais perturbadora.[343] Essa massa indistinta e obscura que desembarca, que põe os pés no território, desperta o medo, reacende o trauma ancestral contra o qual o corpo político acreditou ter sido imunizado, e que a morte desse corpo é, de fato, a morte projetada.

O estrangeiro é o intruso. Porque da borda externa coloca diretamente em questão a imunidade do vínculo, remete ao *munus* escondido na profundidade do corpo político, em seu sem-lugar evoca aquele vazio no centro da comunidade, pedindo um refúgio impossível de negar, se existir ainda o sentido do comum. O estrangeiro é a chance de reabrir a comunidade.

Tornar o mundo comum quer dizer então desmantelar, demolir, desfazer a imunidade, em torno da qual o corpo político foi se construindo. Tarefa «impolítica» — para Esposito —, dado que contesta o uso habitual de comunidade e a justificativa dada pela filosofia política. Se parece impossível e irreal uma política do acolhimento, é real e necessária uma impolítica do acolhimento. Para isso, é preciso refletir sobre o valor do coabitar e sobre o significado do lugar. Somente um compartilhamento responsável

---

343 Cf. Id. «Il proprio e l'estraneo tra comunità e immunità». In: FOLIN, A. (org.), *Hospes. Il volto dello straniero da Leopardi a Jabès*. Veneza: Marsilio, 2003, pp. 261-7.

dos lugares comuns pode des-imunizar e abrir espaços inéditos
de solidariedade, tempos inopinados de liberdade.

11. QUANDO A EUROPA SE AFOGOU...

Não é possível apontar uma data precisa. Foi no alvorecer, ou talvez no entardecer, quando na costa de Lampedusa o mar tomou a vida de mais uma embarcação. Depois liberou os restos e despojos. Assim se afogou a Europa, tantas vezes quanto o número de naufrágios. Depois blindou-se atrás de muros cada vez mais altos, fronteiras vigiadas por câmeras de vídeo, redes atravessadas por sensores eletrônicos. Frontex, a Agência europeia da guarda costeira e de fronteira, inaugurada em 2005, com sede em Varsóvia, na Polônia, sintetiza com clareza, em suas tarefas e na obra «anti-imigração», a vitória do pensamento imunitário.

O que poderia ser dito agora da Europa após os inúmeros naufrágios? Um véu de luto, tristeza e melancolia envolve cada pensamento, mesmo aquele de quem não pensa nas vítimas, de quem acredita que não deve assumir nenhuma carga de responsabilidade. Além do silêncio do luto, uma sucessão de vozes agitadas, de alvoroço sem sentido.

Parece que da Europa só se pode agora falar no condicional. Aquilo que hoje é — aquilo que poderia ter sido. O futuro que muitos haviam entrevisto foi desmentido, desconfessado, desdito por um presente a um só tempo taciturno e sarcástico. Acaba sendo até dolorido reler ensaios publicados apenas alguns anos atrás: os de Gadamer, Habermas, Derrida, Brague, para recordar só alguns deles. Claro, a Europa sempre se considerou em crise. Crise já a partir de sua origem enigmática, por sua história atormentada, por sua identidade excêntrica. E, justamente porque os europeus — distintos nesse sentido dos gregos, tão orgulhosamente autênticos, tão voluntariamente «não europeus» — sempre se sentiram outros e estrangeiros, muitos filósofos, escritores, intelectuais haviam confiado nas possiblidades concentradas nesse intrigante continente europeu, nessa semipenínsula asiática.[344] A expansão da União Europeia permitia pressagiar um novo caminho. Talvez das periferias, de Rostock e de Belfast, de Riga e de Palermo, pudessem ter sido lançados novos desafios. O projeto parecia claro: Europa, a «morada da diversidade».[345]

Nome próprio, que prometia se tornar não apenas o inédito lugar comum de uma redescoberta da política, mas também o laboratório onde novas formas de cidadania poderiam ter sido experimentadas — desvinculadas da filiação e do nascimento —, desvencilhadas ainda do mito tóxico da nação, a Europa simplesmente não foi nada disso. Quando chegou o momento de pôr à prova os direitos humanos, acolhendo quem pedia refúgio, a pátria de tais direitos traiu a si mesma. Previsões, profecias, prognósticos não se realizaram. A lista daquilo que poderia ter sido, e que não foi, seria muito longa.

Passando do condicional para o indicativo presente, deve-se admitir que a Europa se tornou o nome de um conjunto confuso de nações, de uma assembleia decomposta de coproprietários que, à força de tratados efêmeros e compromissos falhos, competem pelo espaço para defender cada um a própria pretensa identidade. Nenhum senso do comum, nenhum

---

344 ARISTÓTELES. *Política*, op. cit.
345 Cf. DI CESARE, D. «Die Heimat der Verschiedenheit. Über die plurale Identität Europas». In: STEGMAIER, W. (org.), *Die philosophische Idee Europas*. Berlim/Nova York: de Gruyter, 2000, pp. 109-22.

pensamento comunitário. Falta, no lugar da Constituição europeia, instituir um regulamento de copropriedade, em que cada nação se imunize sempre mais graças à associação comunitária. Quase não há iniciativa política que não tenha sido virada do avesso. Enquanto se esperava uma nova forma política «pós-nacional» que — como argumentava Habermas — já se movesse na direção de uma Constituição cosmopolita, o que se viu foi um reforço do Estado-nação, o guardião da imunidade securitária, que garante proteção contra as ameaças externas, a começar pelos migrantes. Enquanto se imaginava uma cidadania europeia baseada apenas na residência, aberta então aos estrangeiros, em condições assim de inventar o estatuto inédito do «cidadão europeu», sem uma nacionalidade interna à Europa, tudo acabou em uma insensata duplicação do pertencimento, em um dobrado privilégio do nascimento. E depois as fronteiras: à abertura progressiva do espaço Schengen, que desde 1985 deveria ter facilitado a livre circulação, seguiu-se a imunização obsessiva.

A quem imputar essa reviravolta? Não somente à burocracia de Bruxelas, não somente aos governos que se sucederam, mas também aos cidadãos, distantes, passivos, indiferentes. Os acontecimentos da última década, sobretudo a grande crise econômico-financeira, contribuíram para fazer naufragar cada um dos projetos de longo prazo e alcance. Ao contrário daquilo que creem os soberanistas, a linha divisória da Europa não foi a de ter posto em questão a soberania individual dos Estados-nação, mas sim a de não ter conseguido realmente se desvencilhar desse velho Moloch, fantasmagórico e exangue mais do que nunca, sempre por isso mais apegado ao seu poder, mais determinado a ditar as regras. A Europa permaneceu refém das nações que, dentro de uma instituição esvaziada, e até mesmo deturpada, competem em uma disputa constante e inútil. Nenhuma tentativa, portanto, de inventar novas formas políticas de comunhão e coabitação.

A «crise dos migrantes» é a prova mais evidente desse fracasso. Se a recusa ao acolhimento é atribuível às nações individualmente, a começar pela Hungria, pela Polônia, pela Eslováquia, não se pode deixar de reconhecer que a Europa, na sua supranacionalidade, a despeito das nações, não teve a capacidade de se constituir como refúgio, de abrir-se à hospitalidade. E, ao menos uma vez, poderia ter recorrido aos direitos humanos e defendê-los contra as nações. Não, nenhum *refugium* para o estrangeiro; mais uma vez venceu o *jus* do cidadão. Prevaleceu aquele obscuro *horror loci* que ao longo dos séculos angustiou os europeus.

Finis terrae, a Europa sempre foi território de fronteiras, porto e porta em direção a novas descobertas e novas visões, ou melhor, horizontes, que em grego quer dizer justamente confim. Embora enigmático, antigamente o nome *Europa* não devia designar um lugar, mas sim uma posição no céu, a do sol que submergia no mar. Para depois voltar a aparecer. Assim olhavam os gregos aquela margem ocidental do mar Egeu, sempre um pouco a partir da penumbra difusa do anoitecer, onde, porém, a luz brilhava ainda mais à distância.

E horizonte permanece. Como não parece possível entrever outros lugares a partir dele. Horizonte de uma comunidade dissociada da ideia de nação, de nascimento, de filiação, sabedor dos crimes perpetrados em nome do sangue, das guerras desencadeadas em nome do solo, consciente do exílio, aberto à hospitalidade, capaz de dar lugar a formas políticas em que o *imune* dá lugar ao *comune*, ao comum.

12. ABRIR ESPAÇO PARA OS OUTROS

A chegada dos migrantes é vista pelo senso comum imunitário como uma ameaça. Esse *senso comum* separa-se constantemente do *senso do comum*, levantando questões econômicas, culturais, religiosas, identitárias que, se por um lado parecem muito «realistas», por outro são igualmente barreiras imunitárias. A hostilidade suprime a priori a hospitalidade. As perguntas se sucedem, todas com o mesmo teor. «Sim, seria muito generoso. Mas como acolhê-los, se não temos meios?» «O que fazer, se não tem casa nem trabalho, nem mesmo para nós?» «E então como integrá-los?» Esse senso comum imunitário, que deixa toda a ética atrás de si, pode alcançar um nível de perversidade que faz com que a proibição do ingresso passe por uma forma de cuidado, a expulsão passe por preocupação e respeito com o migrante. Contudo, a finalidade política desse senso comum imunitário é muito clara: defender o território do Estado, entendido como o espaço fechado de uma propriedade coletiva.

Mas o migrante que chega não reivindica um lugar ao sol, pede apenas um lugar. A diferença é decisiva. A política imunitária da rejeição joga com a ambiguidade. Conquistar um «lugar ao sol» quer dizer vencer na vida, ter sucesso no trabalho, alcançar uma posição de prestígio, principalmente ocupar um espaço de terra que permita o bem-estar tranquilo. Não é por acaso que, desde Pascal, tenham sido os filósofos a denunciar os efeitos nefastos do «lugar ao sol», interpretando-o como o princípio de apropriação daquilo que deveria permanecer comum, princípio a partir do qual se desencadeiam todos os conflitos. Assim escreve Pascal:

Meu, teu. «Este cachorro é meu», diziam aqueles pobres meninos; «este é o meu lugar ao sol». Eis o princípio e a imagem da usurpação de toda a terra.[346]

Bem diferente é o simples pedido de um lugar, ou melhor, de um lugar onde se possa existir na comunidade, aquela comunidade dentro da qual há um vazio — por mais que se tente removê--lo — em que, apesar disso, não é possível deixar um espaço para outros. Basta apenas descentrar-se um pouco, parar ao menos por um instante de dar a prioridade ao próprio ego. O acolhimento não é mais que isso. É para que lhe seja concedido um lugar para existir que quem chega pode em seguida participar da vida comum, compartilhar seus direitos e deveres. A partir daí, o que realmente acontecerá não pode ser previsto nem determinado prematuramente e não tem nada a ver com o gesto do acolhimento que abre espaço para o outro.

Aproximar-se do estranho é sempre um teste que exige esforço, pois diz respeito sobretudo à concessão do espaço. Circulam diferentes versões de uma breve história que exemplifica e faz refletir sobre isso.[347]

No compartimento de um trem, viajavam comodamente dois passageiros que, depois de terem ajeitado as malas, aos poucos tomaram posse dos bancos livres, deixando jornais, casacos, bolsas espalhadas aqui e acolá. De repente, porém, a porta

---

346 PASCAL, B. *Pensieri*, op. cit., n. 302, p. 135.
347 A historieta foi retomada também por ENZENSBERGER, H. M. *La Grande Migrazione. Trentatre segnavia, con una nota a piè di pagina «Su alcune particolarità della caccia all'uomo»* (1992), trad. it. e org. de P. Sorge. Turim: Einaudi, 1993, pp. 5 ss.

se abre e entram dois novos passageiros. A chegada deles é para os outros um irritante contratempo, um incômodo que esperavam ter evitado. São obrigados a liberar os lugares, a reordenar suas coisas. Em resumo, devem dividir o espaço disponível, um espaço que, até poucos momentos antes, haviam considerado seu território. Apesar de não se conhecerem, os dois passageiros que estavam ali desde o início parecem ligados por um singular senso de solidariedade. Diante dos recém-chegados, são como um grupo coeso. Eles já têm o jeito do autóctone que reivindica para si todo o espaço. A tensão é visível. Os recém-chegados balbuciam algumas desculpas; os outros respondem com gestos afetados e algum olhar de esguelha. Sobre o instinto do território prevalecem o código ferroviário e as normas, escritas e não escritas, da civilidade. As convenções contribuem para a aceitação dos dois intrusos, que, porém, ficam estigmatizados. Mas, ora, depois de um tempo, eis que a porta se abre e entram mais dois novos passageiros. A situação muda na hora. Aqueles que antes eram os estranhos, sentem-se, por sua vez, coproprietários do compartimento junto com os dois passageiros originais. Mesmo não tendo grandes coisas em comum, constituem tacitamente o clã dos autóctones, determinados a defender os privilégios conquistados. Mas novamente — não sem relutância — devem se apertar um pouco e abrir espaço. Os dois passageiros, que eram estranhos, mas foram promovidos a neoautóctones, não mostram nenhuma solidariedade para com os novos recém-chegados, mostrando a mesma rejeição, a mesma resistência que já haviam provado e que deveriam por isso recordar.

    O que acontece no compartimento do vagão — não um experimento, mas sim a experiência vivida por muitos — é significativo sob muitos aspectos. Acima de tudo, fica claro que a proximidade não é um estado, mas uma «inquietude».[348] Espanta a defesa obstinada do «território» recém-ocupado, defesa que se repete grotescamente uma vez, duas vezes. Como se o compartimento não fosse uma estadia temporária, um lugar de passagem para chegar a outro, destinado assim à mudança e à mobilidade. O que não impede aquela silenciosa pirraça com que os passageiros defendem sua provisória morada. O paradoxo atinge o auge quando se pensa que o passageiro é a negação do sedentário. E aqueles que entram no compartimento não só ignoram a precariedade do território conquistado como esquecem rapidamente que foram uma vez estranhos para os outros, apresentando-se com orgulho e glória como nativos. Emerge o forte sentido de estranheza provocado toda vez que surgem novos passageiros.

Isso permite considerar um aspecto que, sobretudo no mundo globalizado, não deve escapar. O outro a quem se abre lugar é um estranho quase sempre nunca visto. Não é necessário nem conhecê-lo, nem ter apreço por ele, nem ter a menor ligação, para ser mantido um vínculo de acolhimento. A ética do espaço prescinde da simpatia tanto quanto da aversão, ignora as qualidades ou os defeitos do outro. Eis por que a proximidade com o estranho é ao mesmo tempo e paradoxalmente tão simples e tão trabalhosa.

Abrir espaço a quem chega quer dizer retirar-se um pouco, colocar-se levemente de lado. Com o risco, talvez, do incômodo, do mal-estar. Ainda mais onde falta espaço, onde os membros de um grupo sentem-se espremidos uns contra os outros em um lugar cheio. No entanto, fora da visão imunitária que remove o vazio, que sempre subjaz ao comum, abre-se a lógica não identitária

---

[348] LÉVINAS, E. *Altrimenti che essere, o al di là dell'essenza* (1978), trad. it. de S Petrosino e M. T. Aiello. Milão: Jaca Book, 1998, p. 102.

do terceiro incluído, que, em vez de excluir aprioristicamente o senso comum, fechado na divisão entre dentro e fora, amigo e inimigo, mostra que o eu e o outro não são opostos, mas implicam-se mutuamente. A ponto de trocarem os lados. Como os passageiros do trem, que, enquanto se acreditavam nativos, descobrem-se estranhos, e vice-versa. Dar lugar ao outro significa então abrir a todo momento espaços comuns; o espaço imunizado pode ser facilmente cristalizado, tornar-se uma nova barricada. Até mesmo num trem podem-se erguer fronteiras.

Isso vale ainda mais no cenário da globalização, em que a proximidade com o estranho é um fenômeno cotidiano. Muitos perceberam isso; mais recentemente, também Bauman.[349] Até pouco tempo atrás, o cotidiano reservava raros encontros, circunscritos a pessoas familiares ou conhecidas. A chegada de um estrangeiro era por isso um evento. Ao contrário, hoje basta caminhar em qualquer cidade, não necessariamente em uma metrópole global, para ver um grande número de desconhecidos, que talvez permaneçam como tais mesmo depois do encontro fortuito. A rede de informações, do telefone à web, potencializou enormemente esse efeito. Dado que «todas as comunidades humanas» entraram na rede global, todos podem «imaginar realisticamente entrar em contato com qualquer um dos 6 bilhões de habitantes do planeta».[350] Na tribo global, mobilidade e densidade mudaram a maneira de coabitar dos seres humanos.

---

349 BAUMAN, Z. *Stranieri alle porte* (2016), trad. it. de M. Cupellaro. Roma/Bari: Laterza, 2016, pp. 60-1.
350 APPIAH, K. A. *Cosmopolitismo. L'etica in un mondo di estranei* (2006). Roma/Bari: Laterza, 2007, p. VIII.

13. O QUE QUER DIZER COABITAR?

Muitas vezes passou despercebida a acusação política que Arendt dirige a Adolf Eichmann na última parte do seu controverso ensaio *A banalidade do mal*. Talvez porque a acusação não esteja articulada com a clareza necessária, nem desenvolvida em todos os seus aspectos, talvez porque tenha sido obscurecida pelas outras críticas, não menos graves, talvez enfim porque apareça na parte final, tremendamente dura, onde Arendt pede para o criminoso nazista a pena de morte.

Vale lembrar que, quando Himmler, em 1939, instituiu o RSHA (*Reichssicherheitshauptamt*), o Gabinete Central de Segurança do Reich, ele tinha confiado a quarta seção a Eichmann. Tratava-se de uma seção particularmente delicada, que deveria ter se ocupado da «eliminação dos inimigos», bem como da «evacuação das minorias». A expressão também usada era «emigração forçada de povos». Além disso, já nos anos anteriores, Hitler havia delineado uma «política demográfica negativa», cuja finalidade principal, longe de toda a ideia tradicional de conquista, era a de criar um *volkloser Raum*, um «espaço sem povo», uma área desabitada, onde os alemães poderiam se estabelecer. Antes de ter os plenos poderes do genocídio nos territórios ocupados, Eichmann foi então ministro da emigração. Seria, portanto, um erro — adverte Arendt — considerar as medidas tomadas contra os judeus, sejam alemães, sejam os orientais, apenas como o produto do antissemitismo. Tal erro interpretativo leva ainda hoje a ver na Shoah um pogrom potencializado, o êxito paroxístico de uma perseguição secular, e impede compreender a peculiaridade do extermínio. Analisando bem, a «solução final» era a última etapa de uma política da emigração que deveria «limpar» a Alemanha.

Dessa forma, entende-se o esforço de Arendt para ligar as Leis de Nuremberg, de 1935, à sucessiva expulsão em massa. De início, o Reich havia legalizado a discriminação contra a minoria judaica, perpetrando assim um crime «nacional», depois passou à emigração forçada, cometendo um crime que ia para além das fronteiras e envolvia outras nações. Os refugiados tiveram de pedir refúgio em países nem sempre dispostos a acolhê-los. Para ambos os casos, podem-se apontar precedentes na história moderna. O novo crime tomou forma quando o regime nazista decidiu não só repelir todos os judeus da Alemanha, mas eliminar o povo judeu da terra. Esse crime planetário, depois definido como «crime contra a humanidade», já que foi cometido contra a condição humana, não tinha precedentes na história.[351]

A argumentação de Arendt tem um objetivo bastante explícito: criticar a Corte de Jerusalém na sua pretensão de julgar um crime que, embora cometido no corpo do povo judeu, envolvia a humanidade e requeria por isso um tribunal internacional. Além desse entendimento, não se deve negligenciar a continuidade que Arendt tenta mostrar entre as três sentenças daquela «política demográfica negativa». Qual é o fio que liga discriminação, expulsão, genocídio? O livro se encerra com um epílogo onde aparece uma espécie de veredito que os juízes deveriam ter tido a coragem de pronunciar e que é afinal de contas o veredito emitido por Arendt.

> Você admitiu que o crime perpetrado contra o povo judeu na última guerra foi o maior crime da história, e admitiu ter

---

[351] Cf. ARENDT, H. *La banalità del male. Eichmann a Gerusalemme* (1963), trad. it. de P. Bernardini. Milão: Feltrinelli, 1997, p. 275.

participado dele... Você narrou para nós a sua história apresentando-a como a história de um homem infeliz, e nós, conhecendo as circunstâncias, estamos dispostos até certo ponto a reconhecer que, em circunstâncias mais favoráveis, muito dificilmente você teria comparecido à nossa frente ou à frente de qualquer outro tribunal. Mas, ainda supondo que somente o infortúnio tenha o transformado em um instrumento voluntário do extermínio, resta sempre o fato de que você seguiu e assim ativamente apoiou uma política de extermínio. A política não é um jogo infantil: em política, obedecer e apoiar é a mesma coisa. E, como você apoiou e praticou uma política cuja intenção era a de *não coabitar sobre a terra com o povo judeu* e com várias outras nações (praticamente como se você e seus superiores tivessem *o direito de estabelecer quem deve e quem não deve habitar a terra*), nós entendemos que ninguém, isto é, nenhum ser humano deseja coabitar com você. Por isso, e só por isso, você deve ser enforcado.[352]

As expressões a que Arendt recorre são *inhabit* ou ainda *share the Earth*, habitar e compartilhar a terra. Não é difícil ver, por trás das duas palavras em inglês, duas palavras alemãs que, para a aluna de Heidegger, não eram filosoficamente menos importantes: *Erde* e *wohnen*. Se não as aulas, Arendt conhecia tanto a reflexão contida no *Ser e tempo* quanto aquela desenvolvida na *Carta sobre o humanismo*, na qual Heidegger se detém sobre o termo grego *éthos*, de que deriva a ética, ou melhor, a «ética originária».

Heidegger já propusera anteriormente, no curso sobre Heráclito, essa conexão até então escondida ou esquecida, traduzindo o

---

352 Ibid., pp. 283-4.

termo fundamental *éthos* com *Aufenthalt*, permanência, *Wohnung*, habitação. Foi por isso que ele partiu do fragmento 78 de Heráclito. O *éthos* é a permanência do homem, o seu «habitar». A «ética» significa então chegar a um acordo com o tal *éthos*.[353] Se para Kant é a dignidade humana o que constitui a base de toda obrigação ética, para Heidegger não se pode dar dignidade nem humanidade a não ser onde é salvaguardada a permanência, por cuja abertura — enquanto a ex-sistência se desenvolve — o mundo vem à luz. Na *Carta sobre o humanismo*, evocando explicitamente a célebre passagem de *Ser e tempo*, em que havia interpretado o existir como ser-em, Heidegger liga a ética ao habitar. E faz isso logo depois de ter reconhecido na *Heimatlosigkeit* um «destino mundial».[354] Na desorientação de cada um, é preciso voltar à fonte da ética, onde ela está conectada não com os costumes e os hábitos morais, mas com o habitar e o permanecer. A ética está na permanência humana sobre a terra.

Na tentativa de compreender a peculiaridade do extermínio nazista, que de outra forma poderia parecer somente o mais horrível pogrom da história judaica, e na busca pelo fio que liga expulsão a câmaras de gás, Arendt promove uma virada política no tema do habitar que, não por acaso, se torna também o do coabitar. Eis então o crime em toda a sua gigantesca monstruosidade: ter pretendido estabelecer com quem habitar.

Nesse sentido, o nazismo foi o primeiro projeto de remodelação biopolítica do planeta. A «política demográfica negativa» não visava a uma simples perseguição; era além disso orientada

---

353 HEIDEGGER, M. *Heraklit*, GA 55. Frankfurt a. M.: Klostermann, 1979, p. 206.
354 Cf. Id. «Lettera sull'‹umanismo›», op. cit., pp. 292-308.

pela ideia de que não deveria mais existir nenhum lugar sobre a terra para o povo judeu. Isso nunca tinha acontecido antes. Justamente Arendt vê aqui o próprio pressuposto do genocídio, o prelúdio para as oficinas hitleristas da morte. Eichmann e os seus tinham elaborado o princípio da coabitação no auge de um plano de limpeza, expulsão e aniquilação, que tinha por meta a homogeneidade étnica e que havia afetado por isso todos os heterogêneos, os alógenos, os estrangeiros: deficientes, doentes, homossexuais, dissidentes, comunistas, romanichéis e ciganos, judeus. Em suma, qualquer um que, com sua existência, colocasse em risco a homogeneidade da nação deveria ser eliminado. Arendt já havia escrito antes que «a privação dos direitos humanos se manifesta sobretudo na falta de um lugar no mundo». Aqui ressoa o tema do *éthos*, da permanência humana na terra. Na sua sentença pessoal contra Eichmann, porém, tudo se agrava: não só foi retirado das vítimas o «lugar no mundo», mas isso veio de um projeto político concebido e realizado por quem pretendia poder soberanamente escolher com quem dividir a terra. O crime contra a humanidade é duplo: seja porque subtrai um lugar no mundo, seja sobretudo pela pretensão de que um ser humano se ache no direito de decidir com quem habitar. É precisamente essa decisão que torna o crime de tal forma grotesco a ponto de se pedir a pena de morte.[355]

O ponto é que Arendt reconhece uma inquietante continuidade que coloca em relevo o projeto genocida do extermínio. Acima de tudo, uma continuidade com o Estado-nação que, já

---

[355] Não discuto aqui esse pedido de Arendt. Sobre o tema, cf. BUTLER, J. «*Hannah Arendt's Death Sentences*», Studies in Comparative Literature, XLVIII, 3, 2011, pp. 280-95. Butler enfrentou o tema da coabitação, mas em uma perspectiva diferente, a do conflito entre Israel e Palestina.

como tal, fundado sobre um ideal homogêneo, é levado a descartar, a cuspir sem piedade todos os que não pertencem à nação, como se fossem lixo, dejetos indesejáveis, de quem apaga as pegadas e decreta a perda da memória, a fim de conservar impoluta e incorrupta a própria história. Explica-se assim a recorrente produção de massas de refugiados, destinada a aumentar. Vem daí sua insistência na ligação entre expulsão e extermínio. Assim como o nacionalismo não teria acabado depois da Shoah, assim também o Estado-nação representaria um perigo ainda mais preocupante, pois, diante da crescente mistura dos povos em seu interior, teria buscado então fazer coincidirem nação e Estado, mesmo às custas do emprego de meios violentos. Para os refugiados, não surpreendem os tempos difíceis que estavam por vir.

Mas a continuidade diz respeito também ao futuro. O que resta do hitlerismo? A ideia de que é possível escolher com quem habitar. Arendt não diz isso claramente. Mas nas entrelinhas percebe-se apreensão e temor por um projeto que, uma vez introduzido na história, poderia ser retomado. O êxito final do extermínio não deve perder de vista o cenário político em que foi concebido. Coabitar não pode ser uma escolha, muito menos livre. É no liberalismo que, graças à ficção do contrato, estabelecido deliberadamente, foi se afirmando a ideia de que, com igual autonomia, se possa decidir quem deve ser admitido e quem deve ser expulso. Arendt não estava errada. Esse legado permaneceu e brota das teses liberais sobre a imigração, que retomam o princípio da liberdade de coabitação muitas vezes sem refletir sobre os efeitos a que tal princípio foi conduzido no passado. Mas reivindicar para si tal liberdade já significa encaminhar-se para uma política de genocídio. O princípio imunizante é o mesmo.

Com Arendt, além de Arendt, deve-se ressaltar que o vínculo recíproco precede qualquer acordo, qualquer ato voluntário, a que não pode, porém, ser reduzido. Proximidade não desejada e coabitação não escolhida são as condições prévias da existência política. Bem antes de firmar qualquer contrato, cada um está sempre vinculado ao outro, inexoravelmente ligado a tantos outros, jamais conhecidos, jamais escolhidos, dos quais depende a sua existência e cujo existir, em contrapartida, pede para ser preservado e defendido. Para além de todo possível sentido de pertencimento. Coabitar a terra impõe a obrigação permanente e irreversível de coexistir com todos aqueles que, menos ou mais estranhos, menos ou mais heterogêneos, têm iguais direitos sobre a terra. Pode-se escolher com quem conviver, com quem dividir o próprio teto ou até mesmo o bairro, mas não se pode escolher com quem habitar. Gerar confusão quanto a tal propósito é um erro grave. Nesse sentido, a coabitação — aquele ser-com inerente a todo vínculo, que caracteriza a existência humana — precede toda decisão política que, a menos que se mova em uma direção arriscada, não pode deixar de protegê-la.

O gesto discriminatório reivindica de modo exclusivo o lugar para si. Quem o consegue se alça à condição de sujeito soberano que, encampando uma suposta identidade sua com aquele lugar, com o qual fantasia formar um só corpo, reclama direitos de propriedade. Esconde-se nessa reivindicação a violência ancestral. O sujeito soberano, seja ele um «eu» ou um «nós», que use o plural ou o singular, não é mais do que um usurpador que pretende substituir o outro, prejudicá-lo, apagar seus vestígios. Como se o outro, que naquele lugar o precedeu, não tivesse nenhum direito, não tivesse, aliás, nem mesmo existido. Apaga assim toda ética em relação ao outro. Porque ninguém nunca foi escolhido, e sobre a terra sempre houve temporariamente um lugar onde antes habitava outro, um lugar de que, por isso, não se pode exigir a posse. Reconhecer, em vez disso, a precedência do outro no lugar em que é dado habitar significa abrir-se não só para uma ética da proximidade, mas também para uma política da coabitação. O *com*-implicado na *co*abitação é entendido no seu sentido mais amplo e profundo, que, além de participação, indica ainda simultaneidade. Não se trata de um rígido estar um ao lado do outro. Em um mundo invadido pela ocorrência de tantos exílios, coabitar quer dizer compartilhar a proximidade espacial em uma convergência temporal em que o passado de cada um possa ser articulado com o presente comum tendo em vista um futuro também comum.

14. ESTRANGEIROS RESIDENTES

O estrangeiro corre o risco de ser cristalizado como uma figura-limite. O sem-Estado, mesmo numa lógica não mais estadocêntrica, mas na da cidade aberta, acaba no máximo encontrando lugar na conjunção dicotômica estrangeiros *e* cidadãos. Ou talvez se pudesse dizer cidadãos *e* estrangeiros, dado que os primeiros seriam por definição o coração vibrante e hospitaleiro da cidade. Recorrer também ao termo *denizen*, que acentua negativamente a inadequação do cidadão, não serve para superar a dicotomia.[356] A centralização, essa velha ordenação lógico-territorial, faz do estrangeiro o marginal não-ainda-civilizado, empurra-o para as periferias, para as favelas. A possibilidade de que o estrangeiro

---

356 Cf. HAMMAR, T. *Democracy and the Nation State. Aliens, Denizens, and Citizens in a World of International Migration*. Aldershot/Brookfield: Gower, 1990.

perturbe essa ordem concêntrica, centrada em si, é bastante reduzida. Não só devido à xenofobia popular e populista com que se depara. A favela a que é relegado, além de ser política, poderia revelar-se também metafísica.

Isso vale paradoxalmente também para aquelas filosofias que, sob o signo da hospitalidade, escrevem Estrangeiro com letra maiúscula. Idealizado, sublimado, exaltado, torna-se o «chegante absoluto», que põe à prova, uma prova ética e singular. Depois dela, quem deveria acolher — examinada por sua vez a estranheza em seu íntimo, confessada assim uma familiaridade com o estranho — acaba por reconhecer impossível a hospitalidade. O Estrangeiro, o chegante absoluto, revela-se impossível de hospedar, se não com um gesto único, excepcional, sem limites, hiperbólico. A lacuna entre direito e justiça se acentua, e a ruptura é irremediável. No fim das contas, a justiça sai derrotada. Por isso desiste e, incapaz de se traduzir, cede o espaço para a lei. Mesmo que continue a pressioná-la, deixa a palavra para a política, admitindo ser inteiramente apolítica. Assim, no entanto, ele entrega o Estrangeiro, impossível de hospedar, nas mãos do direito, que faz dele um estrangeiro fora da lei, um migrante ilegal.

Esse é o efeito fatal que produziu, ainda que inadvertidamente, a separação entre hospitalidade e migração. Como se bastasse reivindicar a pureza ética da hospitalidade, evitando contaminar-se com o problema da migração. Que se prestou a todo tipo de crítica depreciativa contra o humanismo piedoso. Como se, diante da multiplicação do desembarque, fosse preferível manter o foco no «chegante absoluto». Se por um lado cabe ao migrante ser reconhecido como estrangeiro, ou melhor dizendo, como estrangeiro residente, por outro deve-se evitar prescindir do migrante, da sua concretude, da sua corporeidade, da vida nua, extraindo dele somente a essência mitificada e aurática do Estrangeiro.[357]

Mas na favela metafísica, onde o migrante marca o limite da política, além do qual se abre o impolítico, surge outro perigo, em muitos aspectos oposto ao anterior. É o perigo que está em essencializar a vida nua. As consequências seriam graves porque, despojado de seus direitos, não ainda urbanizado, fora da *pólis*, o migrante correria o risco de cair num abismo apolítico, de que não conseguiria mais escapar. A favela representaria não uma indigência política temporária, mas sim a antecâmara de uma inelutável expulsão da humanidade.

Talvez ninguém melhor do que John Steinbeck tenha descrito a deriva do migrante que regride aos poucos do estado semicivil para o estado selvagem. É a história dos Joad, uma família americana que, devido à crise de 1929, é obrigada, como outras, a migrar para o Ocidente na tentativa de sobreviver. Fala-se, portanto, de migração interna, que não é menos desoladora e amarga. Enquanto as condições materiais e morais se degradam simultaneamente, os migrantes são tomados de um furor animalesco que os leva a infringir as regras uma após a outra, tornando-se assim fora da lei. Primeiro suscitam compaixão, depois desgosto, e por fim apenas ódio. Expulsos do corpo civil, sem poderem opor uma resistência que vá além de raiva surda, de sua aflição sombria, eles vão se resignando em sair primeiro da condição de cidadãos, depois da condição humana. São vistos pelos outros

---

357 Em casos assim, sempre se recai na confusão entre exilado e estrangeiro. Em seus últimos anos, Derrida havia acenado, mesmo que de passagem, ao distanciamento entre hospitalidade e imigração, sem, no entanto, enfrentar o problema.

com o rótulo de «bárbaros internos», nômades que, não tendo cultivado o bem-estar do modo de vida sedentário, entregaram-se ao «estado natural».[358] Isso revela, para Steinbeck, o resultado fatal da migração.

Uma inclinação análoga pode ser vista no pensamento de Arendt, cujo tratamento em relação ao estrangeiro, os excluídos, os párias, que povoam suas páginas, aparece não raro de forma ambivalente. A questão diz respeito em particular aos apátridas, expostos a um retrocesso inexorável justamente por causa de sua apatridia. Implícito nessa leitura está o esquema de uma longa tradição que contrapõe natureza a cultura. O risco, de que Arendt não foge, é o de propô-lo novamente àqueles que, excluídos da comunidade política, foram empurrados para um estado selvagem, em uma condição meramente biológica da existência. O apátrida já não seria um *zôon politikón*, mas estaria reduzido a um ser humano na sua «abstrata nudez», na sua «mera existência». Os termos em inglês são *abstract nakedness* e *mere existence*. Talvez porque olhe sobretudo para os campos de concentração, onde opera o «domínio total» em sua plena capacidade de destruir a espécie humana, Arendt vê o último obstáculo na passagem irreversível da existência biográfica à mera vida biológica, da *bíos* à *zoé*. Porém, dessa maneira, não apenas rompe o laço da existência de toda relação e de todo vínculo, mas acaba por essencializar a vida biológica. Elabora assim duas abstrações que não encontram respaldo nem mesmo nos lagers, onde os testemunhos — não somente de Primo Levi — mostram o contrário. Por outro lado, é de indagar como poderia se constituir uma vida humana reduzida à naturalidade biológica, fora de toda relação.

---

358 Cf. STEINBECK, J. *As vinhas da ira* (1939). Rio de Janeiro: Best Seller, 2008.

Tal aresta interpretativa, que leva à essencialização da «vida nua», parece ser um risco presente em algumas correntes da biopolítica, em que a figura do *homo sacer*, se visto somente como *denizen*, não cidadão privado de estatuto humano, designado para a morte, isolado na sua nudez muda, oprimido por um destino trágico, não poderia opor nenhuma resistência, nem teria capacidade de revolta. O excluído, em vez disso, devido a sua estranheza, que é ainda uma relação, não cai no abismo, não submerge no vórtice, mas tem a vantagem da margem, o mérito daquela heterotopia que torna mais agudo o olhar sobre a cidade. Permanece então estrangeiro.

Entretanto, é um estrangeiro que, como tal, não se opõe ao cidadão. Aliás, tem muito em comum com ele. Não uma comunhão somente existencial, por meio da qual um veria no outro a estranheza que lhe abre uma fenda no íntimo e que, remetendo-a à familiaridade com o estranho, o levaria a ser hospitaleiro. Reconhecido o ser perturbadoramente exposto, sem abrigo, no exílio planetário, a comunhão é também política. Quem deixa isso nítido é a figura do estrangeiro residente, que abre as portas de uma cidade onde não tem mais sentido o direito de asilo, onde importa menos a questão da hospitalidade. Porque é uma cidade onde não se habita a não ser como estrangeiro. Essa é a condição político-existencial de cada habitante, que é a um só tempo estrangeiro *e* residente.

Uma política da dissociação reconhece aqui que habitar não significa estabelecer-se, instalar-se, fixar-se, adquirir um *status*, fazer-se Estado. O habitar entendido como posse do lugar constitui o critério de divisão da terra, do surgimento das pátrias, da elevação das fronteiras e do enfrentamento dos Estados-nação.

Confinado no solo, pregado à imanência do poder, aferrado à própria soberania, o Estado está fundado sobre a exclusão do estrangeiro.

A irrupção do estrangeiro residente é uma violação do *nómos* da terra, uma invasão na ordem estadocêntrica do mundo. Pois o estrangeiro residente remete ao exílio imemorial de cada um, recorda a si e aos outros que sobre a terra, inapropriável e inalienável, todos são inquilinos e convidados temporários. Não existe arqueologia que sustente: ninguém é autóctone. Assim faz cair a máscara da mitologia da origem, renega a reivindicação da suposta autoctonia, referindo-se ao abismo em que se funda a comunidade, cujo *munus* nada mais é do que esse habitar.

O estrangeiro residente faz desmoronar a *arché* reconhecendo que é sempre e já precedido por outros, admitindo não ser «do lugar» e, inversamente, o lugar como não sendo dele. Testemunha assim a possibilidade de outro habitar, que não é marcado somente pela provisoriedade espaçotemporal, que não é, portanto, somente um migrar, pois não se reduz a uma passagem da estabilidade à errância. O estrangeiro é residente, mas reside ficando separado da terra. Tal relação não identitária com a terra descerra, ao assumir a estrangeiridade, um coabitar que não se dá na fenda do enraizamento, mas sim na abertura de uma cidadania desvinculada da posse sobre o território e de uma hospitalidade que já anuncia um modo outro de ser no mundo e uma outra ordem mundial.

REFERÊNCIAS BIBLIOGRÁFICAS

ABÉLÈS, M. *Penser au-delà de l'État*. Paris: FMSH-Belin, 2013.
ABIZADEH, A. «Democratic Theory and Borden Coercition. No Right to Unilaterally Control Your Own Borders», *Political Theory*, XXXVI, I, 2008, pp. 37-65.
_____. «Closed Borders, Human Rights, and Democratic Legitimation». In: HOLLENBACH, D. (org.). *Driven from Home. Protecting the Rights of Forced Migrants*. Washington: Georgetown University Press, 2010, pp. 147-65.
ADORNO, T. W. *Minima moralia. Meditazioni sulla vita offesa* (1951), trad. it. de R. Solmi. Turim: Einaudi, 1994. [Ed. port.: *Minima moralia*. Lisboa: Edições 70, 2017.]
AGAMBEN, Giorgio. *Homo sacer. Il potere sovrano e la nuda vita*. Turim: Einaudi, 1995. [Ed. bras.: *Homo sacer: o poder soberano e a vida nua I*. Belo Horizonte: Editora da UFMG, 2010.]
_____. *Mezzi senza fine. Nota sulla politica*. Turim: Bollati Boringhieri, 1996. [Ed. bras.: *Meios sem fim: notas sobre política*. Belo Horizonte: Autêntica, 2015.].
_____. *La comunità che viene*. Turim: Bollati Boringhieri, 2001. [Ed. bras.: *A comunidade que vem*. São Paulo: Autêntica, 2013.]
AGIER, M. *Gérer les indésirables. Des camps de réfugiés au gouvernement humanitaire*. Paris: Flammarion, 2008.
_____. *Les migrants et nous. Comprendre Babel*. Paris: CNRS Éditions, 2016.
_____. (org.). *Un monde de camps*. Paris: La Découverte, 2014.
_____. e MADEIRA, A.-V. (orgs.). *Définir les réfugiés*. Paris: PUF, 2017.
ALLEVI, S. e DALLA ZUANNA, G. *Tutto quello che non vi hanno mai detto sull'immigrazione*. Roma/Bari: Laterza, 2016.
AMBROSINI, M. *Sociologia delle migrazioni*. Bolonha: il Mulino, 2011.
_____. *Non passa lo straniero? Le politiche migratorie tra sovranità nazionale e diritti umani*. Assis: Cittadella, 2014.

AMILHAT SZARZY, A.-L. *Qu'est-ce qu'une frontière aujourd'hui?* Paris: PUF, 2015.

AMPOLO, C. (org.). *La città antica. Guida storica e critica.* Roma/Bari: Laterza, 1980.

ANDERSON, B. *Us and Them? The Dangerous Politics of Immigration Control.* Oxford: Oxford University Press, 2013.

APPADURAI, A. *Modernità in polvere. Dimensioni culturali della globalizzazione* (1996), trad. it. e org. de P. Vereni. Milão: Cortina, 2012.

APPIAH, K. A. *Cosmopolitismo. L'etica in un mondo di estranei* (2006), trad. it. de S. Liberatore. Roma/Bari: Laterza, 2007.

ARCHIBUGI, D. *Cittadini del mondo. Verso uma democrazia cosmopilitica.* Milão: il Saggiatore, 2009.

ARENDT, H. «Noi profughi» (1943). In: Id., *Ebraismo e modernità*, trad. it. e org. de G. Bettini. Milão: Feltrinelli, 1986, pp. 35-49. [Ed. port.: *Nós, os refugiados*, trad. de Ricardo Santos. Covilhã: LusoSofia:press, 2013. Disponível em: <https://hannaharendt.files.wordpress.com/2018/05/20131214-hannah_arendt_nos_os_refugiados.pdf>. Acesso em: 24 set. 2020.]

_____. *Le origini del totalitarismo* (1951), trad. it. de A. Guadagnin. Turim: Edizioni di Comunità, 1999. [Ed. bras.: *Origens do totalitarismo: antissemitismo, imperialismo, totalitarismo.* São Paulo: Companhia de Bolso, 2013.]

_____. *Karl Jaspers citadino del mondo?* (1957). In: Id., *Humanitas Mundi. Scritti su Karl Jaspers*, trad. it. e org. de R. Peluso. Milão/Udine: Mimesis, 2015, pp. 69-84. [Ed. bras.: «Karl Jaspers cidadão do mundo?». In: *Homens em tempos sombrios.* Trad. Denise Bottmann. São Paulo: Companhia das Letras, 2008.]

_____. *La banalità del male. Eichmann a Gerusalemme* (1963), trad. it. de P. Bernardini. Milão: Feltrinelli, 1997. [Ed. bras.: *Eichmann em Jerusalém: um relato sobre a banalidade do mal.* São Paulo: Companhia das Letras, 1999.]

_____. *La vitta della mente* (1978), trad. it. de G. Zanetti, org. de A. Dal Lago. Bolonha: il Mulino, 1987. [Ed. bras.: *A vida do espírito.* São Paulo: Civilização Brasileira, 2009.]

_____. *Teoria del giudizio. Lezioni sulla filosofia politica di Kant* (1982), trad. it. de P. P. Portinaro, C. Cicogna e M. Vento, org. de R. Beiner. Gênova: il melangolo, 1990. [Ed. bras.: *Lições sobre a filosofia política de Kant.* Rio de Janeiro: Relume-Dumará, 1993.]

ASHLEY, R. «The Powers of Anarchy. Theory, Sovereignty, and the Domestication of Global Life». In: DERIAN, J. D. (org.). *International Theory: Critical Investigations.* Londres: Macmillan, 1995, pp. 94-128.

ATTALI, J. *L'uomo nomade* (2003), trad. it. de L. Brambilla e M. Boetti. Milão: Spirali, 2006.

AUGÉ, M. *Nonluoghi. Introduzione a una antropologia della surmodernità* (1992), trad. it. de D. Rolland e C. Milani. Milão: Elèuthera, 2008. [Ed. bras.: *Não lugares: introdução a uma antropologia da supermodernidade*. 9ª ed. Campinas: Papirus, 1994.]

_____. *Il senso degli altri. Attualità dell'antropologia* (1998), trad. it. de A. Soldati. Turim: Bollati Boringhieri, 2000. [Ed. bras.: *O sentido dos outros: atualidade da antropologia*. Rio de Janeiro: Vozes, 1999.]

_____. *Per uma antropologia della mobilità* (2009), trad. it. de G. Carbonelli. Milão: Jaca Book, 2010. [Ed. bras.: *Por uma antropologia da mobilidade*. Maceió: EDUFAL, 2010.]

BACCELLI, L. «I diritti di tutti, i diritti degli altri. L'universalismo di Francisco de Vitoria». In: BILANCIA, F., DI SCIULLO, F. M. e RIMOLI, F. (orgs.). *Paura dell'Altro. Identità occidentale e cittadinanza*. Roma: Carocci, 2008, pp. 85-98.

BACHELARD, G. *La poética dello spazio* (1957), trad. it. de E. Catalano. Bari: Dedalo, 1975. [Ed. bras.: *A poética do espaço*. 5ª ed. São Paulo: Martins Fontes, 2008.]

BADER, V. «The Ethics of Immigration», *Constellations*, XII, 3, 2005, pp. 331-61.

BAHR, H.-D. *Die Sprache des Gastes. Eine Metaethik*. Leipzig: Reclam, 1994.

BALIBAR, É. *Les frontières de la démocratie*. Paris: La Découverte, 1992.

_____. *La paura delle masse. Politica e filosofia prima e dopo Marx* (1997), trad. it. e org. de A. Catone. Milão: Mimesis, 2001.

_____. *Noi cittadini d'Europa? Le frontiere, lo Stato, il popolo* (2001), trad. it. de A. Simone e B. Foglio. Roma: manifestolibri, 2004.

_____. *Europe Constitution Frontière*. Bègles: Éditions du Passant, 2005.

_____. *Cittadinanza*, trad. it. de F. Grillenzoni. Turim: Bollati Boringhieri, 2012.

BARBERO, A. *Immigrati, profughi, deportati nell'Impero romano*. Roma-Bari: Laterza, 2006.

BARBUJANI, G. *Europei senza se e senza ma. Storie di neandertaliani e di immigrati*. Milão: Bompiani, 2008.

_____. *Gli africani siamo noi. Alle origini dell'uomo*. Roma/Bari: Laterza, 2016.

BASLEZ, M.-F. *L'étranger dans la Grèce antique*. Paris: Les Belle Lettres, 2008.

BAUMAN, Z. *Modernità e ambivalenza* (1991), trad. it. de C. D'Amico. Turim: Bollati Boringhieri, 2010. [Ed. bras.: *Modernidade e ambivalência*. Rio de Janeiro: Zahar, 1999.]

_____. *Dentro la globalizzazione. Le conseguenze sulle persone* (1998), trad. it de O. Pesce. Roma-Bari: Laterza, 2001. [Ed. bras.: *Globalização: as consequências humanas*. Rio de Janeiro: Zahar, 1999.]

_____. *Stranieri alle porte* (2016), trad. it. de M. Cupellaro. Roma/Bari: Laterza, 2016. [Ed. bras.: *Estranhos à nossa porta*. Rio de Janeiro: Zahar, 2017.]

BECK, V. *Eine Theorie der globalen Verantwortung. Was wir Menschen in extremer Armut schulden*. Berlim, Suhrkamp, 2016.

BECKER, L. C. *Property Rights. Philosophic Foundation*. Londres: Routledge & Kegan Paul, 1977.

BEITZ, C. R. «Cosmopolitan Ideals and National Sentiment». *The Journal of Philosophy*, LXXX, 10, 1983, pp. 591-600.

_____. *Political Theory and International Relations*. Princeton: Princeton University Press, 1979.

BENHABIB, S. *I diritti degli altri. Stranieri, residenti, cittadini* (2004), trad. it. de S. De Petris. Milão: Cortina, 2006.

_____. *Cittadini globali. Cosmopolitismo e democrazia* (2006), trad. it. de V. Ottonelli. Bolonha: il Mulino, 2008.

BENJAMIN, W. «Ombre corte» (1933), trad. it. de E. Ganni. In: Id. *Opere complete*, V: *Scritti 1932-1933*. Turim: Einaudi, 2003, pp. 435-46. [Ed. bras.: «Sombras curtas». In: Id. *Imagens de pensamento: sobre o haxixe e outras drogas*. São Paulo: Autêntica, 2013.]

BENVENISTE, É. *Il vocabolario delle istituzioni indoeuropee* (1969), trad. it. e org. de M. Liborio. Turim: Einaudi, 2011, 2 vols. [Ed. bras.: *Vocabulário das instituições indo-europeias* (1969), v. 1. Campinas: Unicamp, 1995.]

_____. «Deux modèles linguistiques de la cité». In: POUILLON, J. e MARANDA, P. (orgs). *Échanges et communications. Mélanges offerts à Claude Lévi-Strauss*. Paris/La Haye: Mouton, 1970, pp. 589-96.

BETTINI, M. (org.). *Lo straniero, ovvero l'identità culturale a confronto*. Roma/Bari: Laterza, 1992.

BETTS, A. e COLLIER, P. (orgs.). *Refuge. Transforming a Broken Refugee System*. Londres: Allen Lane, 2017.

BIGO, D. e GUILD, E. *La mise à l'écart des étrangers. La logique du Visa Schengen*. Paris: L'Harmattan, 2003.

_____. (orgs.). *Controlling Frontiers. Free Movement into and within Europe*. Aldershot-Burlington: Ashgate, 2005.

BLUMEMBERG, Hans. *Naufragio com spettatore. Paradigma di uma metáfora dell'esistenza* (1979), trad. it. de F. Rigotti. Bolonha: il Mulino, 1985. [Ed. port.: *Naufrágio com espectador*. Lisboa: Veja Editora, 1990.]
BODEI, R. *Limite*. Bolonha: il Mulino, 2016.
BOHMAN, J. *Democracy across Borders. From Dêmos to Dêmoi*. Cambridge (Mass.): MIT Press, 2007.
BOUDOU, B. *Politique de l'hospitalité. Une généalogie conceptuelle*. Paris: CNRS Éditions, 2017.
BRAGUE, R. *Il future dell'Ocidente. Nel modelo romano la salvezza dell'Europa* (1992), trad. it. de A. Soldati e A. M. Lorusso. Milão: Bompiani, 2005.
BRELICH, A. *Gli eroi greci. Un problema storico-religioso*. Milão: Adelphi, 2010.
BRODSKIJ, I. A. *Dall'esilio*, trad. it. de G. Forti. Milão: Adelphi, 1988. [Ed. bras.: *Sobre o exílio*, trad. de André Bezamat. Belo Horizonte/Veneza: Âyiné, 2016.]
BROWN, W. *Stati murati, sovranità in declinio* (2010), trad. it. de S. Liberatore, org. F. Giardini. Roma/Bari: Laterza, 2013.
BULTMANN, C. *Der Fremde im antiken Juda. Eine Untersuchung zum sociale Typenbegriff «ger» und seinem Bedeutungswandel in der alttestamentlichen Gesetzgebung*. Göttingen: Vandenhoech & Ruprecht, 1992.
BUTLER, J. *Vite precarie. Contro l'uso della violenza come risposta al lutto collettivo* (2004), trad. it. de A. Taronna e al., org. de O. Guaraldo. Roma: Meltemi, 2004. [Ed. bras.: «Vida precária». Trad. de Angelo Marcelo Vasco. *Contemporânea* — Revista de Sociologia da UFSCar. São Carlos, Departamento e Programa de Pós-Graduação em Sociologia da UFSCar, 2011, n. 1, pp. 13-33. Disponível em: <http://www.rogerioa.com/resources/Diversidade/12repres.pdf>.]
_____. «Hannah Arendt's Death Sentences». *Studies in Comparative Literature*, XLVIII, 3, 2011, pp. 280-95.
_____. *Strade che divergono. Ebraicità e critica del sionismo* (2012), trad. it. de F. De Leonardis. Milão: Cortina, 2013. [Ed. bras.: *Caminhos que divergem: judaicidade e crítica do sionismo*. São Paulo: Boitempo, 2017.]
CACCIARI, M. *Geofilosofia dell'Europa*. Milão: Adelphi, 1994.
_____. *L'arcipelago*. Milão: Adelphi, 1997.
CALOZ-TSCHOPP, M.-C. *Les étrangers aux frontières de l'Europe et le spectre des camps*. Paris: La Dispute, 2004.

CALZOLAIO, V. e PIEVANI, T. *Libertà di migrare. Perché ci spostiamo da sempre ed è bene così.* Turim: Einaudi, 2016.

CAMARRONE, D. *Lampaduza.* Palermo: Sellerio, 2014.

CANNATO, V. J. *American Passage: The History of Ellis Island.* Nova York/Londres: Harper, 2010.

CAPARRÓS, M. *La fame* (2014), trad. it. de S. Cavarero, F. Niola e E. Rolla. Turim: Einaudi, 2015. [Ed. bras.: *A fome*, trad. de Luís Carlos Cabral. Rio de Janeiro: Bertrand Brasil, 2016.]

CARENS, J. «Aliens and Citizens. The Case for Open Borders». *The Review of Politics*, XLIX, 2, 1987, pp. 251-73.

_____. *The Ethics of Immigration.* Oxford/Nova York: Oxford University Press, 2013.

CARRÈRE, E. *A Calais*, trad. it. de L. Di Lella e M. L. Vanorio. Milão: Adelphi, 2016.

CASSEE, A. *Globale Bewegungsfreiheit. Ein philosophisches Plädoyer für offene Grenzen.* Berlim: Suhrkamp, 2016.

_____., HOESCH, M. e OBERPRANTACHER, A. «Das Flüchtlingsdrama und die Philosophie», *Information Philosophie*, 3, 2016, pp. 52-9.

_____. e GOPPEL, A. (orgs.). *Migration und Ethik.* Münster: Mentis, 2014.

CASTLES, S., DE HAAS, H. e MILLER, M. *The Age of Migration. International Population Movements in the Modern World.* 5ª ed. Londres: Macmillan, 2013.

CAVALLAR, G. *The Rights of Strangers. Theories of International Hospitality, the Global Community and Political Justice since Vitoria.* Aldershot-Burlington: Ashgate, 2002.

CAVALLI-SFORZA, L. L. e PADOAN, D. *Razzismo e noismo. Le declinazioni del noi e l'esclusione dell'altro.* Turim: Einaudi, 2013.

CAVARERO, A. *Tu che mi guardi, tu che mi racconti. Filosofia della narrazione.* Milão: Feltrinelli, 2001.

CESARONE, V. *Per una fenomenologia dell'abitare. Il pensiero di Martin Heidegger come oikosophia.* Gênova/Milão: Marietti, 2008.

CHAUVIER, S. *Du droit d'être étranger. Essai sur le concept kantien d'un droit cosmopolitique.* Paris: L'Harmattan, 1996.

CÍCERO, M. T. *Opere filosofiche*, org. de N. Marinone. Turim: UTET, 2016.

CLAES, T. *Passkontrolle! Eine kritische Geschichte des sich Ausweisens und Erkanntwerdens.* Berlim: Vergangenheitsverlag, 2010.

COLE, P. «Open Borders. An Ethical Defense». In: Id. e WELLMAN, C. H. (orgs.). *Debating the Ethics of Immigration. Is There a Right to Exclude?* Oxford: Oxford University Press, 2011, pp. 159-311.

COLLIER, P. *Exodus. I tabù dell'immigrazione* (2013), trad. it. de L. Cespa. Roma/Bari, Laterza, 2015.

CONRAD, J. *Amy Foster* (1901), trad. it. de D. Sandid. Florença: Passigli, 2016. [Ed. bras.: *Amy Foster*. Rio de Janeiro: Revan, 2007.]

CORTI, P. *Storia delle migrazioni internazionali*. Roma/Bari: Laterza, 2003.

CROCE, M. (org). «Toward a Converging Cosmopolitan Project. Dialogue between Seyla Benhabib, Daniele Archibugi». *Cahiers philosophiques*, CXXII, 3, 2010, pp. 115-27.

CURI, U. *Straniero*. Milão: Cortina, 2010.

CUSSET, Y. *Prendre sa part de la misère du monde. Pour une philosophie politique de l'accueil*. Chatou: Les Éditions de la Transparence, 2010.

DAL LAGO, A. *Non-persone. L'esclusione dei migranti in una società globale*. Milão: Feltrinelli, 2004.

_____. *Le avventure di Ismail. Romanzo*. Gênova: il melangolo, 2015.

DEBRAY, R. *Elogio delle frontiere* (2010), trad. it. de G. L. Favetto. Turim: add editore, 2012.

DE FIORE, L. *Anche il mare sogna. Filosofie dei flutti*. Roma: Editori Internazionali Riuniti, 2013.

DEL GRANDE, G. *Mamadou va a morire. La strage dei clandestini nel Mediterraneo*. Castelgandolfo: Infinito, 2007.

DE LUCA, E. *Solo andata. Righe che vanno troppo spesso a capo*. Milão: Feltrinelli, 2016.

DERRIDA, J. *Forza di legge. Il fondamento mistico dell'autorità* (1994), trad. it. e org. de F. Garritano. Turim: Bollati Boringhieri, 2003. [Ed. bras.: *Força de lei*. 3ª ed. São Paulo: Martins Fontes, 2018.]

_____. *La parola d'accoglienza* (1996). In: Id. *Addio a Emmanuel Lévinas* (1997), trad. it. de S. Petrosino e M. Odorici, org. de S Petrosino. Milão: Jaca Book, 1998, pp. 75-193. [Ed. bras.: «A palavra de acolhimento». In: Id. *Adeus a Emmanuel Lévinas*. São Paulo: Perspectiva, 2015.]

_____. *Cosmopoliti di tutti i paesi, ancora uno sforzo!* (1997), trad. it. de B. Moroncini. Nápoles: Cronopio, 2005. [Ed. port.: *Cosmopolitas de todos os países, mais um esforço!* Coimbra: Minerva Coimbra, 2001.]

_____. *Il diritto alla filosofia dal punto di vista cosmopolitico* (1997), trad. it. de S. Regazzoni. Gênova: il melangolo, 2003. [Ed. bras.: «O direito à filosofia do ponto de vista cosmopolítico». In: GUINSBURG, J. (org.). *A paz perpétua: um projeto para hoje*. São Paulo: Perspectiva, 2004.]

_____. «Diffido dell'utopia: io voglio l'im-possibile» (1998), trad. it. de G. Solla. In: CIPOLLA, C. e REGINA, U. (orgs.). *Mondo e terra. Globalizzazione dell'economia e localizzazione dell'etica*. Padova: Il Poligrafo, 2001, pp. 131-43. [Ed. bras.: «A utopia não, o im-possível». In: *Papel-máquina*. São Paulo: Estação Liberdade, 2004.]

_____. *Marx & Sons. Politica, spettralità, deconstruzione* (1999), trad. it. e org. de E Castanò e al. Milão/Udine: Mimesis, 2008.

_____. «Un'ospitalità all'infinito» (1999), trad. it. de A. Calzolari. In: PANNATONI, R. e SOLLA, G. (orgs.). *L'ospitalità, l'infrangersi. Per una politica dell'assenza*. Gênova-Milão: Merietti, 2006, pp. 21-5.

_____. «Responsabilité et hospitalité». In: SEFFAHI, M. (org.). *Autour de Jacques Derrida. Manifeste pour l'hospitalité*. Grigny: Paroles d'Aube, 1999, pp. 111-24.

_____. *Incondizionalità o sovranità. L'università alle fronteire dell'Europa* (2002), trad. it. de S. Regazzoni. Milão/Udine: Mimesis, 2006.

_____. *Sulla parola. Istantanee filosofiche* (2002), trad. it. de A. Cariolato. Roma: notte-tempo, 2004. [Ed. port.: *Sob palavra: instantâneos filosóficos*. Lisboa: Fim de Século Edições, 2004.]

_____. *Stati canaglia. Due saggi sulla ragione* (2003), trad. it. e org. de L. Odello. Milão: Cortina, 2003. [Ed. port.: *Vadios: dois ensaios sobre a razão*. Lisboa: Palimage, 2009.]

_____. *La Bestia e il Sovrano*, I: *2001-2002* (2008), trad. it. de G. Carbonelli, org. de G. Dalmasso. Milão: Jaca Book, 2009. [Ed. bras.: *A besta e o soberano* (seminário, vol. I: 2001-2002). Rio de Janeiro: Via Verita, 2018.]

_____. e DUFOURMANTELLE, A. *Sull'ospitalità* (1997), trad. it. de I. Landolfi. Milão: Baldini & Castoldi, 2000. [Ed. bras.: *Da hospitalidade: Anne Dufourmantelle convida Jacques Derrida a falar da hospitalidade*. São Paulo: Escuta, 2003.]

_____. e STIEGLER, B. *Ecografie della televisione* (1996), trad. it. de L. Chiesa e G. Piana. Milão: Cortina, 1997.

DI CESARE, D. «Die Heimat der Verschiedenheit. Über die plural Identität Europas». In: STEGMAIER, W. (org.). *Die philosophische Idee Europas*. Berlim/Nova York: de Gruyter, 2000, pp. 109-22.

____. *Utopia del comprendere*. Gênova: il melangolo, 2003.

____. *Ermeneutica della finitezza*. Milão: Guerini & Associati, 2004.

____. «Esilio e globalizzazione». *Iride*, 54, 2008, pp. 273-86.

____. «De Republica Hebraeorum. Spinoza e la teocrazia». *Teoria*, XXXII, 2, 2012, pp. 213-28.

____. *Crimini contro l'ospitalità. Vita e violenza nei centri per gli stranieri*. Gênova: il melangolo, 2014.

____. *Heidegger e gli ebrei. I «Quaderini neri»*. Turim: Bollati Boringhieri, 2016.

____. *Tortura*. Turim: Bollati Boringhieri, 2016.

____. *Terrore e modernità*. Turim: Einaudi, 2017. [Ed. bras.: *Terror e modernidade*. Belo Horizonte/ Veneza: Âyiné, 2019.]

DI SANTE, C. *Lo Straniero nella Bibbia. Ospitalità e dono*. Cinisello Balsamo: San Paolo, 2012.

DUMÉZIL, G. *Le festin d'immortalité. Esquisse d'une étude de mythologie comparée indo-européenne*. Paris: Geuthner, 1924.

____. *La religione romana arcaica, con un'appendice su La religione degli etruschi* (1966), trad. it. e org. de F. Jesi. Milão: Rizzoli, 1977.

DUMMETT, M. *On Immigration and Refugees*. Londres/Nova York: Routledge, 2001.

DUPONT, F. *Rome, la ville sans origine. L'Énéide, un grand récit de métissage?* Paris: Gallimard, 2011.

ELLISON, R. W. *L'uomo invisibile* (1952), trad. it. de C. Fruttero e L. Gallino. Turim: Einaudi, 2009. [Ed. bras.: *Homem invisível*. Trad. de Marcia Serra. São Paulo: Marco Zero, 1990.]

ENGELS, F. *La questione dele abitazioni* (1872), trad. it. de R. Sanna. Roma: Editori Riuniti, 2009. [Ed. bras.: *A questão da habitação*. São João del-Rei: Estudos vermelhos, 2013.]

ENZENSBERGER, H. M. *La Grande Migrazione. Trentatre segnavia, con una nota a piè di pagina «Su alcune particolarità della caccia all'uomo»* (1992), trad. it. e org. de P. Sorge. Turim: Einaudi, 1993.

ESPOSITO, R. *Categorie dell'impolitico*. Bolonha: il Mulino, 1999. [Ed. bras.: *Categorias do impolítico*. São Paulo: Autêntica, 2019.]

____. «Il proprio e l'estraneo tra comunità e immunità». In: FOLIN, A. (org.). *Hospes. Il volto dello straniero da Leopardi a Jabès*. Veneza: Marsilio, 2003, pp. 261-7.

_____. *Communitas. Origine e destino della comunità*. Turim: Einaudi, 2006.

_____. *Immunitas. Protezione e negazione della vita*. Turim: Einaudi, 2015.

FALOPPA, F. *Razzisti a parole (per tacere dei fatti)*. Roma/Bari: Laterza, 2011.

FERRAJOLI, L. *La sovranità nel mondo moderno. Nascita e crisi dello Stato nazionale*. Roma/Bari: Laterza, 1997. [Ed. bras.: *A soberania no mundo moderno*. São Paulo: Martins Fontes, 2010.]

FINE, S. «Freedom of Association is Not the Answer». *Ethics*, CXX, 2, 2010, pp. 338-56.

_____. e YPI, L (orgs.). *Migration in Political Theory. The Ethics of Movement and Membership*. Oxford: Oxford University Press, 2016.

FINLEY, M. I. *La democrazia degli e dei moderni* (1972). Bari: Laterza, 1973. [Ed. bras.: *Democracia antiga e moderna*. Trad. Waldea Barcellos e Sandra Bedran. Rio de Janeiro: Graal, 1988.]

_____. «Le colonie: un tentativo di tipologia». In: Id. e LEPORE E. *Le colonie degli antichi e dei moderni*. Roma: Donzelli, 2000, pp. 2-28.

FORTI, S. *Hannah Arendt tra filosofia e politica*. Milão: Bruno Mondadori, 2006.

FOUCAULT, M. *Storia della follia nell'età classica* (1961), trad. it. de F. Ferrucci, E. Renzi e V. Vezzoli, org. de M. Galzigna. Milão: Rizzoli, 2016. [Ed. bras.: *História da loucura*. 10ª ed. São Paulo: Perspectiva, 2014.]

_____. *Spazi altri. I luoghi delle eterotopie* (1994), trad. it. de P. Tripodi e T. Villani, org. de S. Vaccaro. Milão: Mimesis, 2001, pp. 19-32. [Ed. bras.: «Outros espaços». In: *Ditos e escritos III — Estética: Literatura e pintura, música e cinema*. 4ª ed. Rio de Janeiro: Forense Universitária, 2015.]

_____. *Sicurezza, territorio, popolazione. Corso al Collège de France 1977-1978* (2004), trad. it. de P. Napoli, org. de A. Fontana e M. Senellart. Milão: Feltrinelli, 2005. [Ed. bras. *Segurança, território, população. Curso ministrado no Collège de France (1977-1978)*. São Paulo: Martins Fontes, 2008.]

FOUCHER, M. *L'obsession des frontières*. Paris: Perrin, 2012. [Ed. bras.: *Obsessão por fronteiras*. Trad. de Cecília Lopes. São Paulo: Radical Livros, 2009.]

_____. *Le retour des frontières*. Paris: CNRS Éditions, 2016.

FUSTEL DE COULANGES, N.-D. *La città antica* (1864), trad. it. de G. Perrotta. Florença: Sansoni, 1972. [Ed. bras.: *A cidade antiga*. 5ª ed. São Paulo: Martins Fontes, 2004.]

GATTI, F. *Bilal. Viaggiare, lavorare, morire da clandestini*. Milão: Rizzoli, 2007.

GAUTHIER, P. «Métèques, périèques et paroikoi. Bilan et points d'interrogation». In: LONIS, R. (org.). *L'étranger dans le monde grec*. Nancy: Presses Universitaires de Nancy, 1988, pp. 24-46.

GOMAN, A. *Le sens de l'hospitalité. Essai sur les fondements sociaux de l'accueil de l'autre*. Paris: PUF, 2001.

GOZZINI, G. *Le migrazioni di ieri e di oggi. Una storia comparata*. Milão: Bruno Mondadori, 2005.

GRAZIANO, M. *Frontiere*. Bolonha: il Mulino, 2017.

GREBLO, E. *Etica dell'immigrazione. Una introduzione*. Milão/Udine: Mimesis, 2015.

GROEBNER, V. *Der Schein der Person. Steckbrief, Ausweis und Kontrolle im Mittelalter*. München: Beck, 2004.

GROTIUS, H. *Mare liberum* (1609), trad. de F. Longobardi, org. de F. Izzo. Nápoles: Liguori, 2007.

_____. *De iure belli ac pacis libri tres*, apud. Iohannem Blaeu, Amsterdam, 1646. [Ed. bras.: *O direito da guerra e da paz*. Trad. de Ciro Mioranza. Ijuí, RS: Ed. Unijuí, 2004.]

GRUNDMANN, T. e STEPHAN, A. (orgs.). «*Welche und wie viele Flüchtlinge sollen wir aufnehmen?*» *Philosophische Essays*. Stuttgart: Reclam, 2016.

HABERMAS, Jürgen. «Cittadinanza politica e identità nazionale» (1992), In: Id. *Morale, diritto, politica*, trad. it. e org. de L. Ceppa. Turim: Einaudi, 2007, pp. 105-38.

_____. *Fatti e norme. Contributi a una teoria discorsiva del diritto e della democrazia* (1992), trad. it. e org. de L. Ceppa. Roma-Bari: Laterza, 2013. [Ed. bras.: *Facticidade e validade: contribuições para uma teoria discursiva do direito e da democracia*. Trad. de Felipe Gonçalves Silva e Rúrion Melo. São Paulo: Ed. Unesp, 2020.]

_____. «Lotta di riconoscimento nello Stato democratico di diritto» (1992), trad. it. de L. Ceppa. In: Id. e TAYLOR, C. *Multiculturalismo. Lotte per il riconoscimento* (1996), trad. it. de L. Ceppa e G. Rigamonti. Milão: Feltrinelli, 2008, pp. 63-110. [Ed. bras.: «A luta por reconhecimento no Estado democrático de direito». In: Id. *A inclusão do outro. Estudos de teoria política*. São Paulo: Ed. Unesp, 2019.]

_____. *L'inclusione dell'altro. Studi di teoria politica* (1996), trad. it. e org. de L. Ceppa. Milão: Feltrinelli, 2008. [Ed. bras.: *A inclusão do outro. Estudos de teoria política*. São Paulo: Ed. Unesp, 2019.]

_____. *La costellazione postnazionale. Mercato globale, nazioni e democrazia* (1998), trad. it. e org. de L. Ceppa. Milão: Feltrinelli, 1999. [Ed. bras.: *A constelação pós-nacional: ensaios políticos*. São Paulo: Litera mundi, 2001.]

_____. *L'Occidente diviso* (2004), trad. it. de M. Carpitella. Roma/Bari: Laterza, 2005. [Ed. bras.: *O Ocidente dividido*. São Paulo: Ed. Unesp, 2016.]

HADDAD, E. *The Refugee in International Society. Between Sovereigns*. Cambridge: Cambridge University Press, 2008.

HAMMAR, T. *Democracy and the Nation State. Aliens, Denizens, and Citizens in a World of International Migration*. Aldershot/Brookfield: Gower, 1990.

HARVEY, D. *La crisi della modernità* (1989), trad. it. de M. Viezzi. Milão: il Saggiatore, 1993. [Ed. bras.: *Condição pós-moderna*. São Paulo: Loyola, 1992.]

HEGEL, G. W. F. *Lezioni sulla filosofia della storia* (1837), trad. it. de G. Calogero e C. Fatta. Florença: La Nuova Italia, 1975, 4 vols. [Ed. bras.: *Introdução à Filosofia da História*. São Paulo: Hemus, 1983.]

HEIDEGGER, M. *Essere e tempo* (1927), trad. it. de P. Chiodi, revista por F. Volpi. Milão: Longanesi, 2014. [Ed. bras.: *Ser e tempo*. 10ª ed. Petrópolis: Vozes, 2006.]

_____. *L'inno «Der Ister» di Hölderlin* (1942), trad. it. de C. Sandrin e U. Ugazio. Milão: Mursia, 2003. [Ed. port.: *Hinos de Hölderlin*. Lisboa: Instituto Piaget, 2004.]

_____. «Costruire, abitare, pensare» (1951). In: Id. *Saggi e discorsi* (1954), trad. it. e org. de G. Vattimo. Milão: Mursia, 1976, pp. 96-108. [Ed. bras.: «*Construir, habitar, pensar*». In: *Ensaios e conferências*. 3ª ed. Petrópolis: Vozes, 2012.]

_____. «L'epoca dell'immagine del mondo» (1938). In: Id. *Sentieri interrotti* (1950), trad. it. de P. Chiodi. Florença: La Nuova Italia, 1985, pp. 71-101. [Ed. port.: «*O tempo da imagem do mundo*». In: *Caminhos de floresta*. 3ª ed. Lisboa: Editora Calouste Gulbenkian, 2014.]

_____. «Leterra sull'‹umanismo›» (1947). In: Id. *Segnavia* (1976), trad. it. e org. de P. Chiosi. Florença: La Nuova Italia, 1985, pp. 299-348. [Ed. bras.: *Cartas sobre o humanismo*. São Paulo: Centauro, 2005.]

_____. *Heraklit* (1943), GA 55. Frankfurt a. M: Klostermann, 1979. [Ed. bras.: *Heráclito*. Rio de Janeiro: Relume Dumará, 1998.]

_____. «Hebel — l'amico di casa» (1957). In: Id. *Dall'esperienza del pensiero 1910-1976* (2002), trad. it. de N. Curcio. Gênova: il melangolo, 2011. [Ed. bras.: *Da experiência do pensar*. Rio de Janeiro: Globo, 1969.]

____. «Rammemorazione» (1943). In: Id. *La poesia di Hölderlin* (1981), trad. it. e org. de L. Amoroso. Milão: Adelphi, 1988. [Ed. bras.: *Explicações da poesia de Hölderlin*. Brasília: Ed. UnB, 2013.]

HEIN, C. (org.). *Rifugiati. Vent'anni di storia del diritto d'asilo in Italia*. Roma: Donzelli, 2010.

HELD, D. *Democracy and the Global Order. From Modern State to Cosmopolitan Governance*. Cambridge: Polity Press, 1995.

HÉNAFF, M. *La ville qui vient*. Paris: L'Herne, 2008.

HOBBES, Thomas. *De Cive. Elementi filosofici sul cittadino* (1642), trad. it. de T. Magri. Roma: Editori Riuniti, 2014. [Ed. bras.: *De Cive: Elementos filosóficos a respeito do cidadão*. São Paulo: Vozes, 1993.]

____. *Leviatano* (1651), trad. it. de M. Vinciguerra. Roma/Bari: Laterza, 1974, 2 vols. [Ed. bras.: *Leviatã*. São Paulo: Martin Claret, 2014.]

HUSSERL, E. *Lezioni sulla sintesi passiva* (1918-26), trad. it. de V. Costa, org. de P. Spinicci. Milão: Guerini & Associati, 1993.

JOLY, H. *La questione degli stranieri. Platone e l'alterità* (1992). Milão: et al. edizioni, 2010.

JOPPKE, C. *Citizenship and Immigration*. Cambridge: Polity Press, 2010.

KAFKA, F. *America o Il disperso* (1927), trad. it. de U. Gandini. Milão: Feltrinelli, 2008. [Ed. bras.: *América*. Belo Horizonte: Itatiaia, 2018.]

KAMEN, D. *Status in Classical Athens*. Princeton/Oxford: Princeton University Press, 2013.

KANT, I. *Per la pace perpetua* (1975), trad. it. de R. Bordiga. Milão: Feltrinelli, 2003. [Ed. bras.: À paz perpétua (1795). Porto Alegre: L&PM, 2008.]

____. *Metafisica dei costumi* (1797), trad. it. e org. de G. Vidari. Roma/Bari: Laterza, 2001. [Ed. bras.: *Metafísica dos costumes*. São Paulo: Vozes, 2013.]

KOTEK, J. e RIGOULOT, P. *Il secolo dei campi. Detenzione, concentramento e sterminio 1900-2000* (2000), trad. it. de A. Benabbi. Milão: Mondadori, 2001.

KRISTEVA, J. *Stranieri a noi stessi. L'Europa, l'altro, l'identità* (1998), trad. it. de A. Serra e A. Galeotti. Roma: Donzelli, 2014. [Ed. bras.: *Estrangeiros para nós mesmos*. Rio de Janeiro: Rocco, 1994.]

KYMLICHA, W. «Territorial Boundaries. A Liberal Egalitarian Perspective». In: MILLER, D. e HASHMI, S. H. (orgs.). *Boundaries and Justice. Diverse Ethical Perspectives*. Princeton: Princeton University Press, 2001, pp. 249-75.

LA BOÉTIE, É. *Discorso sulla servitù volontaria* (1576), trad. it. de E. Donaggio. Milão: Feltrinelli, 2014. [Ed. bras.: *Discurso da servidão voluntária*. São Paulo: Edipro, 2018.]

LE BLANC, G. *Dedans, dehors. La condition de l'étranger*. Paris: Seuil, 2010.

LEFORT, C. *L'invention démocratique*. Paris: Fayard, 1981. [Ed. bras.: *A invenção democrática*, trad. de Isabel Loureiro e Maria Leonor Loureiro. 3ª ed. Belo Horizonte: Autêntica, 2011.]

LEOGRANDE, A. *La frontiera*. Milão: Feltrinelli, 2015.

LÉVINAS, E. *Totalità e infinito. Saggio sull'esteriorità* (1961), trad. it. de A. Dell'Asta. Milão: Jaca Book, 1980. [Ed. port.: *Totalidade e infinito*. Lisboa: Edições 70, 2008.]

_____. *Altrimenti che essere, o al di là dell'essenza* (1978), trad. it. de S. Petrosino e M. T. Aiello. Milão: Jaca Book, 1998.

_____. *L'al di là del versetto. Lettere e discorsi talmudici* (1982), trad. it. de G. Lissa. Nápoles: Guida, 1986.

_____. e PEPERZAK, A. *Etica come filosofia prima* (1982), trad. it. e org. de F. Ciaramelli. Milão: Guerini & Associati, 1989.

LIVI BACCI, M. *Breve storia della migrazione*. Bolonha: il Mulino, 2014.

LOCHAK, D. *Face aux migrants: État de droit ou état de siège?* Paris: Textuel, 2007.

LOCKE, J. *Due trattati sul governo* (1690), trad. it. e org.de L. Pareyson. Turim: UTET, 2010. [Ed. bras.: *Dois tratados sobre o governo*. 2ª ed. São Paulo: Martins Fontes, 1998.]

LUCRÉCIO, T. C. *Della natura delle cose*, trad. it. de A. Marchetti. Turim: Einaudi, 1975. [Ed. port.: *Da natureza das coisas*. Lisboa: Relógio D'Água, 2015.]

MAIOR, J. *In secundum librum Sententiarum*, apud. GRÂION, I. In: florentissima Parrhisiorum Universitate, 1519.

MARRAMAO, G. *Passaggio a Occidente. Filosofia e globalizzazione*. Turim: Bollati Boringhieri, 2009.

MEILAENDER, P. C. *Towards a Theory of Immigration*. Basingstoke: Palgrave, 2001.

MELVILLE, H. *Moby Dick o la Balena* (1851), trad. it. de C. Pavese. Milão: Adelphi, 1987. [Ed. bras.: *Moby Dick*. 4ª ed. Rio de Janeiro: Nova Fronteira, 2017.]

MEZZADRA, S. *Diritto di fuga. Migrazioni, cittadinanza, globalizzazione*. Verona: Ombre Corte, 2006.

MILLER, D. *Strangers in Our Midst. The Political Philosophy of Immigration.* Cambridge (Mass.): Harvard University Press, 2016

____. e HASHMI, S. H. (orgs.). *Boundaries and Justice. Diverse Ethical Perspectives.* Princeton: Princeton University Press, 2001.

MONA, M. *Das Recht auf Immigration. Rechtsphilosophische Begründung eines originären Rechts auf Einwanderung im liberalen Staat.* Basileia: Helbing & Lichtenhahn, 2007.

MONTANDON, A. *Elogio dell'ospitalità. Storia di un «rito» da Omero a Kafka* (2002), trad. it. de M. T. Ricci. Roma: Salerno, 2004.

MORE, T. *Utopia o la migliore forma di repubblica* (1516), trad. it. e org. de T. Fiore. Roma/Bari: Laterza, 1993. [Ed. bras.: *Utopia*. São Paulo: Autêntica, 2017.]

MOUFFE, Chantal. *Il conflitto democrático* (2005), trad. it. de D. Tarizzo. Milão/Udine: Mimesis, 2015.

NEGRI, A. *Il potere costituente. Saggio sulle alternative del moderno.* Roma: manifestolibri, 2002. [Ed. bras.: *O Poder Constituinte. Ensaios sobre as alternativas da modernidade.* Rio de Janeiro: Lamparina, 2015.]

NICOLET, C. *Le métier de citoyen dans la Rome républicaine.* Paris: Galimard, 1976.

NIDA-RÜMELIN, J. *Über Grenzen denken. Eine Ethik der Migration.* Hamburgo: Köber-Stiftung, 2017.

NOIRIEL, G. *Le creuset français. Histoire de l'immigration (XIXe - XXe siècle).* Paris: Seuil, 1988.

____. *État, nation et immigration. Vers une histoire du pouvoir.* Paris: Belin, 2001.

NOVAK, D. «Land and People. One Jewish Perspective». In: MILLER, D. e HASHMI, S. H. (orgs.). *Boundaries and Justice. Diverse Ethical Perspectives.* Princeton: Princeton University Press, 2001, pp. 213-36.

NOZIK, R. *Anarchia, Stato e utopia* (1974), trad. it. de G. Ferranti, org. de S. Maffettone. Milão: il Saggiatore, 2008. [Ed. bras.: *Anarquia, Estado e utopia.* São Paulo: Martins Fontes, 2011.]

ONG, A. *Da rifugiati a cittadini. Pratiche di governo nella nuova America* (2003), trad. it. de D. Borca, org. de D. Zoletto. Milão: Cortina, 2005.

ORCHARD, P. *A Right to Flee. Refugees, States, and the Construction of International Cooperation.* Cambridge: Cambridge University Press, 2014.

OTT, K. *Zuwanderung und Moral.* Stuttgart: Reclam, 2016

PADIDDA, S. *Mobilità umane. Introduzione alla sociologia delle migrazioni*. Milão: Cortina, 2008.

PASCAL, B. Pensieri (1966), trad. it. de P. Serini. Turim: Einaudi, 1974. [Ed. bras.: *Pensamentos*. São Paulo: Martins Fontes, 2005.]

PASTORE, F. *Dobbiamo temere le migrazioni?* Roma/Bari: Laterza, 2004.

PEREC, G. *Ellis Island. Storie di erranza e di speranza* (1980), trad. it. de M. Sobregondi. Milão: Archinto, 1996.

PESTRE, É. *La vie psychique des réfugiés*. Paris: Payot, 2010.

PEVNICK, R. *Immigration and the Constraints of Justice. Between Open Borders and Absolute Sovereignty*. Cambridge: Cambridge University Press, 2011.

PIGAFETTA. A. *Il primo viaggio intorno al mondo* [1536], *con il Trattato della sfera*, org. de M. Pozzi. Vicenza: Neri Pozza, 1994. [Ed. bras.: *A primeira viagem ao redor do mundo*. Porto Alegre: L&PM Pockets, 2006.]

POGGE, T. *Povertà mondiale e diritti umani. Responsabilità e riforme cosmopolite* (2008), trad. it. de D. Botti, org. de L Caranti. Roma/Bari: Laterza, 2008.

POSSENTI, I. *L'apolide e il paria. Lo straniero nella filosofia di Hannah Arendt*. Roma: Carocci, 2002.

_____. *Attrarre e respingere. Il dispositivo di immigrazione in Europa*. Pisa: Pisa University Press, 2012.

QUÉTEL, C. *Muri. Un'altra storia fatta dagli uomini* (2012), trad. it. de M. Bono. Turim: Bollati Boringhieri, 2013.

RAHOLA, F. *Zone definitivamente temporanee. I luoghi dell'umanità in eccesso*. Verona: Ombre Corte, 2003.

RAMOND, C. «Présentation. Politique et déconstruction». *Cités*, 30, 2007, pp. 11-6.

RANCIÈRE, J. *Et tant pis pour les gens fatigués. Entretiens*. Paris: Amsterdam, 2009.

RAWLS, J. *Una teoria della giustizia* (1971), trad. it. de U. Santini, org. de S. Maffettone. Milão: Feltrinelli, 2017. [Ed. bras.: *Uma teoria da justiça* (1971). São Paulo: Martins Fontes, 2016.]

_____. «La legge dei popoli». In. SHUTE, S. e HURLEY, S. (orgs.). *I diritti umani. Oxfrod Amnesty Lectures* (1993), trad. it. de S. Lauzi. Milão: Garzanti, 1994. [Ed. port.: *Lei dos povos*. Lisboa: Edições 70, 2014.]

RESTA, C. *L'evento dell'altro. Etica e politica in Jacques Derrida*. Turim: Bollati Boringhieri, 2003.

_____. *L'estraneo. Ostilità e ospitalità nel pensiero del Novecento*. Gênova: il melangolo, 2008.

_____. *Geofilosofia del Mediterraneo*. Messina: Mesogea, 2012.

_____. *La passione dell'impossibile. Saggi su Jacques Derrida*. Gênova: il melangolo, 2016.

RICŒUR, P. *Sé come un altro* (1990), trad. it. e org. de D. Iannotta. Milão: Jack Book, 1993. [Ed. bras.: *O si-mesmo como outro*. São Paulo: Martins Fontes, 2014.]

_____. *La traduzione. Una sfida etica*, trad. it. e org. de D. Jervolino. Brescia: Morcelliana, 2001. [Ed. bras.: *Sobre a tradução*. Belo Horizonte: Editora da UFMG, 2011.]

_____. *Ermeneutica delle migrazioni. Saggi, discorsi, contributi*. Milão/Udine: Mimesis, 2013.

ROTH, J. *Viaggio in Russia* (1926-27), trad. it. de A. Casalengo. Milão: Adelphi, 1981. [Ed. bras.: *Viagem na Rússia*. Trad. de Alice Leal e Simone Pereira Gonçalves. 2ª ed. Belo Horizonte/ Veneza: Âyiné, 2017.]

RÖTTGERS, K. «Kants Zigeuner». *Kant-Studien*, LXXXVIII, 1997, pp. 60-86.

ROUSSEAU, J.-J. *Il contratto sociale* (1762), trad. it. de G. Petricone. Milão: Mursia, 1971. [Ed. bras.: *Do contrato social*. São Paulo: Penguin-Companhia, 2011].

_____. *Œuvres complètes*, org. de B. Gagnebin e M. Raymond, III: *Du contrat social — Écrits politiques*. Paris: Gallimard, 1964.

SACHAR, A. *The Birthright Lottery. Citizenship and Global Inequality*. Cambridge, (Mass.): Harvard University Press, 2009.

SAID, E. *Nel segno dell'esilio. Riflessioni, letture e altri saggi* (2000), trad. it. de M. Guareschi e F. Rahola. Milão: Feltrinelli, 2008. [Ed. bras.: *Reflexões sobre o exílio e outros ensaios*. São Paulo: Companhia das Letras, 2003.]

SAINT-JUST, L.-A.-L. de *Œuvres complètes*, org. de M. Duval. Paris: Champ Libre, 1984.

SAINT-EXUPÉRY, A. de. *Il piccolo principe* (1943), trad. it. de L. Carra. Milão: Mondadori, 2015. [Ed. bras.: *O pequeno príncipe*. São Paulo: Geração Editorial, 2015.]

SAMERS, M. *Migrazioni* (2010), trad. it. e org. de L. Stanganini. Roma: Carocci, 2012.

SAYAD, A. *La doppia assenza. Dalle illusioni dell'emigrato alle sofferenze dell'immigrato* (1999), trad. it. de D. Borca e R. Kirchmayr. Milão: Cortina, 2002.

SCARRY, E. «Das schwierige Bild des Anderen». In: BALKE, F., HABERMAS, R., NANZ, P. e SILLEM, P. (org.). *Schwierige Fremdheit. Über Integration und Ausgrenzung in Einwanderungsländern*. Frankfurt a. M.: Fischer, 1993, pp. 229-63.

SCHMITT, C. *Dottrina della Costituzione* (1928), trad. it. de A Caracciolo. Milão: Giuffrè, 1984.

_____. *Il nomos della terra nel diritto internazionale dello «Jus publicum Europaeum»* (1950), trad. it. de E. Castrucci, org. de F. Volpi. Milão: Adelphi, 1991. [Ed. bras.: *O nomos da Terra no Jus Publicum Europaeum*. Rio de Janeiro: Contraponto/PUC-Rio, 2014.]

_____. *Terra e mare. Uma riflessione sulla storia del mondo* (1954), trad. it. de G. Gurisatti. Milão: Adelphi, 2009. [Ed. port.: *Terra e mar: breve reflexão sobre a história universal*. Lisboa: Esfera do Caos, 2008.]

SCHRAMME, T. «Wenn Philosophen aus der Hüfte schießen». *Zeitschrift für Praktische Philosophie*, II, 2, 2015, pp. 377-84.

SCHÜTZ, A. *Lo straniero. Um saggio di psicologia sociale* (1944), trad. it. de A Izzo. Trieste: Asterios, 2013. [Ed. bras.: *O estrangeiro — um ensaio em psicologia social*. Disponível em: <http:// http://www.periodicos.uem.br/ojs/index.php/EspacoAcademico/article/view/11345>. Acesso em: 24 set. 2020.]

SCIORTINO, G. *Rebus immigrazione*. Bolonha: il Mulino, 2017.

SHERWIN-WHITE, A. *The Roman Citizenship*. Oxford: Clarendon Press, 1973.

SIBONY, D. *Le racisme, une haine identitaire*. Paris: Seuil, 2000.

SIEFERLE, R. P. *Das Migrationsproblem. Über die Unvereinbarkeit von Sozialstaat und Masseneinwanderung*. Dresden: Tumult, 2017.

SIMMEL, G. *Sociologia* (1908). Turim: Edizioni di Comunità, 1998. [Ed. bras.: *Questões fundamentais da sociologia: indivíduo e sociedade*. Rio de Janeiro: Zahar, 2006.]

SINGER, P. *Etica pratica* (1979), trad. it. de G. Ferranti, org. de S. Maffettone. Nápoles: Liguori, 1989. [Ed. bras.: Ética prática. 4ª ed. São Paulo: Martins Fontes, 2018.]

SLOTERDIJK, Peter. *Sfere*, II: *Globi* (1999), trad. it. de S. Rodeschini, org. de G. Bonaiuti. Milão: Cortina, 2014.

SÓFOCLES. *Tragedie e frammenti*, org. de G. Paduano. Turim: ETET, 1982, 2 vols.

SRUBAR, I. (org.). *Exil, Wissenschaft, Identität. Die Emigration deutscher Sozialwissenschaftler 1933-1945*. Frankfurt a. M.: Suhrkamp, 1988.

STEINBECK, J. *Fuore* (1939), trad. it. de C. Perron. Milão: Bompiani, 2016. [Ed. bras.: *As vinhas da ira*. Rio de Janeiro: Best Seller, 2008.]

STEINER, H. *An Essay on Rights*. Oxford: Wiley-Blackwell, 1994.

____. *Stoici antichi. Tutti I frammenti secondo la racolta di Hans von Arnim*, org. de R. Radice. Milão: Rusconi, 2016.

TAGUIEFF, P.-A. *Il razzismo. Pregiudizi, teorie, comportamenti* (1997), trad. it. de F. Sossi. Milão: Cortina, 1999. [Ed. port.: *O racismo*. Lisboa: Instituto Piaget, 2002.]

TASSIN, É. *Un monde commun. Pour une cosmo-politique des conflits*. Paris: Seuil, 2003.

THEUNISSEN, M. *Der Andere. Studien zur Sozialontologie der Gegenwart*. Berlim: de Gruyter, 1977.

THOMAS, Y. «*Origine*» et «*commune patrie*». *Étude de droit public romain (89 av. J.-C. – 212 ap. J.-C.)*. Roma/Paris: École Française de Rome, 1996.

THUMFART, J. «On Grotiu's ‹Mare Liberum› and Vitoria's ‹De Indis›, Following Agamben and Schmitt». *Grotiana*, XXX, 1, 2009, pp. 65-87.

TODOROV, T. *La conquista dell'America. Il problema dell' «altro»* (1982), trad. it. de A. Serafini. Turim: Einaudi, 1992. [Ed. bras.: *A conquista da América: a questão do outro*. 4ª ed. São Paulo: Martins Fontes, 2010.]

TORPEY, J. *The Invention of the Passport. Surveillance, Citizenship and the State*. Cambridge: Cambridge University Press, 2000.

TRIGANO, S. *Le judaïsme et l'esprit du monde*. Paris: Grasset, 2011.

____. «La logique de l'étranger dans le judaïsme. L'étranger biblique, une figure de l'autre?». In: Id. (org.). *La fin de l'étranger? Mondialisation et pensée juive*. Paris: Éditions In Press, 2013, pp. 95-104.

TUCÍDIDES. *Le storie*, trad. it. e org. de G. Donini. Turim: UTET, 2014, 2 vols.

VALÉRY, P. *Il cimitero marino* (1920). In: Id. *Opere poetiche*, trad. it. de M. Cescon, V. Magrelli e G. Pontiggia; org. de G. Pontiggia. Parma: Guanda, 2012. [Ed. bras.: *O cemitério marinho*. Trad. Darcy Damasceno e Roberto Alvim Confia. São Paulo: Max Limonad, 1984.]

VALLEGA, A. A. *Heidegger and the Issue of Space. Thinking on Exilic Grounds*. University Park: The Pennsylvania State University Press, 2003.

VEGETTI, M. *L'invenzione del globo. Spazio, potere, comunicazione nell'epoca dell'aria*. Turim: Einaudi, 2017.

VIDAL-NAQUET, P. *La démocratie grecque vue d'ailleurs. Essais d'historiographie ancienne et moderne*. Paris: Flammarion, 1996. [Ed. port.: *Democracia grega: ensaios de historiografia antiga e moderna*. Lisboa: Dom Quixote, 1993.]

VITALE, E. *Ius migrandi. Figure di erranti al di qua della cosmopoli*. Turim: Bollati Boringhieri, 2004.

VITORIA, F. de. *De Indis et De jure belli relectiones* (1539), org. de E. Nys. Nova York/Londres: Oceana-Wildy & Sons, 1964. [Ed. bras.: *Os índios e o direito da guerra*. Trad. de Ciro Mioranza. Ijuí (RS): Unijuí, 2006.]

VITTA, M. *Dell'abitare. Corpi spazi oggetti immagini*. Turim: Einaudi, 2008.

VON PUFENDORF, S. *De jure naturae et gentium libri octo*, sumptibus Adami Junghans, Londini Scanorum, 1672.

WAHNICH, S. *L'impossible citoyen. L'étranger dans le discours de la Révolution française*. Paris: Albin Michel, 1997.

WALDENFELS, B. «Fremd/Fremdheit». In: SANDKÜHLER, H. J. (org.) *Enzyklopädie Philosophie*. Hamburgo: Meiner, 1999, I, pp. 407-10.

_____. *Fenomenologia dell'estraneo* (2006), trad. it. de F. Menga. Milão: Cortina, 2008.

WALZER, M. *Sfere di giustizia* (1983), trad. it. de G. Rigamonti. Roma/Bari: Laterza, 2008. [Ed. bras.: *Esferas da justiça: uma defesa do pluralismo e da igualdade*. São Paulo: Martins Fontes, 2003.]

_____. «The Distribution of Membership». In: POGGE, T. e MOELLENDORF, D. (orgs.). *Global Justice. Seminal Essays*. St. Paul: Paragon House, 1995, pp. 159-62.

_____. «Universalism, Equality and Immigration. Interview with H. Pauer-Studer». In: PAUER-STUDER, H. (org.). *Constructions of Practical Reason. Interviews on Moral and Political Philosophy*. Stanford: Stanford University Press, 2003, pp. 194-210.

WEBER, O. *Frontières*. Paris: Paulsen, 2016.

WELLMAN, C. H. «Immigration and Freedom of Association». *Ethics*, CXIX, I, 2008, pp. 109-41.

_____. «Freedom of Association and the Right to Exclude». In: COLE, P. e WELLMAN, C. H. (orgs.). *Debating the Ethics of Immigration. Is There a Right to Exclude?* Oxford: Oxford University Press, 2011, pp. 11-115.

WHELAN, F. G. «Democratic Theory and the Boundary Problem». In:

PENNOCK, J. R. e CHAPMAN, J. W. (orgs.), *Liberal Democracy*. Nova York: New York University Press, 1983, pp. 13-47.

WHITMAN, J. Q. *Hitler's American Model. The United States and the Making of Nazi Race Law*. Princeton-Oxford: Prince University Press, 2017.

WIHTOL DE WENDEN, C. *Faut-il ouvrir les frontières?* Paris: Presses de la Fondation Nationale des Sciences Politiques, 2013.

_____. *Il diritto di migrare* (2013), trad. it. de E. Leoparco. Roma: Ediesse, 2015.

_____. *La question migratoire au XXIe siècle. Migrants, réfugiés et relations internationales*. Paris: Presses de la Fondation Nationale des Sciences Politiques, 2013.

_____. *Migrations. Une nouvelle donne*. Paris: Éditions de la Maison des Sciences de l'Homme, 2016.

ZANFRINI, L. *Introduzione alla sociologia delle migrazioni*. Roma/Bari: Laterza, 2016.

ŽIŽEK, S. *La nuova lotta di classe. Rifugiati, terrorismo e altri problemi coi vicini* (2015), trad. it. de V. Ostuni. Milão: Ponte alle Grazie, 2016.

ZOHAR, N. J. «Contested Boundaries. Judaic Vision of a Shared World». In: MILLER, D. e HASHMI, S. H. (orgs.). *Boundaries and Justice. Diverse Ethical Perspectives*. Princeton: Princeton University Press, 2001, pp. 237-48.

ZOLO, D. *Cosmopolis. La prospettiva del governo mondiale*. Milão: Feltrinelli, 2002.

_____. (org.). *La cittadinanza. Appartenenza, identità, diritti*. Roma/Bari: Laterza, 1994.

ÍNDICE ONOMÁSTICO

A

Abizadeh, Arash, 74 n
Adorno, Theodor W., 178 e n
Agamben, Giorgio, 42, 58 e n, 64 n, 293, 297 e n
Agier, Michel, 173 n, 293 e n
Alcebíades, 52
Alexandre vi (Rodrigo Bórgia), 128
Alighieri, Dante, 139, 176
Allevi, Stefano, 114 n
Amilhat Szazy, Anne-Laure, 284 n
Ampolo, Carmine, 222 n
Appiah, Kwame Anthony, 343 n
Archibugi, Daniele, 323 n
Arendt, Hannah, 40, 47-51, 57-70, 76-8, 207, 217 e n, 294-7, 320 e n, 344-50, 354
Aristóteles, 48 e n, 130, 201 n, 244 e n, 321, 336 n
Ashley, Richard, 35 n
Assheuer, Thomas, 316 n
Attali, Jacques, 291 n
Augé, Marc, 291 n

B

Baccelli, Luca, 129 n
Bachelard, Gaston, 215 n
Badiou, Alain, 288
Bakunin, Mikhail Aleksandrovič, 181
Balibar, Étienne, 42, 71 e n, 122 e n
Balke, Friedrich, 147 n
Barbero, Alessandro, 249 n
Bauer, Otto, 83
Bauman, Zygmunt, 343 e n
Beck, Valentin, 117 n
Becker, Justus, 152-3
Becker, Lawrence C., 96 n
Behaim, Martin, 53
Beitz, Charles R., 104 n, 109 e n
Benhabib, Seyla, 58 e n, 322-4
Benjamin, Walter, 234 e n
Benveniste, Émile, 135 n, 247 n
Bilancia, Francesco, 129 n
Blanc, Louis, 181
Blumenberg, Hans, 45 e n
Bodei, Remo, 290 n
Bodin, Jean, 97
Bosch, Hieronymus, 212
Brague, Rémi, 335
Brant, Sebastian, 212
Brelich, Angelo, 242 n
Brodskij, Iosif Aleksandrovič, 175-6
Brown, Wendy, 281 e n

Buber, Martin, 145 n
Bultmann, Christoph, 268 n
Bush, George W., 280-1
Butler, Judith, 293 n, 348 n

C
Calzolaio, Valerio, 125 n
Camarrone, Davide, 286 n
Cannato, Vincent J., 22n
Caparrós, Martín, 117 e n
Caracala (Lucio Settimio Bassiano), 249
Carens, Joseph, 104-11, 114
Carrère, Emmanuel, 149 e n
Cassee, Andreas, 41 n, 42 n, 104 n
Castles, Stephen, 141 n
Cavallar, Georg, 131 n
Cavalli-Sforza, Luigi Luca, 146 n
Cavarero, Adriana, 211 n
Chapman, John William, 71 n
Chauvier, Stéphane, 137 n
Cícero, Marco Túlio, 38-9, 228 e n, 250 e n
Claes, Thomas, 299 n
Cole, Phillip, 89 n
Collier, Paul, 114 e n
Colombo, Cristóvão, 53, 56, 126-8
Conrad, Joseph (Józef Teodor Nałęcz Konrad Korzeniowski), 166-7
Cortelazzo, Manlio, 223 n
Cortés, Hernán, 127
Crialese, Emanuele, 25 n
Croce, Mariano, 323 n

D
Dal Lago, Alessandro, 176 n
Dalla Zuanna, Gianpiero, 114 n
Debray, Régis, 292 e n
De Haas, Hein, 141 n
De Luca, Erri, 139 e n
Demóstenes, 240 e n
Derian, James Der, 35 n
Derrida, Jacques, 42, 137 e n, 308-17, 323-7, 335, 353
Di Cesare, Donatella, 70 n, 147 n, 155 n, 167 n, 196 n, 220 n, 290 n, 316 n, 336 n
Diógenes de Sinope, 319
Diógenes Laércio, 319 n
Dionísio de Halicarnasso, 248 e n, 254 e n, 255 n
Di Sciullo, Franco M., 129 n
Doiezie, Mathilde, 153 n
Dufourmantelle, Anne, 311 n, 314-315 n
Dumézil, Georges, 236 n, 251 n
Dupont, Florence, 252 n

E
Eichmann, Adolf, 344, 348
Ellis, Samuel, 22
Ellison, Ralph Waldo, 191 e n
Engels, Friedrich, 223 e n
Enzensberger, Hans Magnus, 340 n
Espinosa, Baruch, 70 n
Esposito, Roberto, 42, 330-4

F
Faloppa, Federico, 302 n
Ferry, Luc, 309
Fílon de Alexandria, 39 n
Finley, Moses Israel, 100 n
Folin, Alberto, 334 n
Foucault, Michel, 184, 185 n, 212 e n, 213, 298 e n
Foucher, Michel, 283 e n
Freud, Sigmund, 210
Fustel de Coulanges, Numa-Denis, 222 n

G
Gadamer, Hans Georg, 335
Garibaldi, Giuseppe, 181
Gauthier, Philippe, 244 n
Géricault, Théodore, 286 n
Goppel, Anna, 41-42 n
Graziano, Manlio, 283 n
Greblo, Edoardo, 76 n
Grimm, Jacob, 224-5, 290
Grimm, Wilhelm, 224-5, 290
Groebner, Valentin, 300 n
Grotius, Hugo (Huig de Groot), 132-3, 136
Grundmann, Thomas, 42 n, 168 n

H
Habermas, Jürgen, 12 n, 87 n, 93-4, 118-20, 309, 320-2, 325, 335, 337
Habermas, Rebekka, 149 n
Haddad, Emma, 173 n
Hammar, Tomas, 351 n
Harvey, David, 36 n

Hegel, Georg Wilhelm Friedrich, 156-7, 204, 312
Heidegger, Martin, 48-9, 54 e n, 59, 225-30, 232 n, 233-4, 271-2, 309, 346-7
Heine, Heinrich, 59
Heráclito, 346-7
Heródoto, 239 e n, 243 e n
Hesíodo, 236 n
Himmler, Heinrich, 344
Hitler, Adolf, 344
Hobbes, Thomas, 33-4, 83, 97-8, 133, 328
Hoesch, Matthias, 41 n
Hölderlin, Friedrich, 229-31, 235, 272
Hollenbach, David, 74 n
Homero, 139
Humboldt, Wilhelm von, 147 n
Hurley, Susan, 40 n
Husserl, Edmund, 207 e n

J
Joly, Henri, 203 e n
Joppke, Christian, 323 n
Joyce, James, 176

K
Kafka, Franz, 20 e n, 59
Kamen, Deborah, 244 n
Kant, Immanuel, 39, 48, 50-1, 56, 72-3, 80, 86, 96 e n, 100-3, 134-8, 286 n, 310, 312, 319, 347
Kelsen, Hans, 319
Kingsley, Patrick, 153 n

381

Kotek, Joël, 294-5
Kristeva, Julia, 211 e n
Kurdi, Abdullah, 152
Kurdi, Aylan, 151-3, 155-6
Kurdi, Galib, 152
Kurdi, Rehana, 152

L
La Boétie, Étienne de, 124 n
La Torre, Francesco, 7
Lazare, Bernard, 59
Lazarus, Emma, 21, 26, 84
Le Blanc, Guillaume, 199 n
Lefort, Claude, 74 n
Lepore, Ettore, 100 n
Levi, Primo, 354
Lévinas, Emmanuel, 311-3, 317, 325-6, 342 n
Lévi-Strauss, Claude, 304
Lívio, Tito, 254 e n
Locke, John, 96, 97-101, 103, 107, 321
Lonis, Raoul, 244 n
Lucrécio Caro, Tito, 45 e n

M
Madeira, Anne-Virginie, 173 n
Magalhães, Fernão de, 55
Mair, John (Johannes Maior), 128-9
Maranda, Pierre, 247 n
Marcos, Ferdinand, 181
Marramao, Giacomo, 289 n
Marx, Karl, 204
Mazzini, Giuseppe, 181
Meilaender, Peter C., 88 n

Melville, Herman, 19 e n
Menne, Albert, 201 n
Merkel, Angela, 153
Mezzadra, Sandro, 122 e n
Miller, David, 87, 88 n, 94
Miller, Mark J., 141 n
Moellendorf, Darrel, 76 n
Mona, Martino, 109 n
Montesinos, Antonio de, 128
More, Thomas, 100 e n
Mouffe, Chantal, 70 e n

N
Nansen, Fridtjof, 169
Nanz, Patrizia, 147 n
Negri, Antonio, 75 n
Nicolet, Claude, 249 n
Nida-Rümelin, Julian, 113 e n
Nietzsche, Friedrich, 177
Nozik, Robert, 107 e n

O
Oberprantacher, Andreas, 41 n
Orchard, Phil, 122 n
Ott, Konrad, 162 n
Ovídio Naso, Públio, 176

P
Padoan, Daniela, 146 n
Paladino, Mimmo, 286 n
Panattoni, Riccardo, 314 n
Parmênides, 202
Pascal, Blaise, 45, 46 n, 339-40
Pauer-Studer, Herlinde, 76 n
Paulo de Tarso, 254 n, 308 e n

Pennock, James Roland, 71 n
Peperzak, Adriaan, 312 n
Péricles, 247
Pestre, Élise, 199 n
Pevnick, Ryan, 95-6
Pievani, Telmo, 125 n
Pigafetta, Antonio, 55 n
Platão, 52 e n, 191-2, 202 e n, 203 n, 237 e n, 240-4, 296, 318 n
Plutarco, 319 n
Poe, Edgar Allan, 191
Pogge, Thomas, 76 n, 116 e n
Pol Pot (Saloth Sar), 181
Pouillon, Jean, 247 n
Pufendorf, Samuel von, 133 e n, 136

Q
Quétel, Claude, 278 n

R
Rachi (Ratchis), 299
Ramond, Charles, 310 n
Rancière, Jacques, 193 n
Rashì (Rabbi Shlomo Yitzhaqi), 275 n
Rawls, John, 40 e n, 107-9, 328
Renaut, Alain, 309
Resta, Caterina, 324 n
Ricoeur, Paul, 316 n
Rigoulot, Pierre, 294-5
Rimoli, Francesco, 129 n
Ritter, Joachim, 37 n, 201 n
Rosenzweig, Franz, 145 n
Roth, Joseph, 169 e n
Röttgers, Kurt, 39 n

Rousseau, Jean-Jacques, 72-3, 86, 97 e n

S
Sachar, Ayelet, 106 n
Said, Edward W., 178 e n
Saint-Exupéry, Antoine de, 103 n
Saint-Just, Louis-Antoine-Léon de, 300 n
Sandkühler, Hans Jörg, 201 n
Sayad, Abdelmalek, 187-8
Scarry, Elaine, 147 n
Schmitt, Carl, 82 e n, 93, 157 e n, 315
Schramme, Thomas, 42 n
Schütz, Alfred, 207 e n
Seffahi, Mohammed, 316 n
Sen, Oguz, 152
Sherwin-White, Adrian N., 249 n
Shute, Stephen, 40 n
Sibony, Daniel, 305 n
Sieferle, Rolf Peter, 114 n
Sillem, Peter, 147 n
Simmel, Georg, 206 e n
Singer, Peter, 115 e n
Sloterdijk, Peter, 55 n, 156 n
Sócrates, 52, 202
Sófocles, 203 n
Solla, Gianluca, 314 n
Srubar, Ilja, 178 n
Stegmaier, Werner, 336 n
Steinbeck, John, 353-4
Steiner, Hillel, 107 n
Stephan, Achim, 42 n, 168 n
Stiegler, Bernard, 324 n
Stroessner, Alfredo, 181

T

Taguieff, Pierre-André, 303 n
Taylor, Charles, 118, 119 n
Taylor, Jason deCaires, 286 n
Theunissen, Michael, 147 n
Thomas, Yan, 250 n
Thumfart, Johannes, 132 n
Todorov, Tzvetan, 127 e n
Torpey, John C., 298 n
Trigano, Shmuel, 263 n
Trump, Donald J., 280, 290
Tucídides, 277 e n

V

Valéry, Paul, 159 e n
Vallega, Alejandro A., 228 n
Varnhagen, Rahel, 59
Virgílio Maro, Públio, 255
Virilio, Paul, 291
Vitoria, Francisco de, 129-33

W

Wahnich, Sophie, 300 n
Waldenfels, Bernhard, 201 n, 205, 208 e n, 211 n
Walzer, Michael, 76-87, 89, 94, 104-5, 112
Weber, Olivier, 277 e n
Wellman, Christopher H., 89-90, 91 n
Wenders, Wim, 278
Whelan, Frederick G., 71 n
Whitman, James Q., 24 n
Wihtol de Wenden, Catherine, 126 n, 141 n

Z

Zenão de Cítio, 319 e n
Žižek, Slavoj, 121 e n
Zolli, Paolo, 223 n
Zolo, Danilo, 320 n

TROTZDEM

١ Estrangeiros residentes – Donatella Di Cesare
٢ Contra o mundo moderno – Mark Sedgwick

Composto em Lyon Text e Placard
Impresso pela gráfica Formato
Belo Horizonte, novembro de 2020